"十三五"国家重点图书出版规划项目

国家出版基金项目
NATIONAL PUBLICATION FOUNDATION

中国海军
沿海抗战纪实

谢宇鹏 马骏杰 著

山东画报出版社

济南

图书在版编目（CIP）数据

中国海军沿海抗战纪实/谢宇鹏，马骏杰著 .—济南：山东画报出版社，2023.12

（中国近代海军史研究丛书/刘震，张军勇主编）

ISBN 978-7-5474-3572-4

Ⅰ.①中… Ⅱ.①谢… ②马… Ⅲ.①海军－抗日战争－史料－中国 Ⅳ.①K265.06

中国国家版本馆CIP数据核字(2023)第227574号

ZHONGGUO HAIJUN YANHAI KANGZHAN JISHI
中国海军沿海抗战纪实
谢宇鹏 马骏杰 著

责任编辑　怀志霄
装帧设计　Pallaksch

主管单位　山东出版传媒股份有限公司
出版发行　山东画报出版社
　　　　　　社　　址　济南市市中区舜耕路517号　邮编 250003
　　　　　　电　　话　总编室（0531）82098472
　　　　　　　　　　　市场部（0531）82098479
　　　　　　网　　址　http://www.hbcbs.com.cn
　　　　　　电子信箱　hbcb@sdpress.com.cn
印　　刷　山东临沂新华印刷物流集团有限责任公司
规　　格　976毫米×1360毫米　1/32
　　　　　　8印张　65幅图　262千字
版　　次　2023年12月第1版
印　　次　2023年12月第1次印刷
书　　号　ISBN 978-7-5474-3572-4
定　　价　88.00元

如有印装质量问题，请与出版社总编室联系更换。

自 序

　　抗日战争时期，中国海军的抗战主要分为两个战场，一是长江流域，一是沿海地区。长江流域的抗战主要集中于长江中下游，中国海军以阻塞战、要塞战和布雷游击战等多种形式展开对日军水上目标的打击，在长达几千公里的战线上，海军官兵用低劣的武器装备与优势的日军展开长达八年的艰苦作战，干扰了日军的陆海协同计划，迟滞了日军的西进，杀伤了日军的有生力量，保护了长江中下游企业的内迁，为抗日战争做出了不可磨灭的贡献，证明了中国海军的坚强意志和不屈精神。对此，我们已经写成《中国海军长江抗战纪实》一书。沿海地区的抗战虽然没有长江流域那么有声势，但战线拉得很长，包括山东、江苏、浙江、福建、广东整个中国沿海，甚至还包括了南海诸岛的部分区域。在内河和外海水域，中国海军以微弱的力量，参加了几乎所有的会战，骚扰了日陆海军的行动，配合了中国守军的作战。中国海军在沿海的作战行动，一直持续到抗战结束，为反法西斯战争付出了牺牲，做出了贡献。为此，我们又将这段从不被人系统论述和全面反映的海军抗战历史，写成了《中国海军沿海抗战纪实》，作为《中国海军长江抗战纪实》的姊妹篇呈现出来，这是我们多年的心愿。

　　两部书稿的写作，《中国海军沿海抗战纪实》历时更久，不是我们疲懒懈息，而是因为与长江抗战相比，沿海抗战的文献史料更稀少，搜集起来难度更大。八年来，我们在故纸堆里摸爬滚打，始终未敢间断，从大陆公开出版的档案、史料、未刊稿，到台湾推出的珍贵档案，都力争一网打尽。这些工作花费了大量时间，也达到了预想效果，使《中国海军沿海抗战纪实》得以圆满完成。当然，我们目前所掌握的史料还远远不能解决所有问题，比如从宏观上讲，抗战前和抗战中，海军部（海军总司令部）对沿海海军的部署、调动、支援、保障、与陆军的协同等，留存的史料都不多；微观上的问题就更多了，比如第三舰队海军陆战队的最终归宿、广东海军舰艇的作战位置变化、官兵作战情况、沿海水雷队编制的演变、布雷情况、沿海所需水雷的制造和运输等等，史料都相当缺乏，故不能向读者全面展示。

我们由此感到，中国海军抗战史的研究任重而道远，《中国海军沿海抗战纪实》的完成，并不意味着我们的海军抗战史研究工作将告一段落，相反，它预示着一个新的开始，那就是一部全面、翔实的中国海军抗日战史已经列入我们的议事日程。

谢宇鹏

2023年10月于山东烟台

目　录

山东篇

　　抗日战争爆发前，负责山东半岛防务的中国海军是国民政府海军第三舰队，它的前身是东北海军。抗战爆发后，国民政府将全国海军进行统一调动，把第三舰队部分主力舰艇调往长江作战，其余舰艇由舰队安排，统一卸下舰炮自沉于青岛和刘公岛港口，以发挥阻塞作用。海军官兵则发生分化，一部分组建炮队，陆续由青岛转至长江各要塞参加抗战，一部分则深入鲁西南地区开展游击战争。还有一部分中途逃离部队，或解甲归田，或加入汪伪海军。加入汪伪海军的个别官兵后促成震惊中外的刘公岛起义，成为海军在山东抗战的余波。海军在山东的抗战虽称不上轰轰烈烈，但也有声有色。

海军第三舰队的来历

国民政府海军第三舰队由东北海军编成。东北海军的来历极为复杂，既与国际关系有关，又与国内军阀混战相联系，抗战让这支经历曲折的海军舰队，找到了最终的归宿。

东北江防舰队

东北海军的形成要从北京政府海军部下属的吉黑江防舰队谈起。东北内陆北部有松花江、黑龙江、乌苏里江三大河流，自中俄《瑷珲条约》签订后，三江的航权实际上已全部被沙俄攫取。1917年十月革命以后，苏维埃政府宣布放弃帝俄时代在中国攫取的特权，废止中俄间的不平等条约，为中国政府收回乌苏里江、黑龙江和松花江三江航运权，重建东北江防提供了机会。1919年，北京政府海军部视察、海军少将王崇文提出建议，建立一支吉黑江防舰队，得到海军总长萨镇冰的支持，经呈请总统徐世昌批准，海军部于1919年7月2日特设吉黑江防筹备处，以王崇文为处长，归海军总司令节制，旋由王崇文呈拟江防编制与陆战队配置办法。不久，王崇文先期前往哈尔滨进行江防筹备工作。

成立舰队首先需要解决舰船问题。王崇文携案赴上海向海军总司令蓝建枢请示办法，总司令部经过讨论，决定派遣海军第二舰队的"江亨"（舰长陈世英）、"利捷"（舰长林培熙）、"利绥"（舰长毛钟才）等三艘炮舰和"利川"（舰长林天寿）号武装拖轮，组成北上舰队，在运输舰"靖安"（舰长甘联璈）号的拖带下前往哈尔滨。各舰经过加固整修后，于1919年7月21日从上海吴淞口出航，"江亨""利川"两舰先行，"靖安"拖带"利捷""利绥"两舰随后，经过十余日航行，历经济州岛、朝鲜海峡、釜山、城津等沿岸海区，到达海参崴。在海参崴逗留数日后，各舰进入鞑靼海峡，经两日航行到达鞑靼岛。此时已是9月上旬，北方风霜将近，各舰经过议定，让"靖安"舰返回上海，其余四舰冒险北上进入庙街。在庙街，陈世英获悉黑龙江再有十余日就将结冻封江，必须立即开航。可是，四舰出航后不久即遭到日本军队炮击，不得不退回庙街，被迫在庙街过冬。

就在北上舰队遇阻的同时，远在哈尔滨的王崇文率吉黑江防舰队筹备处人员已完成了筹备工作。1920年5月，海军部将吉黑江防筹备处改称"吉黑江防司令公署"，直属海军部，王崇文任少将司令。为进一步增强未来舰队的实力，海军部从中东铁路局拨借巡船一艘，改名"利济"，又从戊通公司购买了三艘商船加以武装，命名为"江平""江安"和"江通"号。

在庙街驻泊期间，由于陈世英等舰长将"江亨""利川"两舰舰炮借与苏联红军进攻日军，酿成了著名的"庙街事件"[1]。等"庙街事件"处理完毕，已是1920年的秋天。直到此时，四舰才与"利济""江平""江安""江通"等船

航行在松花江上的"利绥"舰。拍摄于1933年

---

[1] 1919年10月下旬，苏联红军进入庙街，与盘踞庙街的日军发生激战。在苏联红军请求之下，陈世英等舰长将"江亨""利川"两舰舰炮各一门、炮弹十余发借与苏联红军，从而使苏联红军攻破日军驻守的领事馆，毙日军十余人，俘获一百三十余人，引起中日交涉，是为"庙街事件"。

会合，正式编成吉黑江防舰队。这样，吉黑江防舰队成立时共拥有大小舰船八艘，最大舰船吨位550吨。尽管舰队力量微弱，不能游弋于绵长的黑龙江，但也起到了保障松花江航运安全的作用，据1931年《东北年鉴》载："自江防成立至今，沿江上下，胡匪滋事之事，几无所闻，而行旅得以又安矣。"

然而，在此后的几年中，北京政府政局混乱，海军部不能提供必须的经费支持，连续拖欠吉黑江防舰队军饷，最多时欠饷达十个月之久，使这支本来就实力单薄的江防舰队，到1922年就维持不下去了。

1922年5月，张作霖在第一次直奉战争中失败，宣布东三省自主，脱离北京政府，成立了东北边防司令长官公署，并开始筹备建立海军舰队。8月，张作霖指示航警处处长沈鸿烈，将水警、渔业、航运及吉黑江防舰队舰船收编，成立了东北江防舰队，此为东北海军建立的开始。

东北海防舰队

东北海防舰队的创建有两个直接原因：一是在第一次直奉战争中，张作霖深感海军的重要性，决定成立由奉系军阀直接控制的海军舰队；二是"闽系"独掌海军的局面使非"闽系"势力难以在海军中立足，以沈鸿烈为代表的非"闽系"人员决定另立门户，与"闽系"海军分庭抗礼。

1922年4月，第一次直奉战争爆发，游弋于渤海湾的北京政府海军舰队，用舰炮给予直军以有力支援，舰炮射程覆盖了奉军所依赖的京奉铁路山海关段两侧，使奉军白天不敢通行，夜间不敢明车灯。张作霖深切感受到了没有海军控制沿海的苦处。5月，张作霖退出关外，宣布东三省独立，自称东三省保安总司令。此时，他开始考虑海防建设问题。8月，他在东三省保安总司令部特设航警处，作为筹办东北海军的领导机关，任命沈鸿烈为少将处长。

1927年的沈鸿烈

然而，中国海军当时的状况对张作霖建立嫡系海军十分不利，"闽系"独掌海军的局面始终没有改观，非"闽系"海军人员大多留日归来，他们与留英归来的"闽系"海军人员无论是所学知识，还是传统习惯都格格不入，因而被排斥于"闽系"海军之外，多数留在海军部候补，难以发挥作用。沈鸿烈是留日海军人员的代表人物，湖北天门县人，清朝末年在湖北新军充当司书，由湖广总督张之洞选派赴日学习海军。回国后，他发现"闽系"海军是铁板一块，很难融入其中。特别是进入民国后，海军的重要职位几乎全由"闽系"担任，非"闽系"海军的低中级军官多为幕僚，很难有上舰担任舰长、副长的机会，也就不容易得到升迁，前途渺茫，高级军官更不消说。于是，沈鸿烈来到东北，进入成立不久的吉黑江防舰队担任中校参谋。尽管此时的吉黑江防舰队依然是"闽系"的天下，但毕竟距离"闽系"大本营很远，总可以寻找机会，夺占一席之地。

张作霖决意建立东北海军，使沈鸿烈看到了机会，他立即为张作霖就如何建立海军出谋划策，得到了张作霖的认同，被张任命为航警处处长。这样，沈鸿烈就有了放手大胆建设海军的机会。他召集了先后来东北的留日同学二十余人，如凌霄、方念祖、谢刚哲等，开始制定并实施建设海防舰队的计划。

首先，沈鸿烈在葫芦岛成立了东三省航警学校，培养海军军官，凌霄任上校校长，方念祖任中校教育长，陈华森任中校佐理官。该校设有航海、船艺、枪炮、鱼雷、轮机、气象、海洋、战术等科。1921年冬，该校招收了学兵、水兵、轮机兵各班学生共200名。1923年春，该校又在沈阳招收了第一期航海将校班学生40名，这批学生除四名是外省籍外，其余均为东北籍。

其次，沈鸿烈广收人才，为海防舰队的建立做准备。由于自办学校培养人才周期较长，筹办海防舰队又刻不容缓，沈鸿烈便通过各种关系，广揽人才。他把目光盯在了烟台海军学校毕业的八年制学生身上。这批学生毕业后部分在护法舰队服役，护法舰队司令程璧光在粤遇刺后，舰队大权落入"闽系"手中，非"闽系"受到排挤，沈鸿烈于是趁机将他们招往东北。此次来东北的有王天池（江苏人）、王之烈（山东人）、吴敏（广东人）等三十余人，他们成了东北海军的基层军官。这样一来，东北海军的校级军官几乎全是沈鸿烈的同学，尉级军官则是烟台海军学校的毕业生，未来的海防舰队就不会受到"闽系"海军的任何影响了。

再次，沈鸿烈谋求拥有军舰。舰艇是海防舰队成立的重要物质基础，而沈鸿烈手里别说舰艇，就连一艘船都没有。从外国购买军舰并非易事，国内制造又不具备条件。无奈之中，沈鸿烈只好将商船加以改造，充当军舰。就在创办学校的同时，沈鸿烈从烟台政记轮船公司购进一艘名为"广利"的2700吨的商船，又从日本购进一艘名为"佳代丸"的2000吨的废旧商船。沈鸿烈将这两艘船各加装了4.7英寸的海军炮2门，3英寸陆军炮4门。这两艘商船在旅顺日本海军基地改装完成后，因张作霖是北洋政府的"镇威上将军"，"广利"改名"镇海"，"佳代丸"改名"威海"。1924年9月，第二次直奉战争爆发，不久直系陆军大败于山海关。11月，奉军进抵天津。此时在天津大沽造船所泊有一艘俄国1100吨的破冰船，该船新购自海参崴，船身坚固，动力强劲，奉军乃将其掳回改装成军舰，命名为"定海"。1925年，沈鸿烈又从日本购进300吨旧鱼雷艇一艘，命名为"飞鹏"。至此，沈鸿烈手中可用于建立海防舰队的舰船已达四艘，尽管这些船只没有一艘是正规的军舰，但从数量上看，成立一支舰队尚属可行。

由商船改装而成的"镇海"号水上飞机母舰搭载的法制水上飞机

1925年秋，东北海军海防舰队宣告成立，原江防司令公署改为舰队部，凌霄任代舰队长，方念祖任"镇海"舰舰长，宋式善任"威海"舰舰长，冯涛任"定海"舰舰长，谢渭清任"飞鹏"舰舰长。同时成立东北海防总指挥部，沈鸿烈为总指挥，基地设于营口。1926年1月，东北海防总指挥部更名为东北海军总司令部，沈鸿烈任中将总司令，司令部设于沈阳，统辖东北海军江防舰队和东北海军海防舰队。江防舰队由尹祖荫任舰队长，海防舰队由凌霄任舰队长。至此，东北海军完全建成。

渤海舰队

渤海舰队是从护法舰队中分化出来的，最终融入了东北海军。这一过程并不简单，要从海军参加护法战争开始谈起。

1917年，已经实现南北统一的北京政府内部并不平静，革命党人与北洋军阀之间、南北军阀以及北洋军阀内部各派系之间，展开了争夺地盘和中央控制权的激烈争斗，体现"共和国"性质的《临时约法》，在废弃了袁世凯帝制以后，依然面临着被毁弃的危险。以孙中山为代表的资产阶级革命派，为了维护资产阶级共和国体制，联合西南军阀，毅然树起了护法的旗帜。北京政府海军的部分官兵以其政治的敏感性，决意追随孙中山，便利用舰队的机动性，迅速参加到护法运动中。

早在1917年5月10日，海军总长程璧光为抗议段祺瑞强行解散国会，愤然辞职。6月8日，孙中山在上海发出护法通电，9日，程璧光离京赴沪，召集海军第一舰队司令林葆怿及各舰长会议，通报北京局势，商议应对措施，号召海军以维护共和为己任，讨伐叛逆者。同时，他拜会孙中山，商议护法行动计划。7月21日，程璧光、林葆怿不顾海疆巡阅使萨镇冰的劝阻，发表《海军护法宣言》，严厉指出："……然约法毁弃，国会蹂躏，国家纲纪，荡然以尽，岂中华民国仅以存其名为已足，而其实乃可置之于不问耶？……夫我海军将士，既以铁血构造共和，即以铁血拥护之。……我海军将士以三事自矢：一曰拥护约法；二曰恢复国会；三曰惩办祸首。……"[1]并于当天率第一舰队的

---

〔1〕罗家伦主编：《革命文献》第七辑：护法史料，台湾中央文物供应社1954年版，第82页。

"海圻""飞鹰""同安""永丰""豫章""舞凤""福安"等七艘军舰组成护法舰队，南下广州，拉开了海军护法的序幕。

8月5日，护法舰队抵达广州，已在粤海的"海琛""永翔""楚豫"三舰也加入进来，使护法舰队的舰只达到十艘。

9月1日，非常国会选举先期到达广州的孙中山为军政府陆海军大元帅。10日，军政府正式成立，孙中山宣誓就职。11日，孙中山任命程璧光为海军总长，林葆怿为海军总司令，海军部设于海珠岛。

军政府成立后，孙中山以大元帅的名义，下令讨伐段祺瑞、冯国璋等北京政府首脑人物，北京政府也不示弱，于10月1日宣布出师应战，护法战争拉开帷幕。

护法战争中，海军先是按照军政府的部署，出动舰艇协助陆军打败了北京政府两广巡阅使龙济光部。后参加军政府的西南军阀倒向桂系军阀。在这期间，海军总长程璧光遇刺身亡，孙中山被逼离粤赴沪，广东政局陷入动荡。

为完成护法事业，1920年11月29日，孙中山回到广州，重组护法军政府，不久就任非常大总统，亲掌北伐全权。正当孙中山率军出师广西之时，海军在各派军阀的争斗中，逐渐产生分化，大部分居于领导地位的闽籍官兵不安于驻粤护法，越来越明显地表露出脱离军政府离粤赴沪的意图，其余非闽籍官兵则愿意继续拥护孙中山完成护法重任。这种情况严重影响了护法事业，孙中山不能坐视不管，决定对海军进行整顿。

1922年4月27日，在孙中山的首肯下，陈策、温树德等人率领非闽籍官兵发起夺舰行动，将1100余名闽籍官兵驱逐下舰，是为"夺舰事件"。事后，山东人温树德被任命为护法舰队司令兼"海圻"舰舰长。

"夺舰事件"后不到两个月，粤系军阀陈炯明发动叛乱，炮轰总统府。温树德在这场对于护法事业来说生死攸关的斗争中，不仅没有帮助孙中山脱离困境，反而落井下石，通电敦请孙中山下野。更有甚者，在此后长达一年多的时间里，温树德不断与北洋军阀接洽率舰北归事宜。终于在1923年10月27日，温树德率领"永翔""楚豫""同安""豫章"等四舰离开广州，驶往汕头，与事先等待在那里的"海圻""海琛""肇和"等三舰会合，于12月18日一起沿海北上，驶抵青岛（"豫章"舰因机器故障掉队，后被北京政府中央海军收编），结束了护法舰队的历史。

护法舰队中的"豫章"舰

南下护法的"楚豫"舰

渤海舰队中的"永翔"舰

温树德要投靠的是直系军阀吴佩孚。吴佩孚不仅说服了北京政府，同意让北归军舰成立不受北京政府控制的"渤海舰队"，而且还解决了一直困扰着温树德的舰队经费问题。据曾在"楚豫"舰任职的胡文溶等回忆："一九二四年二月，经吴佩孚电约，并由刘永谦、柳仲承陪同温树德率领一部分舰长去洛阳与吴佩孚协商海军军饷和修船等事，到达洛阳颇受吴欢迎和重视，吴同时还约来那时的交通总长吴毓麟、胶济铁路局长方壑共商海军军饷。于是规定除由青岛地方筹一部分外，主要由胶济铁路月拨五万元为海军协饷，各小舰均由天津大沽造船所承修，款由交通部拨付。事后，吴并挽留温树德等人留住洛阳月余，使参观其练兵情况，借示笼络和信任。温树德回青岛后，曾去北京见海军总长李鼎新，李除慰勉外，一切都推给吴佩孚，表示不干预这部舰队。同时温与交通部商洽，将第一次世界大战期间，中国没收德国之大运输船'华甲'号由日本赎回，编入渤海舰队，加以武装，为运输舰。"[1]

1924年9月，第二次直奉战争爆发，渤海舰队助直攻奉，发挥了一定的作

---

[1] 胡文溶、袁方乔：《从护法舰队到渤海舰队的经过》，《文史资料选辑》第1辑，第81页。

用，算是给吴佩孚的回报。可是，一个月以后，直系将领冯玉祥在北京突然倒戈，使前线直军陷入腹背受敌的绝境，吴佩孚遂抛弃渤海舰队败退南逃。渤海舰队失去了有力的靠山，温树德只能惶惶不可终日地等待着时局给他的舰队再次做出的命运安排。

　　1925年4月24日，北京政府任命张宗昌为山东军务督办。5月中旬，张作霖命令张宗昌与温树德接洽收编渤海舰队事宜。张宗昌怀着吞并渤海舰队之私心，迟迟不做主张，而是截断渤海舰队的经费来源，企图迫使温树德归附于自己。张作霖见张宗昌态度不积极，又派张学良前往天津与温树德洽谈。温树德表示，只要奉军提供经费并发清欠饷，舰队便可接受改编。对于这样的要求，张作霖没有马上表态，而是派出张学良检阅舰队，想看看舰队究竟有何实力，值不值得投入这笔经费。8月21日至23日，张学良偕沈鸿烈在秦皇岛检阅了渤海舰队的"海圻""永翔""楚豫""华甲"等舰。张作霖对于检阅的结果比较满意，于9月与沈鸿烈就改编渤海舰队问题达成了初步协议。

　　正当改编即将付诸实施之际，渤海舰队内部却出了问题。舰队的部分官兵本来就对温树德背叛孙中山有所不满，眼见舰队即将被东北海军吞并，更是心存愤怒，特别是自被吴佩孚抛弃以来，舰队军饷已经停发数月，尽管参加检阅的舰艇得到了张宗昌提供的两个月军饷，但属杯水车薪，而留在青岛的"肇和""同安""海琛"等舰更是分文未得，引起了大多数官兵的强烈不满，遂酿成风潮，矛头直指温树德。1925年10月11日，"肇和"舰突然移泊前海，"同安"舰随之，以宣布独立并炮轰青岛市相威胁，要求发清所有欠饷。此前，温树德已感舰队内部不稳，推吴志馨代理舰队司令职务，自己请假避居天津。

　　渤海舰队风潮直接影响了舰队的改编，但却给了张宗昌收编的机会。张宗昌闻讯后立刻派出所部第三十二旅旅长毕庶澄率军赶赴青岛。毕庶澄抵青后，一面以武力相威胁，一面承诺发清欠饷，最后以答应"肇和""同安"两舰撤换温树德、立即发清欠饷50万元以及从速修理破损之舰体等三个条件[1]使风潮

---

〔1〕《青岛海军风潮平息》，季啸风、沈友益主编：《中华民国史史料外编：前日本末次研究所情报资料》第9册，广西师范大学出版社1996年版，第57页。

得以平息。张宗昌趁机免去了温树德舰队司令的职务，以毕庶澄代之。他在给张作霖的电报中称："以温树德久病天津，已失驾驭之力，即经海军各舰公推毕庶澄为海军司令，应即俯顺舆情。"1925年10月21日，毕庶澄正式兼任渤海舰队司令，"海圻"舰舰长吴志馨升任副司令。张作霖见张宗昌控制渤海舰队已成事实，只能默认，毕竟张宗昌打的是奉系的旗号。此后，张作霖一直想把渤海舰队并入东北海军，只是奉浙战争、郭松龄反奉、奉直联合反对冯玉祥等一系列战事，使他无暇顾及渤海舰队问题，只能从缓。

全盛时期的东北海军

海军是一个耗资颇大的军种，不仅舰艇本身消耗很大，而且官兵的生活水平也比陆军要求高，久而久之，养成了海军官兵养尊处优的生活习惯。据知情人介绍，渤海舰队"海军官兵薪饷比较优厚，平素没有积蓄。高级军官在青岛都有住宅，过着养尊处优的生活，开销很大"。陆军出身的毕庶澄兼任胶澳护军使，掌管青岛市行政，故而在控制渤海舰队之初，能够以青岛的财政收入作为海军的开支[1]，暂保渤海舰队薪饷无忧。可是时间一长，也逐渐感到难以承受，便开始拖欠薪饷，到1926年底，已欠饷三个多月，致使渤海舰队难以为继。当时，"各舰均靠在青岛大港三、四号码头，士兵天天放假，无所谓训练。军官则困居岸上，在青岛山东路南段的海军联欢社聚赌。军舰失修，速度锐减，舰底蚌壳附着物厚达尺余，因此必须解决修船的问题"[2]。1926年冬，"海圻"舰赴旅顺进日本船坞修理，恰逢东北海军的"镇海"舰也在此修理，两舰隔坞相望。"海圻"舰官兵十分羡慕东北海军官兵的优厚待遇，于是在上校舰长袁方乔（山东荣成人）、协长张衍学（山东烟台人）和上尉航海大副曹蓝亭（山东荣成人）的率领下，于舰只修好刚出旅顺口之际，即通电归附东北海军。沈鸿烈将"海圻"舰编入东北海防舰队，驻泊长山列岛东北海军的根据地，同时补发了三个月的欠饷。

1927年6月18日，张作霖在北京成立安国军政府，就任"中华民国陆海

---

〔1〕张凤仁：《东北海军的分裂与两舰归还建制》，《文史资料选辑》第4辑，第43页。

〔2〕张凤仁：《东北海军的建立与壮大》，《文史资料选辑》第3辑，第78页。

军大元帅",遂以国家的名义,改编他的陆海军部队。东北海防舰队改为海军第一舰队,沈鸿烈任舰队司令;渤海舰队改为海军第二舰队,吴志馨任舰队司令[1];张宗昌为海军总司令。不久,沈鸿烈升任海军副总司令。

在这次东北海军的重新编组中,没有设置总司令部,渤海舰队实际上依然处于独立的状态。整编后不久,渤海舰队再次发生风潮,起因是张宗昌以通北伐军的罪名将舰队司令吴志馨扣押于济南(后被枪决),并逮捕了与之相关的部分舰长和军官,引起舰队大多数官兵的不满,他们于1927年8月3日夜间,将"海琛""肇和""华甲""永翔""楚豫""海鹤""海青"等舰开出口外,用舰炮向青岛市示威,向当局提出了释放吴志馨等军官、发清六个月欠饷、另举司令、不受沈鸿烈节制等要求。[2]沈鸿烈闻讯一面急派"海圻""镇海""定海"等第一舰队主力舰赴青岛监视闹事各舰,一面亲赴济南请张宗昌派卫队赴青弹压。张宗昌亲赴青岛,软硬兼施,首先控制了"肇和""海琛"两舰,随后将其他各舰瓦解,使风波得以平息。

第二舰队的风潮引起了张作霖的重视,张决定再次对海军进行改编。1928年12月10日,东北海军完成了改编。这天上午10时,举行了东北江海防司令部成立典礼。司令部设于沈阳二纬路湖广会馆旧址,张学良兼任总司令,沈鸿烈任副司令,王宝善任秘书处处长,杨征详代理总教练官,姚葵常任副官长,朱品嵩任秘书长,陈绳武任军衡长,常光球任军械长,高凤华任轮机长兼海军工厂厂长,王兆麟任军需长并代理参谋长,奚礼斯任军医长。同时把原来两个舰队的舰艇编制彻底打乱,重新编组。改编后的东北海军分为三个舰队:海防第一舰队,由巡洋舰"海圻""海琛""肇和",驱逐舰"同安",水上飞机母舰"镇海"组成,担任远海任务,驻泊青岛,以凌霄为舰队长,以黄绪虞为总教练官;海防第二舰队,由炮舰"永翔""楚豫""江利""定海",炮艇"海鹤""海鸥""海青"组成,担任近海任务,驻泊长山岛,以袁方乔为舰队长,以杨征详为总教练官;江防舰队,由炮舰"江亨""利捷""利绥""利济""江平""江安""江清""江泰""江通"组成,仍担负吉黑江防任务,以谢刚哲为

---

〔1〕毕庶澄已于1927年4月被张宗昌以暗通北伐军的罪名枪决。
〔2〕《青岛海军风潮未了》,《申报》1927年8月11日。

东北海军海防第一舰队主力舰"海圻"号

东北海军海防第二舰队"海鸥"号炮艇

尹祚乾（右）与日本军政大臣合影

舰队长，以尹祚乾代理总教练官。至此，渤海舰队不复存在，东北海军达到了全盛时期。此时，东北海军舰艇总吨位达1.9万吨，人员达3300人，还有海军陆战队两个大队，1200人，分驻青岛、烟台、长山岛及吉黑沿江各地。另有葫芦岛航警学校、水上飞机队、海军工厂、水路测量队、海军医院等机构，成为中国北方的重要海军力量。

东北海军重新编成后，海防舰队随即参加了对抗国民革命军北伐的作战。这些频繁的作战行动尽管规模不大，战果不丰，但对北伐军的威胁却是很大的，特别是遏制了闽系海军。国民政府海军总司令部描述当时的情况是：张宗昌和沈鸿烈"迭次派舰南犯，淞沪一带屡被惊扰，间且侵及苏、浙、闽三省口岸，炮火轰攻，出没靡定。我革命海军虑其扰乱后方，牵掣北伐，严加戒备，随时分派舰队四出蹑踪逻弋，遇敌截击，并扼守吴淞口，防御敌舰窜入长江，犯我近畿，断我后路，我军布置严密，敌计乃不得逞"[1]。

---

〔1〕《海军大事记》，杨志本主编：《中华民国海军史料》，海洋出版社1987年版，第1073页。

1928年12月29日，张学良通电全国，改易旗帜，标志着国民党的全国"统一"已经实现，军事上自然也要进行统一的编制，于是，东北海军在名义上成为国民政府海军的一部分。易帜后的东北海军内部出现了两种不同的观点：一部分人认为，应突破现有局限，把力量集中起来，使中国海军得到迅速发展，为多数军官的提升开辟广阔道路，同时要趁机掌握中央海军的大权，执中国海军之牛耳，因此极力主张与"闽系"海军合并；但以沈鸿烈为首的一部分高级将领，并不赞成东北易帜，他们担心东北海军被国民党中央海军吃掉，极力主张维持现状，与"闽系"海军不产生瓜葛。[1]张学良归附国民政府时，蒋介石曾承诺东北的地盘及军队保持相对的独立性。这样，内外两方面的因素决定了东北海军依然归张学良节制，处于实质上的独立地位。

1929年1月1日，国民政府在南京举行了国军编遣会议，对国民党全国军队进行了统一编成。海军统一编为四个舰队，东北海军为第三舰队。可是，东北海军对外并不使用第三舰队的番号，还是按东北海军的旧制称为海防第一、第二舰队和东北江防舰队，甚至连舰艇上悬挂的旗帜也与中央海军不同。之前，中国海军的舰首旗是北洋政府的五色国旗，舰尾旗是青天白日满地红的海军旗。北伐统一后，国民政府通令将舰首旗改为青天白日旗，但是东北海军依然悬挂五色旗，直到东北沦陷，东北海军南移青岛，才更换了舰首旗。

1933年5月，东北海军发生了"薛家岛事件"，"海圻""海琛""肇和"三艘主力舰出走广东，投靠广东军阀陈济棠，被编为"粤海舰队"，使东北海军的实力大大削弱。当年7月5日，东北海军进行整编，真正使用了"第三舰队"的番号，谢刚哲出任第三舰队司令，司令部移设威海卫刘公岛，舰队下辖"镇海"（舰长汪于洋）、"永翔"（舰长曹树芝）、"江利"（舰长孟宪愚）、"楚豫"（舰长李信侯）、"定海"（舰长谢纬清）、"同安"（舰长晏治平）等六舰。舰队另辖教导总队（驻威海卫）、航空大队（驻青岛）、陆战大队（驻青岛），以及青岛办事处、长山办事处、南京办事处、青岛海军学校等。

---

[1] 张凤仁：《东北海军的分裂与两舰归还建制》，《文史资料选辑》第4辑，第40—41页。

中日双方对青岛战事的谋划

青岛是华北重镇，无论在政治上、经济上，还是军事上，都具有十分重要的战略价值。特别是对于日本来说，更是如此。这里不仅聚集了大批日侨，而且还有日阀开设的工矿企业，是日本侵略者掠夺中国财富的重要集中地和外输港口，同时也是通往华北、华中重要战略走廊的入口，因而日军在山东半岛的战争筹划，是以青岛为中心展开的，对青岛的战事部署可谓处心积虑。相较之下，国民政府虽然知道坚守青岛对挫败日军攻势的重要性，但由于把沿海防御的重心放在了上海，对青岛的防御谋划可谓粗枝大叶，根本就没有制订海军的防御方案，使本来就十分微弱的海军力量，变得更加无足轻重；使胶州湾优势的防御条件不能有效发挥作用。

日军进攻青岛图谋

战争爆发前后，日军在青岛的军事行动，有一个从准备登陆到暂时放弃登陆的过程，这一过程颇费了一番周折，从中可见日军对于进攻青岛的矛盾心态。

早在1932年8月，日本在阁议决定对时局处理的方针时就规定，"当中国沿海、长江沿岸发生重大事件时，适当地撤退上海、青岛、汉口以外的各个地区的侨民，尽最大努力保持山东及华北两地区的稳定"[1]。1936年9月，中日双方在处理汉口日本领事馆巡查被击毙事件时，日本又处心积虑地做好了一系列

---

[1] 日本防卫厅防卫研究所战史室：《日本海军在中国作战》，中华书局1979年版，第124页。

准备，包括固守上海，保障占领青岛，封锁华中、华南要点，轰炸华中、华南的航空基地及主要军事设施等，陆军出兵华北。[1]

1936年11月19日，青岛四方纺织工人罢工，引起了日军的惊恐，他们认为这不是单纯的中国工人的维权行动，其背后定有国民政府的支持。他们把对这一事件的处理与整个山东的抗日局势相联系，声称"如果错走一步，山东的抗日局势将不堪收拾"，于是大动干戈。海陆军达成协议，陆军欲向青岛附近派出一个师团[2]；海军第三舰队司令长官及川古志郎中将则下令"球磨""天龙""长良"三舰及第22驱逐队的四艘驱逐舰、第14驱逐队的"葵"舰齐集青岛海面，并将"龙田"舰从上海、"多摩"舰从日本舞鹤调往青岛，同时调集905名海军陆战队员在青岛登陆[3]。

抗日战争爆发之前，日军于长江以北沿海长期活动的是第三舰队第10战队的"天龙""龙田"等军舰，以及第10战队所属之第14驱逐队的"菊""葵""萩"等舰艇。发动战争前夕，日军在筹划从上海登陆，沿长江西进的同时，也在准备在山东半岛的军事行动。

1937年7月8日，即卢沟桥事变发生的次日，日本海军军令部命令正在台湾方面进行海陆协同演习的第三舰队停止演习，返回原警备地，并于11日晨向全体海军部队发出电报，其中指出："考虑此次事件很可能波及全中国，故应做好各项准备，一旦形成全面作战，须撤退华中、华南之侨民，以及陆军派兵保护上海、青岛等问题。"军令部同时决定了作战方针，在"用兵要领"中专门就应对青岛方面可能出现的局面做出了部署，规定了"防备青岛方面事态恶化的兵力"："令第2联合航空队进至周水子（大连附近）待机。又，令横须贺镇守府第1特别陆战队及镇守府第2特别陆战队，登上各自待机中的舰船，待机前出青岛方面。"[4]

---

〔1〕日本防卫厅防卫研究所战史室：《日本海军在中国作战》，中华书局1979年版，第127页。

〔2〕日本防卫厅防卫研究所战史室：《中国事变陆军作战史》第一卷第二分册，中华书局1981年版，第9页。

〔3〕日本防卫厅防卫研究所战史室：《日本海军在中国作战》，中华书局1979年版，第139—141页。

〔4〕同上，第163页。

在军令部发出命令之前的7月9日，第10战队司令官下村正助少将即率"天龙""龙田"两舰自高雄出发，急驶青岛，于10日抵达。

7月23日，日本驻青岛武官田尻穰海军中佐致电海军军令部，详细叙述了青岛形势的不稳以及中国军队在山东地区加强戒备的情况，称时局有急向最坏方向发展的趋势，希望海军尽速考虑准备航空兵力。同时，日军还获悉山东省政府主席韩复榘对日本驻济南总领事有野说，已接到国民政府密令，一旦日军在青岛登陆，即进行抵抗。第10战队司令官下村正助少将则奉命加强监视停泊在青岛内港的中国海军第三舰队，并下令停泊在该地的第16驱逐队夜间待机。

随着中国军队的频繁调动，日军判断，"山东方面与其他方面一样，正在锐意进行对日战备，对帝国军队的行动极为敏感"，可能正以青岛、胶济铁路为中心稳步展开战备，而"青岛方面又在逐次增强抗日意识坚强的税警团"。[1]为此，日军制订的作战方针是：关于对山东方面显示麾下增强兵力之事，务期慎重，避免给中国方面以不必要之刺激。为此，对青岛、大沽，不到必要时，暂不增强配备兵力，以当地原有兵力编入第10战队司令官指挥，或临时受其领导担任警戒。为了当青岛爆发事变时能够及时配备相应的兵力，日本的部署是：第一，尽可能提前着最适于此种作战的临时编制的两个特别陆战大队及担任紧急运输该部队任务的第4水雷战队，以及"长鲸"舰前出旅顺；着第2联合航空队前出周水子，"鸣户"号给油舰及第21航空队前出朝鲜西海岸距青岛最近待机。第二，护卫陆军运输船队，主要由第2水雷战队充任。在考虑青岛问题而与陆军签订协定时，对有关护卫方式（直接、间接）以及兵力方面，应当常留有余地。第三，麾下上述以外之兵力，应做好适应事态之准备，根据事变发展需要，可前出旅顺方面。目前可于寺岛海峡方面边严格训练，边支援作战。[2]

7月29日，联合舰队司令官永野修身根据日军的整个作战部署，下达了作战命令。命令中特别指出，第10战队（"出云"舰除外）派往华北，编入第二舰队，它的任务是"继续执行现任务"。关于"现任务"的内容，第10战队司令官下村正助在8月3日给第二舰队参谋长的行动意见中做了比较详细的说明：基于日军陆海军登陆时，中方必定进行抵抗，日方兵寡，即使进行奇袭作战，其成功希望亦急剧减少的判断，必须以秘密、迅速集中大兵力一举登陆为着眼点，同时，灵活运用航空兵力及舰炮等掩护兵力，于登陆前首先使中国军队胆寒。为此要做到：第一，为了在登陆作战中，劈头就能使大部队自由、活跃，须着其事先与现地及掩护部队取得密切联系；第二，着以吃水浅并有掩护射击准备（含特减弹药准备）的舰艇进行掩护射击。再就是，要把战场引向郊外，利用地形，大概在沧口以北高地及李村外阻止及击退中国军队。为此也要做到：第一，特别注意运用佯动牵制，除特别陆战队乘用舰外，应准备一定数量之舰艇，在决定登陆数日前，于适当时机进行佯动侦察；第二，作战开头，要把部分部队之登陆点选定在郊外适当地点。另外，要进行必要的巷战及捕搜便衣队的训练，以及充分准备好兵器。下村还特别指出，不要把中国第三舰队视为友军，必要时须将其解决，因此必须准备好承担此项任务之兵力。[1]与此同时，第三舰队也制定了作战计划，其中关于山东方面的内容与联合舰队命令基本一致。

停泊于青岛沿海的日本海军水上飞机母舰"瑞穗"号

---

〔1〕日本防卫厅防卫研究所战史室：《日本海军在中国作战》，中华书局1979年版，第169—170页。

有鉴于此，"第10战队司令向第三舰队司令官长谷川请示，派陆战队上岸，保护青岛日侨，经长谷川认为现无必要，令阻止"[1]。显而易见，日军一方面担心青岛局势的恶化会造成日侨及日商财产的损失，特别是青岛的日商纱厂，价值难以估量；另一方面，在战争初期还未最后放弃战争不扩大方针时，避免刺激中国军队的抗日情绪。这样，就造成了卢沟桥事变后的一个月中，日军一直处于迟疑当中。

8月上旬，日军参谋本部拟定了《华北作战要领》，计划如果青岛附近事态恶化，先派遣第十一师团的一个旅团在青岛登陆，接着第十四师团登陆，占领青岛附近要点，协同海军保护当地侨民。第十四师团不进行沿胶济线的独立作战，并尽快使第十一师团的旅团返回师团长属下。

八一三事变发生后，日军在派出上海派遣军的同时，也预定向青岛派军，决定组编天谷支队（支队长天谷直次郎少将），编有步兵第十旅团司令部、步兵第十二联队、山炮兵第十一联队第三大队、工兵第十一联队第二小队、第十一师团通信队的一部及卫生队的一部。同时下达了"临参命第74号"命令：一、从第十一师团派天谷支队到大连；二、第十一师团长应将天谷支队派到大连待机；三、天谷支队从国内港湾出发时脱离第十一师团长的指挥，划归参谋总长指挥下。[2]

然而，随着上海战事的不断扩大，日军感到同时兼顾青岛和上海两地，兵力实难为继，不得不将在旅顺待命，准备用于青岛的海军特别陆战队于16日紧急派往上海，特别是此时侨民依然没有撤离完毕，在青岛发动战事至为不利。

既不想发动登陆作战，又想有效保护日本侨民和财产，不施以狡猾的手段是难以如愿的，日军深知这一点。恰巧，1937年8月14日发生了一起枪击日本人案，即"德县路事件"，日军迅速抓住这一机会，对青岛当局施加压力。这天下午2时许，在德县路圣功女子中学门口，两名身穿便衣的日本人遭枪击，一死一重伤。事发后，日军不问青红皂白即将出现于事发地的一名骑自行车的

〔1〕《上海市市长俞鸿钧呈日海军将发动攻击情报》，秦孝仪主编：《中华民国重要史料初编：对日抗战时期》第二编，作战经过（三），台湾中国国民党中央委员会党史委员会编印，1981年版，第15页。
〔2〕日本防卫厅防卫研究所战史室：《中国事变陆军作战史》第一卷第二分册，中华书局1981年版，第10页。

中国公民逮捕，并声称枪击案是中方便衣队所为。事后经沈鸿烈调查得知，开枪者是一名日本水兵，遭袭者也是日本水兵，行凶者系因受害者不愿赴上海作战，而有预谋地将其刺杀，中方调查人员还在事发地找到两枚来自日本的弹壳。但日本方面始终一口咬定是中国人干的。尽管后来案件不了了之，但日军采取了一系列军事动作，如"天龙"舰载海军陆战队整装待发，二十余辆载重汽车待用，并赶卸子弹，日领事紧急约见青岛市长沈鸿烈等，制造紧张氛围，迫使沈鸿烈向日本记者公开表示："一、关于青市和平问题，本人有三点意见：第一，深望日本水兵事件，早日循外交途径谋公正合理之解决；第二，倘留青日侨不撤退，或少撤退，则于安定人心大有裨益；第三，外间谣传日陆军将来青，或增派海军若干前来，此种谣言不成事实，余相信绝对无事。二、关于税警团[1]问题。税警团直辖于财部，其行动非地方政府所能过问，惟本人以为在和平状态之下，该团决不前来，黄总团长亦无来青之事。三、中日两国处于今日之非常状态中，一切军事行动牵及全国，凡属地方长官均负有守土之责，惟本人愿向诸君告者，在中日两国未正式宣战以前，余必竭尽全力至最后之五分钟，维持青市治安，为和平而奋斗也。"[2]日军利用枪击案大做文章，并非想以此为借口采取军事行动，而在于既向沈鸿烈施加压力，造成军事威慑，又避免过度刺激中国军队，以维持青岛的"正常"秩序，其目的，实际上已经达到了。

8月24日，日本当局在阁议上做出决定，改变以武力就地保护青岛侨民的决定，派外务当局与山东省主席韩复榘、青岛特别市市长沈鸿烈进行谈判，达成保护日本遗留的财产及权益的约定。随后，于23日从日本山口县六连岛出发，27日到达大连的天谷支队，仅在青岛海面逗留了很短的时间，便奉命于31日火速开往上海。按照日军"临命第487号"命令，该支队于9月1日进入长江口，入列上海派遣军司令官属下，于9月2日到达吴淞海面，8日在吴淞登陆。

8月25日，日军又下达"临参命第80号"命令，对准备在青岛方面作战

─────────

〔1〕胶澳盐区本来驻有一营税警，负责缉私与保护盐田。1937年7月后，国民政府财政部借口盐税增加，且胶澳盐场产量激增，缉私任务日趋繁重，实则抗战爆发后有意增强青岛防御力量，决定调派该部所辖税警第五团（团长丘之纪）前往换防。该团团部设于山东即墨县境内摩天岭，部队分驻各盐滩及附近，并未进驻青岛市区。日方因此事向中方提出交涉，遭沈鸿烈驳斥。

〔2〕《沈鸿烈对日记者谈话》，《国际言论》1937年第二集，第113—114页。

的第十四师团进行了重新部署，将该师团编入华北方面军，入列第一军战斗序列，并放弃在大连停泊，直航塘沽，于9月3日至11日间在塘沽登陆。

9月5日，日海军第二、第三舰队司令宣布，封锁北起秦皇岛，南迄北海口之中国海岸，所有中国船只不许通航，唯青岛及属于第三国际租借地领海除外。

此时，负责山东防御作战的第三集团军总司令兼山东省主席韩复榘，为保存实力，消极避战，使南下日军一路进展顺利，日军更加认为在青岛登陆是没有必要的。

由以上可见，发动战争前后，日军从准备在青岛作战到暂缓在青岛登陆，其根本原因有三。其一，日本同时兼顾上海和青岛两处登陆作战，兵力难以为继，只能集中于上海一点实施重点进攻。其二，在青岛登陆，其战略目的主要是沿胶济线进攻济南，以配合华北南下日军的作战，济南附近作战顺利，使登陆青岛变得没有意义，自然选择暂时放弃。其三，青岛不仅居住有大批侨民[1]，而且还是日军在华北实施经济侵略的大本营，这里的日商纺织公司占华北的三分之一，其他大小商业也触目皆是；且青岛有良好的港湾、铁路和公路，运输通便，是支援其他战场的重要基地。侵华战争爆发后，日军在多个地区都实施了狂轰滥炸，但对青岛和胶济铁路却没有投下一弹，表明日军有意对青岛实施保护。因此，用谈判的方式保住其在青岛的利益，是日军最希望看到的结果。

国民政府防御青岛计划

与日本当局相比，国民政府在山东半岛的防御筹划，思路始终是粗线条的，也没有形成详细具体的防御方案。

1933年夏天，鉴于日军已占领东北三省及热河，中国面临着空前的民族危机，国民政府军事当局制定了《国防作战计划》。该计划在敌情判断中意识到，"沿海方面，我海军实力薄弱，不能保有制海权，故海岸各要地有处处

---

[1] 据1936年9月的统计，在青岛的日侨共有15022人。见芮麟：《抗战爆发后沈鸿烈放弃青岛的真象》，《文史资料选辑》（山东）第一辑，第112页。

被敌登陆之虑，而尤以山东半岛与海州及上海等地为敌人上陆之要点"。日军"或另以一部由山东方面登陆攻击济南，以断津浦交通"。因此，中国军队务必"于青岛、威海、烟台、龙口等处各配置海岸守备部队，以防止敌之登陆"。国民政府尽管对山东半岛防务给予高度重视，计划以海岸守备部队承担防御任务，但没有海军协同防御的打算，明确规定将"在胶州湾之舰队于适当时期驶入长江协同抗战"。[1]

1936年，国民政府对中日战争形势做出进一步判断，认为"上海、天津两大海口，皆有日本重兵扼守，无法解除，其余如青岛、福州、厦门等处，密布有彼之退伍军人，及其军事间谍，且彼海权在握，其海陆空军可朝发夕至，情势之危，不可言状"。一旦战争爆发，日军势将"以陆军第二主力部队，由海上运至山东沿海登陆，直取济南，以断中国南北之交通，并威胁我南北之侧背"。然而，"中国现有之各种兵力与日本比较相差悬殊，日本有随时发动之可能，故开战之权不在中国，但在列强均势维持之下，尚能借国际同情之潜势力与暴日以无形之制裁。故目前中国除努力自强，以外交方式借国际势力以迁延暴日发动之时机，使我有整理图强之余裕"。[2]说明国民政府尽管依然重视山东情势，但对阻止日军在山东半岛登陆没有信心，这样就不可能对驻防山东半岛的第三舰队之行动做出具体部署。

战争爆发前夕，国民政府在《民国廿六年度国防作战计划（甲案）》中明确判断，日军"将利用其有绝对制海权，由胶州湾—海州等处登陆，以威胁我在黄河北岸作战军之侧背"。有鉴于此，制定了"国军以捍卫国土确保民族独立之自由，并收复失地之目的，在山东半岛经海州—长江下游亘杭州湾迤南沿海岸，应根本击灭敌军登陆之企图"的作战方针和"以一部直接配备于青岛—威海卫—烟台—龙口一带地区，阻止敌人上陆，控制主力于胶县—平度间地区，准备于判明敌主力于上陆点时，则断行攻击而扑灭之"的作战要领。然而，国民政府也十分清楚国民党军队在沿海抗登陆作战中能有多大的作为，特别对于海军更无信心，因此在作战指导要领中同时规定，一旦不

---

〔1〕《1933年国防作战计划》，《民国档案》2006年第4期，第21—23页。
〔2〕《国民政府筹备抗战档案史料一组》，《民国档案》1997年第2期，第7—8页。

能在山东半岛一带阻止日军登陆，那么陆军"应固守潍河之线，以掩护主力军侧背"[1]，海军第三舰队则"务于开战之先，迅速集中长江，担任下游之警备，并协力陆军之作战"[2]。在《民国廿六年度国防作战计划（乙案）》中，国民政府也做出了与"甲案"基本相同的处置方略，给山东方面陆军部队规定的作战要领是，开战之初，"应将主力奇袭青岛，将敌之潜势力扫荡而扑灭之，尔后即将登陆诸设备及码头破坏之，并封锁海口，一部占领龙口—烟台—蓬莱—威海卫，情况不得已时，应占领白河之线，掩护主力军之集中"[3]。而对于海军，则规定"应避免与敌海军在沿海各地决战，全部集中长江，协同陆空军扫荡扑灭敌在长江内之舰队，尔后任封锁长江口及各港湾，阻止敌舰之侵入"[4]。这说明，国民政府在部署山东防御时，对于拒日军于山东各海口之外已不抱希望，而是寄希望于在二线或三线阻击敌人。特别对于山东半岛仅存的海军力量，无意将其牺牲于山东半岛，而主张将其撤入长江，协助长江封锁，以最大限度地发挥作用。

显而易见，国民政府在设定全面战争爆发，权衡青岛和上海两地的防御时，毫不犹豫地把重点放在了上海，这当然是正确的。然而，青岛应置于防御的次要地位，并不是说青岛可以轻易放弃，因为青岛的战略地位对整个山东半岛作战极为重要，同时又是牵制华北日军的要点。日军南下的目的是打通津浦线，如果不是韩复榘一路溃退，使日军在夺取津浦线的作战中没有遭遇像样的抵抗，进而使在青岛的登陆变得无足轻重，那么，青岛防御战的战略价值就会骤然突显出来。然而事实是，国民政府对防御青岛并未制定详细具体的计划。在卢沟桥事变发生九天后，国民政府在讨论是局部战争还是全面战争时曾提出过"敌如在青岛上陆，则我拒止之，又发生战争"[5]的意见。直到1937年12月7日，第五战区才根据作战计划，将"青海（岛）守备队及第三舰队守备青岛，拒止

---

〔1〕《国民党政府1937年度国防作战计划（甲案）》，《民国档案》1987年第4期，第40—43页。

〔2〕同上，第50页。

〔3〕《国民党政府1937年度国防作战计划（乙案）》，《民国档案》1988年第1期，第35页。

〔4〕同上，第39页。

〔5〕《卢沟桥事件第六次会报》，中国第二历史档案馆编：《抗日战争正面战场》（上），凤凰出版社2005年版，第244页。

敌之登陆"[1]形成了命令。该战区14日的命令又强调："青岛附近，由沈副总司令所部守备外，其他胶东半岛各要点，仍由地方团队守备，归韩副司令长官负责。""青岛守备队之炮兵大队，拨归于副总司令之指挥，随车运输。"[2]

国民政府在青岛方面的防御方案是粗线条的，不可能做出明确具体的指示，具体的防御筹划应该由担任青岛特别市市长的沈鸿烈来负责。沈鸿烈是1931年11月奉国民政府之命担任青岛特别市市长的，同时兼任海军第三舰队司令。1933年6月，他卸掉海军第

青岛特别市市长沈鸿烈

三舰队司令之职，由谢刚哲接任，但他依然掌握着海军的控制权。抗战爆发后，他奉军事委员会的命令，设立了青岛海陆军总指挥部，自己兼任总指挥，极力筹划青岛防务。除海军第三舰队的舰艇部队、海军陆战队外，他还组织了保安队和警察部队，又从威海调来了海军教导队，另外，请准军事委员会从海州调派税警第五团来协防。这些部队成为防御青岛的主要力量。然而，在日本海陆军的进攻面前，青岛的防御力量如同杯水车薪。无论国民政府还是沈鸿烈本人，都没有长期坚守青岛的打算，故没有详细可行的防御计划也在情理之中。

对青岛的有效防御，不是没有实现的可能。在战争之前，就有人对胶州湾的战略价值进行过精辟的论述。论者认为：

> 日军进攻山东半岛，所依靠的，主要是强大的海军，若进攻山东，必以海军为先锋，以陆战队继其后。进攻的目的地，当然是济南。进攻的路

---

〔1〕《第五战区关于作战部署命令（1937年12月—1938年2月）》，中国第二历史档案馆编：《中华民国史档案资料汇编》第五辑，第二编，军事（一），江苏古籍出版社1998年版，第637页。

〔2〕《第五战区关于作战部署命令（1937年12月—1938年2月）》，中国第二历史档案馆编：《中华民国史档案资料汇编》第五辑，第二编，军事（一），江苏古籍出版社1998年版，第640页。

线，必从海岸方面，分为左右两翼，直取攻势。左翼从青岛入手，首先抓
住的地方，一定是胶州。胶州一下，即可顺着胶潍低地，直向北攻，企图
夺取潍县。潍县攻克，则胶济铁路的一半，已入敌之掌握，于其军事运
输，即无丝毫困难。右翼从山东半岛北部海岸进攻，威海卫、烟台、龙口
正当其冲，故军必将顺着这一带低地，猛力进攻，于是威海卫、烟台、龙
口三地，即发生剧烈的战斗。如果敌能占据上述三地，则潍县即成其囊中
之物。至潍县，则敌军的左右两翼，即可合而为一，然后沿胶济铁路，乘
胜并力西攻，则济南即岌岌可危了。

在日军进攻的过程中，胶州湾的地位与其他沿海各地都不相同，它水
深浪静，能容巨舰，在未来的大战中，日军必倾其全力，夺取此地，以谋
制我死命。胶州湾的天然形势，为华北沿岸各港之冠，外有崂山余脉的团
岛岬与其西南的海西角左右环抱，所成口门，宽仅一又四分之三英里。但
入其内部，则豁然开朗，全湾纵横距离，皆在6英里左右，海水深度在10
米至30米间，无风浪的袭击，无冻冰的忧虑，军舰停泊其间，安如居室。
繁华的青岛市，位于港湾的口端，附近海水，既较他处为深，陆上又接胶
济铁路，敌之海军一旦攻入此港，即可深入内地，纵横攻取。如此重要的
港口，我们对其防守自然需要十二万分地当心。此地设防，因天然形势
的优良，并不十分困难。胶州湾口外，有麦岛、小公岛、大公岛、竹岔等
岛，星罗棋布，可作天然屏蔽，我若于此诸岛，建筑坚固炮台，敌之海军
万难靠岸。但敌海军的强大，炮火实力的雄厚，在战争中的威力，远非我
们现在所能想到。并且于此诸岛，我今尚未有任何防御准备，在战争紧急
之际，我既无强大的海军，所赖以作战的陆军，又不能直接固守诸岛，则
当大战爆发之初，诸岛必至马上为敌所夺。如此，我们只有在胶州湾的口
门部分，建设防务，是比较可靠而有利的。

胶州湾口门的构造，完全由山石堆积而成，我之兵士和炮火，可以隐
蔽其间，利用远距离的强烈射击，遥击海上敌舰，敌人纵有十倍兵力，亦
难入口。但是意外的失利，我亦不能不于事先有所计划，准备退一步的工
作，以防万一。如果口门一旦不守，我可将计就计，诱敌深入，将敌舰诱
至湾内，然后我之陆军一方取大包围形势，侧面攻击，封锁敌舰出口，一

方在湾内诸岛，如阴岛、黄岛等，齐出伏兵，一鼓作气，聚而歼之。这所谓"口袋阵"，敌如受计诱入，虽一兵一卒，亦难幸免。

不过，此种战略的使用，是带有相当危险性的，我如不能歼敌，必为敌所大败。为万全计，我必须在岸上的胶州，调驻重军，有胶济铁路的连接，我后方供给的运输，自可有充分的保证。但胶州地势较平，必将大遭敌机轰炸，我又必须预先择地，建筑一个或数个大规模的飞行场，拨调大批飞机，当时驻防，以备空战。总之，胶州和胶州湾，是山东防线的第一道，将来的剧烈战争，是免不了的。[1]

论者的观点明显在国民政府和沈鸿烈的认识之上，如果国民政府和沈鸿烈充分认识到胶州湾的地理形势、防御条件等因素，进行周密研究与分析的话，或许能够形成坚定的防守决心，进而制定详细周密的防御方案。论者的问题在于，忽视了像韩复榘这样消极避战、临阵退却的国军将领在作战中造成的恶果，故而他的精辟预设，没有在实战中得到证明。也就是说，韩复榘的行为掩盖了国民政府和沈鸿烈轻易放弃青岛的错误。

---

〔1〕张中会：《山东海防军事地理论》，《西北论衡》1937年第5卷第4期，第29—30页。

海军炮队的转战

　　1937年8月20日，国民政府宣布成立第五战区，负责指挥鲁南、苏北地区的战事，蒋介石兼任司令长官，山东省主席韩复榘任副司令长官。可是当日，军事委员会又决定撤销第五战区，其辖区及部队划归第一战区。直到10月16日，鉴于淞沪战场局势的严峻，最高统帅部才又重新成立第五战区，李宗仁出任司令长官，韩复榘任副司令长官。随后，第五战区明确了山东方面的作战方针："保有鲁省大部分地区，与敌行持久抗战。作战初期，应扼守黄河及沿海要点，直接阻止敌人之侵入。"然而，由于中国军队在津浦路北段的作战连连失利，韩复榘又不顾蒋介石的多次命令，有意保存实力，使得进驻德县，反攻沧县、德县的意图均未实现，日军分三路迅速进至徒骇河一线，逼近济南。韩复榘一面利用徒骇河道，与日军隔河对峙，一面试图调集兵力加固徒骇河一线，于是便指示沈鸿烈，抽调舰炮，组成炮队前来支援。

　　沈鸿烈与谢刚哲商量后，决定从"镇海""定海""江利""同安"四艘军舰上卸下3.7厘米平射炮八门及重机枪等，同时遴选各舰优秀精壮官兵组成炮队。编组完成后的炮队有一个大队，大队长为"同安"舰舰长马崇贤，下辖两个中队。10月19日，炮队从青岛出发，当晚第一中队开赴禹城，第二中队到达惠民。

　　不久，第一中队便与日军发生激战。当时，日军正集中兵力于禹城徒骇河北岸之黎家寨，将对南岸中国守军发动全面总攻。21日上午7时，日机轮番向中国守军阵地投弹轰炸，低空扫射，第一中队海军炮兵因及时利用地形地貌隐蔽自己，而未受损伤。及至下午4时，日军又以铁甲车为前导，企图大举冲越铁桥。中国守军的两辆铁甲车被日军先导部队的铁甲车队击毁，日军先导的两辆铁甲车当即冲到北岸桥头。第一中队沉着应战，出其不意，对日军实施猛烈轰击。日军自恃有雄厚的兵力与火力，一意前进，突遭第一中队轰击，仓促间，其先头铁甲车的车头及主炮均被击毁。日军突遭攻击后，连忙派出其他铁甲车用猛烈炮火趋前救援，第一中队又以猛烈炮火连续击中其要害，使日军死伤甚重，不得不拖曳着受伤的铁甲车辆仓皇遁逃。日军遭此巨创后，遂不敢再从正面进犯。

11月中旬，日军突破徒骇河一线，威逼黄河北岸，韩复榘见黄河以北阵地难保，便命令所属第三集团军退至黄河南岸，并炸毁了黄河大桥，企图凭借黄河天险阻止日军南侵。此时，海军炮队因炮弹难以接济，作用无法发挥，撤回青岛。

在编组炮队支援前线战斗的同时，沈鸿烈还将其余舰炮和人员编组成舰炮总队部，下辖六个炮队，薛家港和大港各派驻一队，市区前海岸山上派驻四队。总队部设于东镇（原青岛海军学校校址），总队长由张楚材兼任，"镇海"舰舰长曹树芝、"永翔"舰舰长李信侯、"江利"舰舰长孟宪愚、"楚豫"舰舰长晏治平、"定海"舰舰长谢纬清以及舰队参事室的范杰依次担任第一至第六总队附。

阻塞港口和炸毁纺织厂

1937年11月，最高统帅部以"青岛过于突出，无死守价值"[1]，指示沈鸿烈撤离青岛。沈鸿烈担心一旦日军占领济南，胶济铁路必被日军截断，撤出青岛的后路也将被切断，到那时，青岛就成了一座孤岛。所以，当最高统帅部进一步明确了撤离青岛的决定后，沈鸿烈便开始积极筹备撤离事宜。

第一件要做的事，就是沉船阻塞港口。自从1935年7月"海圻""海琛"两舰奉命南下进入长江后，第三舰队的舰艇还有炮舰"定海"（1100吨）、"永翔"（780吨）、"楚豫"（750吨）、"江利"（510吨）；练习舰"镇海"（2700吨）；驱逐舰"同安"（395吨）；炮艇"海鸥"（170吨）、"海鹤"（162吨）、"海清"（170吨）、"海燕"（50吨）、"海骏"（45吨）、"海蓬"（35吨）等12艘。[2] 这些舰艇此时已无其他可以为抗战建功的途径，只有自沉阻塞港口才能发挥最后的作用。

1937年12月18日，青岛局势突趋紧张，自晚6时起，实行宵禁。沈鸿烈命令将已经卸下舰炮的海军舰艇以及其他船只共二十余艘，装满碎石、水泥和煤炭，分别沉于青岛港的大港、小港和船渠港，实行封锁。其中沉于大港口门，即第一、五号码头之间的舰船分为2排，有11艘，它们是"楚豫""靖海""镇海""永翔""定海""定利""飞鲸""江利""桥船""浚渫船""水吊"等，共计8135吨；沉于小港口门的有"同安""赵村""周村""海燕""海

〔1〕何应钦：《日军侵华八年抗战史》，台湾黎明文化事业公司1982年版，第73页。
〔2〕《海军之过去与现在》，殷梦霞、李强选编：《国家图书馆藏民国军事档案初编》第十一册，国家图书馆出版社2009年版，第46—47页。

清""海镇"等；沉于船渠港的有"水星""李村""浚渫船"等。[1]当时的报纸有这样的报道："十二月十八日，我为实行自卫，乃将在青各纱厂及其他产业予以破坏，同时利用所有军舰将大小港封锁，免港内码头为日利用。"[2]时任"江利"舰少尉航海附的李连墀后来谈到沉舰的感受时说："沉船时并没有可惜的感觉，因为必须要沉，而且江利是从张之洞时代就留下来的，舰体也已老旧，所以没有爱惜军舰的心理，想马上把船沉了之后，把船上的炮转到地面，编成炮队加入作战。"[3]另外，沈鸿烈和谢刚哲还安排将"海鸥""海鹤""海骏""海蓬"等四艘炮艇沉塞于威海刘公岛港。至此，海军第三舰队的舰艇全部自沉，盛极一时的东北海军开始走向消亡。

由于青岛港遭到严重破坏，口门堵塞，港口不能通航，码头无法装卸，日军于1938年1月10日在青岛登陆后，仅能靠栈桥驳运货物和军队，急于清除港口障碍，打捞沉船。这一工作从1月12日开始，次日的报道称："日海军昨日从事清除港口障碍，下午二时将沉船打捞移去竣事。"[4]在此后的近一年中，日军边清理边使用，断断续续恢复了青岛港的功能。1938年10月8日，日军捞出"镇海"舰[5]，11月21日，捞出"永翔"舰[6]，到12月12日，日军已捞出全部沉船，港内外水路完全开通[7]。从1939年3月25日起，日军"开放青岛码头，准许第三国船在第一码头之一部及第四码头靠岸"[8]。这一过程足以证明，沉船阻塞青岛港，给日军造成了很大的困难。

第二件要做的事，就是炸毁日本纺织厂。日本人在青岛开设的纺织厂共有9家，包括内外棉、大日本、钟渊、上海、丰田、同兴、富士、国光、日清等，

---

〔1〕见青档33-1-1066号：《大港沉船位置图》《小港沉船位置图》和《船渠港沉船位置图》。

〔2〕《新闻报》1938年1月9日。

〔3〕《李连墀先生访问记录》，《海军人物访问记录》第一辑，台湾"中央研究院"近代史研究所1998年版，第22页。

〔4〕《新闻报》1938年1月14日。

〔5〕《青岛埠头株式会社社报》1938年10月11日。

〔6〕《青岛埠头株式会社社报》1938年11月22日。打捞出水的"永翔"舰，经修理于1941年8月21日交给汪伪海军威海卫基地部，更名为"海祥"号，首任舰长为马云生。见中国第二历史档案馆编：《汪伪政府行政院会议录》第九册，档案出版社1992年版，第351页。

〔7〕《青岛埠头株式会社社报》1938年12月13日。

〔8〕《一年大事记（1939.1.10—1940.1.10）》，1940年版，第49页。

海军第三舰队舰艇在青岛港内自沉

自沉于青岛小港的"同安"号驱逐舰

海军第三舰队"海燕"号炮艇

共设11家工厂。公司分别设于四方、沧口和水清沟等地。这些纺织厂，日本人经营多年，已具有相当的技术规模和生产能力。以日清纺织公司为例，撤侨时，公司曾奉令进行财产评估，结果显示资产达800万元，流动资金100余万元，精纺机约11.9万锭，以每锭百元计算，约合1000余万元。[1] 保护这些纺织厂是日军企图不战而控制青岛的主要原因之一，将其炸毁，对日本的打击可想而知。按照国民政府制定的"焦土政策"，这些纺织厂必在摧毁之列。

炸毁纺织厂需要炸药，沈鸿烈电请军事委员会给予支持，军事委员会很快拨付12吨TNT，专门派廖安邦和郁仁治[2]二人押运到青，并协助处理爆破事宜。1937年12月18日，即在沉船的同一天，沈鸿烈组织人力在各纺织厂的主要机器设备上捆绑炸药。完成后，他亲自到各厂检查，随后下令引爆炸药，将11处纺织厂、2家胶皮厂的主要机器设备全部摧毁。据日方调查，纺织公司的损失总额在1.2亿元以上；各纺织公司的损失数额占总公司资产之比例，大公司约达一成四分至二成，小公司比例更大，例如同兴和国光两家公司，前者损失达五成，后者损失达六成，其影响之巨，可想而知。[3] 24日，在天津的日

---

[1]《青岛日纱厂之损害状况》，《中外经济拔萃》1938年第2卷第2期，第61页。

[2] 后廖安邦留青担任青岛市公安局局长兼市保安大队大队长，沈鸿烈调任山东省主席兼省保安司令时，廖安邦出任省政府委员兼保安司令部参谋长；郁仁治出任山东省第二区专员兼保安司令，1938年7月在日军扫荡鲁西游击区的东阿战役中阵亡。

[3]《青岛日纱厂之损害状况》，《中外经济拔萃》1938年第2卷第2期，第60、61页。

军扬言，因"在青岛与济南方面损失过巨，将有激烈行动，以为报复"[1]。26日，日海军中国方面舰队司令长官长谷川宣布封锁青岛。青岛的中国军队并没有被日军疯狂的叫嚣所吓倒，29日，继续实施"焦土政策"，炸毁了青岛与上海、烟台、佐世保连接之海底电缆，以及日酿酒厂、染厂各一座并仓库多座，又将中国船坞、修理厂、电话与无线电局等自行焚毁。这一夜，沿海一带燃起大火，火势凶猛，全城可见，通宵未熄，爆炸声不绝于耳，市民彻夜未眠。此外，沈鸿烈还命令炸毁了在青岛大港运行了三十多年的一座150吨起重机和一座铁轨式塔吊，同时将两艘浮吊沉入海底。青岛小港的海军船坞、海军工厂等也被悉数破坏和烧毁。

青岛市内日资企业和设施的破坏情况，据日方报道，"纺绩关系，殆已全灭"；"四方发电所，内部破坏，市内发电所完全"；"青岛市厂，及附近工场，大部分烧失，和田制材所完全"；"辽宁路附近，全部掠夺或破坏"；"聊城路，并新町附近外形虽照旧，屋内大半被掠夺"；"领事馆、各学校、病院、银行、会社，并集会所无恙，内部多少荒废"；"保定路南之大街，附近完全"；"李村水源池，因外人义勇队之警戒而完全，但其他水源池不明"；"电话市内虽完全，四方沧口则不通话"。[2]

在炸毁海底电缆时，沈鸿烈还破获了一起通敌案件。指挥部发觉参谋主任殷祖虞和日军勾结（殷曾派人阻挠破坏电缆），经沈鸿烈和谢刚哲审问并研究后，决定将殷祖虞立即处决。嗣后获悉，殷祖虞的谋叛，事前曾取得舰炮总队总队长张楚材的默认，沈鸿烈遂派员将张楚材押送出境。受到牵连的舰炮总队总队附曹树芝、陆战队第二大队大队长李润青等虽未遭到传讯查究，但自感无法再待下去，于两天后相继私自离职。海军中出此事件，虽然处理比较及时，未发生严重投敌事件，但对军心影响很大，一些平时深受沈鸿烈和谢刚哲信任的官兵相率离去，削弱了海军的力量。[3]

---

〔1〕沈云龙主编：《中国全面抗战大事记》第一辑（十二月份），台湾文海出版社1981年版，第36页。

〔2〕《青岛殆遭完全破坏》，季啸风、沈友益主编：《中华民国史史料外编》第六十五册，广西师范大学出版社1996年版，第12页。

〔3〕范杰：《我在东北海军的回忆》，全国政协文史委员会编：《文史资料存稿选编》军事机构（上），中国文史出版社2005年版，第228页。

青岛撤退

舰艇自沉和炸毁纺织厂后，沈鸿烈做着撤离青岛的最后准备。他将驻青部队进行了整理，把舰上人员编成炮队，又补充了保安队，然后进行统一整编，将整个战斗系统编为三个支队：第一支队下辖教导总队和舰炮总队，支队司令张楚材；第二支队下辖两个海军陆战大队，支队司令张赫然；第三支队下辖警察部队、保安队和税警团，支队司令廖安邦。

在是否撤退的问题上，沈鸿烈军事集团内部的意见并不统一，从现有资料中可见矛盾十分尖锐，主要有两种不同的记载：

第一种记载：当时海军兵员大半是山东半岛的人，他们热爱自己的故乡，

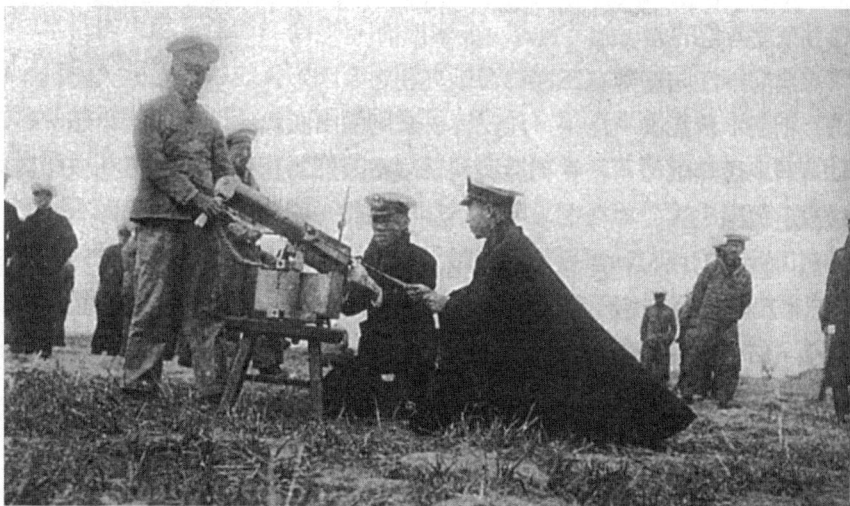

海军第三舰队教导队在演习

不愿意放弃故乡让日军蹂躏，反对国民政府撤退的命令。代表这一派意见的是张楚材。沈鸿烈为了贯彻上峰的命令，召开了一次紧急军事会议，在会上，他和张楚材发生了激烈的争吵。沈对张说："你敢违抗中央的命令吗？叫你爆破，你不爆破，叫你撤退，你不撤退，你想做汉奸吗？"张说："我个人没有违抗中央命令的意识，更没有做汉奸的企图，死守青岛是各总队长各大队长以及全体兄弟的意见，我只是代表他们表达了这一意图。"沈怒不可遏地说："胡说！现在我再一次命令撤退！"张也气势汹汹地说："我不能接受你这个命令，你可以直接向各总队下命令。"沈说："好啦！你今天可以留在我这里，不必回队了！"就这样张楚材被软禁了起来。[1]

　　第二种记载：沉船阻塞港口和炸毁纺织厂后，廖安邦根据当时的局势，劝沈鸿烈重新考虑撤退问题。他认为日本海军、日本侨民都已撤走，青岛心腹大患已暂时解除，完全可以坚持下去，到万不得已时再撤退。廖安邦判断沿着津浦铁路和平汉铁路南下的日军威胁到青岛的安全至少还得在半个月以后，半个月以内，青岛绝不会有什么危险，目前还用不着撤退。沈鸿烈听了廖安邦的劝告，大不以为然，怒气冲冲地吼着说："话是这么说，但真到危急时，要退也退不出去了！为大家安全着想，就得及早从从容容地撤退，不要临时手忙脚乱，抛东丢西地慌慌张张地逃命！"廖安邦因当时话不投机，也就不再多说，就沉默下来。沈鸿烈看到廖安邦不吭气，知道年轻人憋气了，因此又嘻嘻地假笑道："莫急！我早已报告军事委员会请示办法，陈明爆破日本纱厂后即行撤往徐、海或鲁西、豫、皖边区待命，并已奉到军委会回电，叫我可以相机自行决定。放弃青岛撤往后方是合法的了，任何理由，绝不改变。"沈鸿烈因为廖安邦是军委会派来的人，就抬起军委会已经准许撤退的大帽子堵廖安邦的嘴。廖安邦看到沈鸿烈主意早已拿定，大局已经无可挽回，和这个老奸巨猾的上司顶僵了也不便宜——想到这个人心眼太多，手腕太狠！明明是不肯守土抗日，想先期逃跑，却以炸毁日本纱厂来转移国人视线，并骗取中央信任。面对这样的上司，多劝也是无益，只得苦笑说："那么市长下命令就是了。"廖安邦

---

　　[1]张万里：《沈鸿烈及东北海军纪略》，全国政协文史委员会编：《文史资料存稿选编》军事机构（上），中国文史出版社2005年版，第257页。

性子冲，再也忍不住，说完就匆匆走了。走出大门，跨上马背，气得昏头昏脑的，连加几鞭，那匹新买的枣红色的大洋马，就飞也似的跑开了。半路上马忽然打前失，他没提防，竟被摔下马来，头撞在柏油马路转角处，还好没有撞破脑袋，却撞昏过去了。廖安邦堕马受伤后被送进医院，沈鸿烈按原定计划撤出青岛。[1]

尽管上述两种说法的真实性还有待证实，但当时在沈鸿烈军事集团内部存在反对撤离青岛的意见则是可以肯定的。

1937年12月29日，沈鸿烈指挥部队开始按计划撤离青岛，至31日撤离完毕。青岛民众见军队撤离，彻底失去了安全保障，纷纷逃避。驻青外国人则开始成立保安队。

1938年1月10日，日军在青岛的山东头、湛山村和汇泉湾等地登陆。与此同时，日军第五师团一部沿胶济铁路东进，于1月中旬与在青岛登陆的日军会师。

按照军事委员会的指令，撤离青岛的部队分为两部分，一部分为第一支队的海军教导总队和舰炮总队，他们经徐州，至武汉，任务是参加武汉下游各要塞的防御战；一部分为第二支队的海军陆战队和第三支队的警察部队、保安队、税警团，他们的目的地是莒县、临沂一带，任务是参加鲁南游击战。

海军陆战队从青岛先行出发，前往诸城担任警戒。诸城设有军粮汽油储运站，后续的保安队等在沈鸿烈率领下，在诸城与海军陆战队会合，一起向莒县方向进发。

海军教导总队和舰炮总队撤离的情况比较混乱，教导总队先行，舰炮总队随后。撤退中，因不少官兵擅自逃离，部队群龙无首，意见不一，出现哗变，并动用武器自伤，两队到夏庄会合后才稳定了局面。随后，他们乘100余辆汽车向诸城方向前进。途中遭到日军机群的轰炸和扫射，尽管人员没有伤亡，但有36辆汽车被击坏。两队奉命步行前往诸城，再从诸城向蒙阴、沂水进发。舰队文职人员杜畏后来回忆说：

〔1〕芮麟：《抗战爆发后沈鸿烈放弃青岛的真象》，《文史资料选辑》（山东）第一辑，第120—121页。

当时起组织领导工作的是少校康肇祥、上尉崔孝先，在此混乱之际，两人确实冒有一定的风险，就连我这个刚入社会的小青年来说，当时就有不少同乡亲友劝我早点离开他们。正因为如此，所以康、崔一经接到沈鸿烈复电，即日配备亲信士兵20名，派我押运5车辆枪支弹药，先去沂水筹划安营事宜。

……

我下午2时至沂水（驻南大营韩军旧址），入晚5时左右，即有张步云部2000余众来沂水过境（张为鲁南悍匪，新经韩复榘收买）。该部为扩大自己势力，到处掠夺县镇枪支，县长知我枪多人少，通知我们预作防范。

……

我连司机一共25人，县里增添10名警察协守，空城对策，虚惊一夜。又3日舰炮总队到达沂水，自此以后，我和康、崔相知益深。[1]

不久，部队又从沂水到达台儿庄，转乘火车前往武汉。据李连墀回忆：

二十六年十二月，青岛大撤退，"江利"舰上官兵大部调走，由我和少数官兵，将"江利"舰装满煤炭沉堵在青岛港的前港口，后转调岸职从事抗战，总计在船上三年半的时间。

……

奉命沉船封港后，我们与"江安""楚豫""镇海"几艘船的人被编成舰炮队，我为队长，升上尉，带一批人从青岛出发，一直走到台儿庄才坐火车。海军的士兵在船上哪有走过路呢，故脚都起泡，鞋也走坏了，很多士兵逃走。我对江利的官兵讲："你们千万不要逃喔，逃真难看啊，抗日打日本人你们还逃，逃回家能保命吗？"总是说这些话勉励他们。所以那时候哪个队长带得好，兵就少逃一点，带不好就逃光了。就这样一路赶到山东临沂集合。

---

[1] 杜畏：《青岛海军的演变和灭亡》，全国政协文史委员会编：《文史资料存稿选编》军事机构（上），中国文史出版社2005年版，第216页。

......

　　各舰炮队大概有三四个队，康肇祥是我们的总队长，也是第三舰队人员改编成舰炮队的总领队。我们带着轻武器在临沂集合，不能带的炮，在青岛就交出去运到济南。其中马纪壮和关世杰带领的两个炮队，就坐火车到济南参加一个战斗任务，对付反动分子。之后这些负责铁路运输的舰炮队，也一齐向临沂集合。但他们还没到时，我们又从临沂出发，到湖北祁家湾（离汉口很近，是平汉铁路上的一个小站）集合。[1]

　　曾在教导总队任职的刘广凯回忆说："我们教导总队徒步行军经过了蒙阴、沂水到达了台儿庄，搭乘陇海路及平汉路的火车，到了武汉外围黄陂县祁家湾，整编待命。"[2]杜畏也说："元旦是在沂水过的。在此期间日夜筹划游击战争，旋奉沈鸿烈电令，海军即至武汉防守长江。登陇海，转京汉，一路大雪纷飞，人炮尽成白色。过开封，车小停，满城黄土，深处可以没足。车至黄陂祁家湾，站上早有海军前来接应。"[3]

　　海军教导总队和舰炮总队到达武汉后，即改编为长江江防要塞守备部队，守备司令部设在汉口，直属军政部，作战归第九战区指挥。该司令部由原第三舰队司令谢刚哲任司令，原"江利"舰舰长孟宪愚任参谋长，原"同安"舰舰长马崇贤任副官长，原薛家岛炮台台长曹仲周等任参谋，下设三个江防要塞守备总队，第一总队由原"海圻""海琛"两舰官兵编成（两舰官兵先期由南京撤退，此次复归本部建制），总队长唐静海（原"海圻"舰舰长），驻防田家镇和葛店之间；第二总队由原教导总队编成，总队长鲍长义（原青岛市公安局督察长），驻防马当；第三总队由原舰炮总队编成，总队长康肇祥（原"镇海"舰副长、大港炮台台长），驻防湖口。江防要塞守备总队的任务是配合陆军江防部队、其他海军炮队防守各要塞。

　　第二支队和第三支队在沈鸿烈的率领下一路走到临沂，在临沂休整了三

　　〔1〕《李连墀先生访问记录》，《海军人物访问记录》第一辑，台湾"中央研究院"近代史研究所1998年版，第22—23页。
　　〔2〕《刘广凯将军报国忆往》，台湾"中央研究院"近代史研究所1994年版，第10页。
　　〔3〕杜畏：《青岛海军的演变和灭亡》，全国政协文史委员会编：《文史资料存稿选编》军事机构（上），中国文史出版社2005年版，第216页。

天。其间，沈鸿烈再次对部队进行整编。他首先加强海军陆战队的力量，从各部队中挑选出一批精壮士兵，补充到陆战队中，使陆战队成为一支3000人的精干部队；其次，他把其他部队建制打乱，编成警备团，团长为孙秉贤，下辖三个大队：第一大队大队长为姜厚本，第二大队大队长为柏在春，第三大队大队长为萧鸿顺，全团6000人。这样，在正式参加作战之前，沈鸿烈的部队共计9000人。[1]

沈鸿烈见过李宗仁，经李宗仁指定，部队暂驻鲁西南曹县待命，给养也由当地政府划拨。不久，他率部队开到曹县，并在那里过了年。1938年1月11日，蒋介石免去韩复榘山东省主席职务，由沈鸿烈接任，沈还同时兼任山东省保安司令。沈鸿烈上任后，将整顿后的省政府机关及保安司令部机关安置在曹县，一直到1938年底向鲁南山区转移。在这期间，海军陆战队奉命参加了鲁南游击战。

除第三舰队外，还有一艘舰艇在山东参加了抗战，这就是海军练习舰队测量队的"诚胜"号测量艇。该艇于抗战爆发前赴山东测量黄河口等水道，战事发生后已不能南返，遂奉命留驻羊角沟警戒，旋陷入敌占区。艇长李申荣率员兵将艇上武器拆卸，组成游击队一队加入当地抗战队伍，并将艇体于1937年12月26日毁沉。[2]

---

[1] 芮麟：《抗战爆发后沈鸿烈放弃青岛的真象》，《文史资料选辑》（山东）第一辑，第121页。关于海军陆战队的人数，在作战中是有变化的，这里3000人的说法是整编完成后的数字。在1938年2月9日庞炳勋给蒋介石的密电中确认为2000人，当是经与日军作战损失后的数字。经2月18日莒县招贤一战，海军陆战队减为1000余人。

[2] 海军总司令部编：《海军战史》，1941年版，第66页；《海军抗战损失舰艇表》，台湾"国防部海军司令部"编：《纪念抗战胜利70周年：海军抗战期间作战经过汇编》附录47，2015年版。

海军陆战队的作战

淞沪会战和南京保卫战后，国民政府在惨重的牺牲中总结了经验教训，在战略战术上开始采用攻势防御，即将阵地战、运动战和游击战密切结合起来，利用运动战和游击战的攻势，弥补阵地战守势的不足，取得了明显的战果，鲁南台儿庄和临沂的战斗就是最好的战例，而海军陆战队在新的战略战术指导下，在游击战中发挥了一定的作用。

就在沈鸿烈筹划并实施青岛撤退之际，日军矶谷廉介第十师团从青城、济阳间渡过了黄河。日军占领青城后，兵分两路，一路沿胶济铁路向东直扑青岛，一路向南连下济南和泰安。1938年1月7日，南下日军攻占蒙阴、邹县、济宁等地，直逼鲁西、鲁南。

面对严峻的形势，蒋介石于1月11日在开封将韩复榘免职，14日，令第十二集团军军长孙桐萱代第三集团军总司令。军事委员会从第一、第三战区增调第二十二、第二十四集团军等部队至第五战区。同时，重新划定作战地境。

2月3日，第五战区司令长官部依照军事委员会的电令，发布了作战命令，将第五战区划分为四个游击区，其中第二游击区以第三军团军团长庞炳勋所部及海军陆战队为基干，位于鲁南山地，向津浦、胶济、陇海及鲁东南海岸之敌游击。2月6日下达的补充命令更加具体："第三军团在临沂附近，配合该方面地方部队，各以一部夺取蒙阴、泗水后，向泰安、大汶口间及南驿、曲阜之敌威胁。对日照、莒县、沂水北方要点，派一部与海军陆战队联合扼守。"[1]

---

〔1〕第二历史档案馆存国民政府国防部史政局战史编纂委员会档案原件。

2月8日，蒋介石给徐州的李宗仁、山东曹县的沈鸿烈以及在临沂的庞炳勋等密电，命令"着庞、沈部队从速出击，并编组小支队绕出胶济路以北地区活动"[1]。但庞、沈部队并无太多的精力出击胶济铁路以北。9日，庞炳勋给蒋介石的回电称："职军奉李司令长官令将东海防移交一一二师，即全部向临沂集结准备，以一部配合游击队攻击蒙阴泗水而占领之，向泰安曲阜间威胁敌之侧背；以一部协力海军陆战队，固守莒县沂水以北要隘，并以该方面游击队向诸城临朐方向游击。……海军陆战队，计两大队，共约二千人。……拟定处置：……以一一五旅之步兵两营协力海军陆战队及该方面游击队，以莒县沂水为基，向胶济路及其以北施行截击。"[2]

随着战局的发展，李宗仁于2月14日重新部署第五战区作战任务，电称："第三军团（指挥海军陆战队）仍以一部在海岸防守，以主力在临沂附近向诸城、沂水、蒙阴、费县附近游击，并掩护第廿二集团军之右侧。"[3]蒋介石始终关注胶济铁路沿线的安危，于18日命令李宗仁："沈鸿烈部向益都以东铁路游击。"[4]但此时，日军第五师团派第二十一旅团的第二十一联队由潍县乘车南下，一部进至莒县将军岭南之招贤镇，向周围村庄轰击。此时，海军陆战队正驻扎于招贤镇，乃奋起抵抗，与其他游击部队及保安团并肩作战，激战两昼夜，击毙击伤日军500多人，自己伤亡400余人，余部退避莒县县城西山岭地区。[5]日军遂向莒县县城推进。李宗仁电令庞炳勋派队支援，庞乃令第一一五旅旅长朱家麟所部第二二九团及第二三〇团，并配属山炮两门，增援莒县。朱部以副旅长黄书勋率第二二九团，附山炮两门为右翼，朱家麟自率第二三〇团为左翼，向莒县前进。李宗仁在21日致蒋介石的密电中称："……庞军团（张军之一旅属之）迅速扫除汤头附近之敌后，以一部向莒县方向追击，主力集结于汤头附近布防，对沂水、蒙阴方面自行警戒，陆战队命归该军团之指

〔1〕《蒋介石部署徐州会战密电（1938年2月）》，中国第二历史档案馆编：《中华民国史档案资料汇编》第五辑，第二编，军事（二），江苏古籍出版社1998年版，第508页。

〔2〕《庞炳勋致蒋介石密电》，中国第二历史档案馆编：《抗日战争正面战场》（上），凤凰出版社2005年版，第629页。

〔3〕《蒋介石部署徐州会战密电（1938年2月）》，中国第二历史档案馆编：《中华民国史档案资料汇编》第五辑，第二编，军事（二），江苏古籍出版社1998年版，第513页。

〔4〕同上，第510—511页。

〔5〕张希周：《我所知道的沈鸿烈》，《沂水县文史资料》第6辑，第76页。

挥。"〔1〕自此开始，海军陆战队的指挥权归于庞炳勋。

21日，日军抵达莒县县城北，与庞炳勋部一营对峙，庞见所派增援部队无法按时抵达，急令所属第二路游击司令刘震东部驰援。21日下午3时，刘震东率部到达莒县县城下，22日下午5时入城。可此时，负责防守县城的国民党莒县县长兼莒县抗日游击司令许树声部，早已不战而弃城南逃，莒县县城成了一座空城。刘震东迅速布置防御。23日凌晨，日军发动进攻，刘震东率部英勇奋战，誓与城池共存亡，但因寡不敌众，城门被敌攻破，刘震东壮烈殉国，莒县县城陷落。当第一一五旅于26日到达莒县附近时，战局已无可挽回。此时的海军陆战队已转移至高里附近。

莒县县城及周围的战斗是相当激烈的，从庞炳勋给蒋介石的密电中可见一斑。庞炳勋在22日的密电中称："一一五旅朱旅长22：08电，职率二二九团（21：24）驰抵莒县，是时当招贤失陷后，陆战队损失奇重，退在夏庄整顿。……二三〇团赵团长（21：24）电：职于号夜率队驰抵招贤，比到罗米庄，招贤已失，斯时我在沂水北官庄与敌激战之。第三营至箭晨，敌步骑炮联合增至千余，装甲车七辆均俱载军，在飞机掩护下向我猛攻，同时以一部迂攻沂水县城。地方游击队、陆战队弃守，去向不明。该营前后受击，竭力抵抗，损失极大。职即率部驰援抵七里桥，时沂水县城已失，职即转至城南司马店，更阻敌南侵并收容，准备反攻。"〔2〕

对于海军陆战队的"去向不明"，蒋介石十分关心，希望庞炳勋能够查明情况。几天后，庞炳勋发现了海军陆战队的踪迹。他在3月5日给蒋介石的密电中称："海军陆战队现在沂水西南地区游击，已令赶回临沂城北柳官庄、朱满一带，威胁敌之侧背，现尚未到。"〔3〕这说明海军陆战队依然具备作战能力。9日，日军第五师团坂本支队向临沂东北地区的中国军队第四十军发起进攻，

〔1〕《李宗仁致蒋介石等密电》，中国第二历史档案馆编：《抗日战争正面战场》（上），凤凰出版社2005年版，第648页。

〔2〕《庞炳勋关于莒县招贤集等地战况密电（1938年2月22—23日）》，中国第二历史档案馆编：《中华民国史档案资料汇编》第五辑，第二编，军事（二），江苏古籍出版社1998年版，第533—534页。

〔3〕《庞炳勋致蒋介石密电》，中国第二历史档案馆编：《抗日战争正面战场》（上），凤凰出版社2005年版，第631页。

守军不支，先后放弃阵地，向临沂城郊撤退。李宗仁电令张自忠的第五十九军由滕县到峄县转赴临沂，接手庞炳勋的任务，击破莒、沂方面的日军。12日，蒋介石叮嘱李宗仁："沈鸿烈部陆海队，勿使用于正面作战，应以破坏胶济铁路、扫荡胶东伪组织为主任务。"[1]可见蒋介石始终想利用海军陆战队在胶济铁路安插一颗钉子。但李宗仁鉴于事态紧急，难以从鲁南地区抽调海军陆战队出击胶济线，就没有顾及蒋介石的意见。

13日，第五战区参谋长徐祖诒以第五战区司令长官名义给张自忠的第五十九军下达命令："五十九军以一部确占石家屯一带高地，向葛沟、白塔间分途侧击，率制敌人之增援；主力由船流至大、小姜庄间渡河，向南旋回，与四十军呼应，包围歼灭敌之主力于相公庄、东庄屯、亭子头以南地区。在高里附近之陆战队暂归指挥。""四十军以主力由沂河东岸与五十九军呼应，包围敌之主力歼灭之；在沂河西岸之一部，渡河侧击尤家庄附近之敌。"[2]这样，海军陆战队的指挥权又从庞炳勋处转移到了张自忠手中。在随后爆发的临沂战役中，海军陆战队不仅参与其中，而且付出了巨大牺牲。

1938年5月，中国军队从徐州突围后，海军陆战队与挺进军（第六十九军）分别在鲁南、鲁中建立了游击根据地，海军陆战队活动于安丘泥沟一带[3]，在胶济、津浦及台潍路沿线袭扰日军，进行游击作战，其指挥权又重新回到沈鸿烈手中。沈鸿烈对海军陆战队进行了人员补充。

1939年1月，蒋介石密令颁行了《国军第二期作战指导方案》，规定鲁苏及冀察各战区，应增强军民力量，建立并保持游击根据地，积极展开广大之游击战，袭击敌人后方，分别指向重点于津浦、陇海及平汉各要线，尽量牵制消耗敌人。[4]2月，颁行了《国军攻势移转部署方案》，指出："鲁苏战区主力以鲁南山地为根据，向胶济及济徐间铁道袭击，遮断敌之交通，并以避实击虚，

---

〔1〕《蒋介石致李宗仁密电》，中国第二历史档案馆编：《抗日战争正面战场》（上），凤凰出版社2005年版，第633页。

〔2〕同上。

〔3〕张希周：《我所知道的沈鸿烈》，《沂水县文史资料》第6辑，第80页。

〔4〕《蒋介石令颁〈国军第二期作战指导方案〉密电（1939年1月7日）》，中国第二历史档案馆编：《中华民国史档案资料汇编》第五辑，第二编，军事（一），江苏古籍出版社1998年版，第660页。

粉碎敌人扫荡企图。"〔1〕6、7月间，又颁发了《二十八年夏季作战计划》，明确规定："鲁苏战区以持久战之要领，努力保持鲁南游击根据地，疲弊敌人，并相机破坏津浦、胶济、陇海各路，妨害敌之运输。"〔2〕这些方案和计划，均试图在山东境内广泛开展游击战争，扰乱日军后方。在长期游击战争中，海军陆战队因多次改编，早已失去陆战队本来性质，逐渐演化成了陆上游击部队。1942年1月，沈鸿烈奉命赴重庆出任农林部部长，从此与这支他亲自从青岛带出来的部队脱离了最后的关系。

〔1〕《蒋介石令颁〈国军攻势移转部署方案〉密电（1939年2月）》，中国第二历史档案馆编：《中华民国史档案资料汇编》第五辑，第二编，军事（一），江苏古籍出版社1998年版，第662页。

〔2〕《蒋介石关于颁发〈二十八年夏季作战计划〉与俞飞鹏往来代电（1939年6—7月）》，中国第二历史档案馆编：《中华民国史档案资料汇编》第五辑，第二编，军事（一），江苏古籍出版社1998年版，第665页。

留威海军部队的去向

在青岛撤离的同时，谢刚哲对于威海卫的防务也做了一定安排。他以参谋长盛建勋主持部务，将驻于刘公岛的第三舰队司令部仪仗队、两艘舰艇人员以及教导总队调往青岛后留下来的一个中队，合编为一个大队，共计500人，负责威海卫的海防，给养和薪俸由威海商会负担，部队对外称"保商团"。就在此时，"保商团"中海军教导队的部分官兵，在中国共产党抗日政策的感召下，几乎卷入一场著名的起义当中。

1937年12月24日，胶东人民在中共胶东特委的领导下发动了天福山起义，树起了"山东人民抗日救国军第三军"的旗帜，成立了第一大队。可是起义后，部队屡遭国民党地方武装的袭击，抗日行动受到严重阻碍。为解决这一问题，胶东特委决定加紧发动威海起义，扩大抗日武装。

威海起义的准备工作早在天福山起义之前就已经开始了。当时，中国共产党的外围组织"中华民族解放先锋队"（简称"民先"）在中共胶东特委的支持下，在威海地区积极开展抗日行动，吸收了大批抗日分子，使"民先"成员遍布威海各行各业，威海保安部队政训处主任孙端夫、海军教导队中队长郝道逵和一名周姓军需官都是"民先"成员。当时，国民党威海行政区管理公署专员孙玺凤在抗战问题上比较开明，他的弟弟、"民先"成员孙明光受"民先"山东总队部的委派，来威海做他的工作，希望他支持中共领导的武装起义。孙明光到达威海后，在做孙玺凤工作的同时，与胶东特委委员李紫辉（"民先"成员）取得了联系，并通过李紫辉认识了郝道逵。当时，无论"民先"还是中共党组织，都认为应该争取海军教导队这支重要力量参加起义。他们对这支部队的判断是：这是一支以青年学生为主要成分的队伍，部队中的大多数官兵有爱国之心，同情中共的抗日主张，仇恨投降派，但因军饷等问题，与孙玺凤存在矛盾，属一支中间力量。因而党组织决定加强对海军教导队的统战工作，同意孙明光深入海军教导队中，宣传中共抗日主张，激发官兵的抗日热情。[1]

1937年11月，中共胶东特委根据威海地区的抗日形势，制定了"利用矛盾，发展统战，壮大自己"的方针，决定把"民先"作为起义的主要力量，团结政训处，争取海军教导队，孤立反动派，促使孙玺凤与中共党组织联合发动武装起义。为此，胶东特委派委员林一山赴威海，协助孙明光做孙玺凤的工作。林一山来威后，分别与孙明光、孙端夫、郝道迻等"民先"成员取得了联系。当他得知海军教导队的军用物资和器材仍存放在刘公岛时，便立即提出：应马上搬到陆上，以防资敌。郝道迻采纳了这一建议，很快就将这批军用物资转移到了威海市南的柳林村和草庙子村一带。此后，林一山就威海起义问题共与孙玺凤进行了两次谈判，但均因孙玺凤顾虑重重，没有取得进展。

天福山起义后，因为国民党顽固派的阻挠，威海的抗日形势更加严峻，胶东特委加紧了策动起义的步伐，决定将起义的时间定在1938年1月15日。据当时以威海市羊亭集于家夼小学教员身份参与起义筹备的姜克（中共党员，威海起义后担任山东人民抗日救国军第三军第一大队第二中队指导员）回忆，对起义的准备工作，郝道迻十分积极，他和周姓军需官曾到学校找姜克，商谈由海军教导队出枪组织和武装民众的问题。姜克将这一情况向威海城内黄泥庵短期小学教员王政安（共产党员）做了汇报，党组织即派人带王政安的信来找姜克，以便与郝道迻联系枪支问题。可惜的是，姜克"因新文字译名错误，未能接上头"[2]，使教导队提供枪支事宜未能实现。起义的前一天，胶东特委的领导分头活动，通知参加起义的人员趁赶威海集之机，到指定地点集中，郝道迻也暗中通知教导队部分官兵做好支援起义的准备。起义当天，包括威海、文登的中共党员、"民先"成员及部分学生、农民在内的百余人，汇集于威海市内，等待起义。上午9时，孙玺凤正式表示了对威海起义的支持，愿意把公署仓库

---

〔1〕田荣：《威海起义》，《威海文史资料》第1辑，第74页。
〔2〕姜克：《威海起义》，《革命回忆录》（13），第142—143页。

日本海军陆战队进占威海刘公岛

里的武器装备交给起义部队，自己则取道香港去武汉向国民政府辞职。可是，时任威海市公安局局长的郑维屏是国民党内的顽固分子，他早就察觉到了孙玺凤倾向共产党的举动，在威海市内的大街小巷布置了若干警察，监视孙玺凤的行动。下午3时许，威海商会也纠集了一伙暴徒，在管理公署门前闹事，蛮横地要求孙玺凤将枪支弹药交给他们，气氛十分紧张。郝道逵闻讯，立即赶到起义地点，向特委书记理琪表示：你们不要怕，郑维屏如果敢动，由我们来对付他。[1] 这个表态如同给起义部队吃了定心丸，理琪随即命令向空中鸣枪，以示起义。这样，威海起义正式发动了。后来，这支起义部队与天福山起义部队合编为山东人民抗日救国军第三军第一大队，在胶东地区开展了广泛的游击战争，最为著名的是，他们在牟平县城南雷神庙打响了胶东抗战的第一枪。

海军教导队虽然在各方的制约下没有整体参加起义，但在起义筹划、准备过程中积极配合，在起义举行之际解除了起义部队的后顾之忧，为起义的成功发动提供了重要支持。

---

〔1〕田荣:《威海起义》,《威海文史资料》第1辑，第79页。

威海起义后，随着胶东抗日局势的不断发展，驻威海军部队的出路成为官兵心中最大的问题，他们必须做出最后的抉择。据当事人回忆，当时对于去留问题，部队内部的争执相当激烈。一部分官兵主张部队留在威海，大部分士兵主张把队伍拉到乡里从事游击战。士兵推选贾庆元、王克尧、阎樊时、刁元生等为代表，向大队长任毅等人反映他们欲到乡下从事游击战的心愿，但任毅不同意，商会也不同意。这就惹恼了爱国心热、杀敌心切的中士班长王克尧。第二天一早，王克尧拿着手枪，冲进了大队长任毅的办公室，任毅仍不接受他的意见，以致双方动起武来。王克尧开枪打中了任毅的手掌，两人扭打起来。正在不可开交之时，上士班长于维廉冲进来解围，劝走了王克尧，又送任毅到医院治伤。就在这天的晚上，王克尧、贾庆元等百余人全副武装离开威海，参加了八路军。中队长安廷庚亦率领一部分人撤出威海，在文登、荣成、牟平、蓬莱等地从事游击战。开始，安廷庚自封"司令"，还和沈鸿烈保持一定联系，不久，他就投降日军，当了汉奸。[1] 1938年3月7日，日军占领威海。

---

〔1〕张万里：《沈鸿烈及东北海军纪略》，全国政协文史委员会编：《文史资料存稿选编》军事机构（上），中国文史出版社2005年版，第258页。

刘公岛汪伪海军起义

1944年底是中国人民抗日战争胜利的前夜。11月5日，汪伪海军威海卫要港司令部威海卫基地队600余人起义。这次震惊中外的海军起义，可视为海军山东抗战的余波。关于这次事件，很难在各类档案中找到完整记载，只能借助当事人的回忆，弄清其过程。

东北海军投敌军官的影响

海军第三舰队青岛撤退前后，其官兵的走向产生了明显的分歧，一部分官兵义无反顾地走上了抗战的道路，一部分官兵成了后来汪伪政府海军的骨干。他们从国民政府海军中分化出来，通过不同渠道，辗转加入汪伪海军。他们投敌的原因是多方面的，其中之一，是受东北海军老牌将领投敌的影响。

姜西园是东北海军中有影响的将领，曾任"海圻"舰舰长。1933年5月，他率领"海圻"舰与"海琛""肇和"两舰一道，南下广东投靠广东军阀陈济棠，成立"粤海舰队"，被任命为舰队少将司令兼广东海军学校校长。后又担任第四路军总司令部少将参议，派广东江防处服务，任驻梧办事处主任，后任桂林行营江防处少将参议。1939年6月，他被国民政府派往香港担任驻港代表。1940年4月16日离职潜逃[1]，加入汪伪海军，5月30日出任汪伪海军部政务次长兼中央海军学校校长。1942年10月1日，专任中央海军学校校长。

凌霄也是东北海军重要将领，曾任东三省航警学校校长，"镇海"舰舰长、

---

[1]《奉委员长行营电为通缉姜西园究办等因令仰遵照》，《江西省政府公报》1940年第1180号，第52—53页。

东北海军海防舰队参谋长。1925年任东北海军海防舰队队长、渤海舰队副司令。1929年3月27日任海军编遣区办事处副主任委员兼第三舰队编遣分处主任。1931年任第三舰队副司令。1932年4月因崂山事件被免职。1937年出任驻日海军武官。1939年调任驻美海军武官，不久投敌。入汪伪海军后，1940年3月30日任海军部政务次长，1945年1月15日晋升上将。

鲍一民，原名鲍长义，字宜民，曾任第三舰队参谋长、青岛市公安局警士教练所所长、青岛市公安局督察长等职。青岛撤退后，他担任长江江防要塞守备第二总队总队长，在防守马当要塞时率部英勇作战。马当要塞失陷后，因怕追究责任，他擅自逃离部队，潜往香港，在伪政府四处搜罗海军人才时，卖身当了汉奸。在汪伪海军中，他先后任海军部少将参事，威海卫基地部少将司令，威海卫要港司令部少将司令等职。1944年1月，晋升为海军中将。

孟铁樵曾任渤海舰队"江利""同安"舰舰长、第三舰队司令部上校参谋长、长江江防要塞守备司令部参谋长等职，后投敌加入汪伪海军，先后任中央海军学校上校教育长，少将参事，威海卫要港司令部少将参谋长等职。

这些东北海军重量级人物的投敌行为，使一些中下级军官在个人仕途不顺或者外部环境恶劣的情况下争相效仿。例如，第三舰队陆战队教官蒋凤翯加入汪伪海军，先后任中央海军学校少校编译，中校教务主任，"海绥"舰中校舰长等职；第三舰队上尉军需周科成，曾任长江江防要塞守备总队少校军需，经短暂抗战后投降汪伪海军，先后任海军部军需司同少校科员，威海卫要港司令部同中校课长等职；第三舰队"定海"舰少校副长、司令部中校参谋许如申加入汪伪海军，先后任威海卫基地部练兵营中校副长，南京基地队中校副长等职；第三舰队少校谘议宋虞廷，曾任江苏督理公署上校参谋，加入汪伪海军，先后任威海卫基地部少校副官，威海卫要港司令部中校参谋等职；第三舰队"海圻"舰初级军官班中尉教官、第三舰队教导队上尉队长罗世厚，加入汪伪海军，先后任中央海军学校少校教育副官，中央水兵训练所少校教官，威海卫练兵营中校副长等职；第三舰队陆战队第四总队上校总队长[1]李士林，加入汪

---

〔1〕中国第二历史档案馆编：《汪伪政府行政院会议录》第九册，档案出版社1992年版，第72页。

伪海军，先后任中央海军学校少校文书股长，威海卫基地部同少校秘书，海军部同中校秘书等职。[1]

综上所述，国民政府海军第三舰队官兵发生了明显的分化，一部分坚决抗战到底；一部分先抗战，后投敌；一部分直接附逆。这种分化，在国民党军队中是具有典型性的。刘公岛汪伪海军起义的领导者郑道济，先抗日，再附逆，后起义，演绎了一段曲折的人生经历。

汪伪海军系统的建立

1938年3月28日，在日寇的扶持下，汉奸梁鸿志、温宗尧、陈群等人在南京成立了伪中华民国维新政府，设两院八部，管辖三省（江苏、浙江、安徽）两市（南京、上海），其中就有统领军事的绥靖部，任援道为部长。此时，直接隶属伪政府的海军部队还未成立，设于青岛的北支特别炮艇队和设于广州的广东江防司令部所属水上武装，虽然都属于汉奸部队，但在编制上均隶属于日本海军。

随着侵华战线的拉长，日军迫切需要在伪政府内部建立海军部队，承担警戒、扫荡、助剿等任务，以配合日军在长江流域的溯江作战。1939年7月1日，伪政府正式在绥靖部下设立水巡司，负责长江下游及太湖的警备，由许建廷任司长。水巡司设军事、舰务、机材等三科，下辖以南京为基地的长江水巡队，是为汪伪海军的肇始。

1940年3月30日，伪中华民国政府在南京粉墨登场，史称汪伪政府。这个汉奸政府，一切组织机构的设置，均模仿国民政府，也设立了海军部，由汪精卫暂兼任部长（1940年5月30日改由任援道兼任，1945年1月15日由凌霄接任），凌霄为政务次长，许继祥为常务次长，部址设于国民政府海军部旧址，内设军务司、军衡司、舰政司、总务司、水路测量局、军令处等机构。1940年4月17日，汪伪海军部以"南京为首都所在地"，先将长江水巡队司令部改编为南京要港司令部，"统辖长江下游各基地部及驻泊舰艇，以巩卫近畿沿江要

---

[1] 从1940年4月起，国民政府海军部将投敌的官兵随时呈报军事委员会，并通令全军缉办。

汪伪海军从日本海军手中接受"海绥"舰。中穿海军军服者为当时兼任海军部长的汪精卫

点"[1]，许建廷出任司令，下辖南京基地队（1941年3月22日又增设江阴基地队和无锡、闵行两个基地区队）。

1940年5月，广东江防司令部移交汪伪海军部管辖，江防司令由招桂章担任。1941年11月11日，汪伪政府军事委员会为统一海军指挥权，又将广东江防司令部改组为广州要港司令部，直属于海军部，下辖广州、白焦两个基地队以及横门等基地区队，仍以招桂章为要港司令。

1940年11月，日本海军进驻威海刘公岛。12月17日，汪伪海军部鉴于"威海卫为华北海疆要冲"，特以北支特别炮艇队为骨干，成立了威海卫基地部（司令部设于刘公岛，海军部参事赵培钧任上校司令。1941年10月7日，由海军部参事鲍一民任少将司令。1942年7月1日，在威海卫基地部之上又成立了威海卫要港司令部，以扩大华北汪伪海军实力，仍由鲍一民任司令），下辖青岛、烟台、海州、石岛、石臼所各基地区队。[2]

早在全面抗战爆发之初，山东省即墨县地主刘文山就以抗日的名义拉起一支队伍，不久即在日军的军事压力和政治诱降下投降了，于1938年移驻青岛。当时日本海军急于成立一支能够协助其控制青岛沿海的水上武装力量，便以这

---

〔1〕《国民政府还都一年》，《东亚联盟月刊》1941年4、5月合辑，第16页。
〔2〕同上。

帮乌合之众为基础，补充了一部分被俘的国民党士兵和新招募人员，成立了北支特别炮艇队，刘文山为上校队长，辖300余人和包括"海和"号炮艇在内的几艘老旧船艇，主要担负巡逻任务。后为进一步扩大治安范围，日军又在北支特别炮艇队中设立了两个派遣队，驻山东日照的石臼所和江苏的连云港。这支水上武装虽然是汉奸部队，但实际控制权完全掌握在日军指导官手中。1940年12月，汪伪海军成立威海卫基地部时，日本海军特将这支部队调往刘公岛，作为基地部的骨干力量。

1943年5月4日，汪伪海军部成立负责长江中游巡防任务的汉口基地部（后升级为要港司令部），由总务司司长孟琇椿任少将司令。后来又增设了马尾要港司令部。这样，汪伪海军经过几年的惨淡经营，勉强建成了由海军部统一领导的五个要港构成的海军系统。

与刘公岛汪伪海军起义有关的海军力量，主要是威海卫要港司令部统辖的驻威部队，包括：威海卫基地队，下辖东疃、西疃、东泓、西炮台、旗顶山、龙须岛6个派遣队，前5个派遣队约4个排的兵力，200余人，后一个派遣队约2个排的兵力，100余人；海军练兵营，包括各类官兵约230人；炮艇队拥有"海祥""同春""海和""民德""日生利""东海""掣电"及23号、24号等9艘舰艇。还包括无线电台、修理工厂、贮藏室、港务处、海军病院等机构。

刘公岛汪伪海军练兵的处境

为了加强对威海卫要港司令部的控制，日军在司令部内设立了辅导部，一方面掌握着司令部的军政大权，一方面对练兵营的水兵、轮机等科目进行辅导。起义爆发时，辅导部的主要人员有：首席辅导官、海军大佐斋藤，翻译官前田，还有上、中尉辅导官4人，上、中、下士辅导员20余人，另有几名水兵，总计30余人，他们是威海卫要港司令部的实际控制者。

辅导部设在一幢豪华的英式别墅内，这幢别墅坐落在刘公岛的一个制高点上，居高临下，可以俯视要港司令部、练兵营、栈桥、码头以及海上舰艇的活动情况。后来，随着战争形势的发展，岛上的日军更是加紧了控制和监视，练兵的行动受到种种的限制。

据起义骨干、时任教练班长的毕崑山说："在刘公岛占优势的是东北系。

因为伪司令鲍一民是东北人，又是原东北海军中的活跃人物，有一定的影响和号召力，所以其老部下跟随投敌者东北人不少，再加上裙带关系，他任用的大都是东北人。不管有无能力，只要沾亲带故，都能弄个一官半职。例如，鲍一民的妹夫王桂森，就曾担任过伪练兵营少校副长，只因他太无能，不会组织领导训练学兵，才被调离了。原鲍一民的警卫员王景和，为人粗野残忍，生活糜烂，丝毫不懂海军专业，就是因为他在马当战役中救过鲍一民的命，而被连续提升，最后当上了汪伪海军威海卫基地队部的少校副长。在刘公岛各单位的主要官长几乎都是东北系的人。其次，有少数鲁系、闽系海军军官，穷困潦倒，胸无大志，走投无路，借老部下的名义，投靠到鲍一民的名下，这些人大都是些尉级军官。""此外，还有一部分河北籍伪军官，他们都不懂海军专业，只懂得制式教练（即队列训练）和陆地的攻防战术。在沈鸿烈当海军司令时，海军陆战队中河北密云籍的军官很多，这一部分人投敌后，多在陆地训练学兵或当派遣队队长。在伪练兵营担任上尉中队长的有傅能毅、宋耀亭，中尉副队长的有程鑫元、苏文斌等。这些人虽说是当过海军陆战队的军官，却从未打过登陆战，只能训练学兵。再就是上海汪伪海军军官学校培养出来的一批青年军官，他们都是各省青年学生报考军校的，一般不以省份划派，而是以某期官校毕业生划派。他们自认为是科班出身，又会日语，和日本人能谈得来，瞧不起那些投敌的老海军，认为他们昏庸无能，但又不敢冒犯他们。因为这些老海军的官阶职务比他们高，升迁调动的命运掌握在这些老海军手里，不得不在表面上恭维他们。"[1]

在内斗中，伪海军军官往往会各得其利，但他们对伪海军士兵却只有压榨和盘剥。毕崑山说，军官压榨和盘剥士兵的方式很多，首先是从士兵身上搜刮钱财。他们有时克扣军粮，降低士兵伙食标准；有时扣发军衣，以劣充好；有时迟发军饷，存入银行侵吞利息；有时用军饷做生意，等等。例如，练兵每月的津贴费仅发伪钞8元，前期，这8元钱能买到20斤面粉，但到了后期，随着物价飞涨，仅能买到十几斤面粉。练兵除了买点日用品，再无余钱可用。为了克扣伙食费，练兵每顿饭只发一个四两重的玉米面、橡子面加少量面粉混合成

---

〔1〕毕崑山：《刘公岛伪海军起义纪实》，《威海文史资料》第1辑，第94—95页。

的所谓"混合面"馒头，再加一块萝卜咸菜或一碗菜汤，过年过节也很少改善伙食。练兵都是十七八岁的小伙子，终日操练，一个混合面馒头根本吃不饱。开始时，他们用余钱托人到威海买来花生饼充饥，后来余钱没了，花生饼也买不上了，他们饿得实在受不了，就到山上偷老百姓的地瓜充饥，甚至发生了在搬运粮食时故意撕破面袋，集体偷窃面粉的事件。

对练兵的艰苦生活，鲍一民等军官视而不见。他们明目张胆地动用军舰从威海买入花生米、花生油，运往天津出售，谋取暴利，甚至用军舰偷运走私物品。

除了经济上的盘剥，军官还对士兵进行法西斯式的统治和管理，打骂士兵是家常便饭。第七期练兵受训期间，少尉区队长陈宝琳把只学了六天游泳的练兵运至深水处，命令他们全部下海，有些练兵刚刚学会游泳，有些还没有学会，心里难免紧张，不敢下水，陈宝琳就用棍子把他们一个个打下水，结果有20余人因呛水导致肺部、气管受伤。第九期练兵游泳测验时，练兵孙宏钧实在游不动了，两手扶着舢板舷边要求上船，练兵营副长罗世厚不但不允许，反而用棍子猛击孙的双手，孙害怕溺水，死不松手，罗继而用棍子猛击其头部，孙顿时血流满面，染红了海水。第九期练兵王玉楼在教室的黑板上写了一首打油诗："刘公岛真是好，四面是水跑不了；海军伙食真是好，一日三餐吃不饱。"区队长郭奋起看到后，报告罗世厚，罗集合全营官兵对王玉楼进行鞭笞，把王的臀部打得皮开肉绽，血肉模糊。

面对岛内的黑暗统治，耳闻隆隆的抗日炮声，练兵的反抗情绪开始在心中生成。

汪伪海军练兵的反抗行动

对于岛上的日寇，练兵本来就在思想上有一种民族之间的隔阂，伪海军军官对士兵的压榨，又使练兵把伪海军军官和日军划到了一起，共同作为仇视和反抗的对象。从汪伪海军在刘公岛建立海军基地队到起义爆发，练兵一直没有停止过反抗。起初，他们的反抗是无组织的消极抵抗，之后，随着矛盾日深，反抗者日众，出现了有组织的集体反抗行动。第九期练兵受训期间，由于吃不饱，曾发生过集体向要港司令部参谋长孟铁樵请愿之事。在这一期练兵受训期间，还有一件事值得一提。一次，要港司令部接到通知，说汪伪海军部次长姜西园要来刘公岛视察，鲍一民为讨上级欢心，决定搞一次阅兵式和分列式，于是加紧训练。几天之后，鲍一民决定先检阅一下，看看训练的效果如何。在走分列式时，教练班长刘国璋故意将一只破鞋甩了出去，队伍走过之后，一只破鞋出现在阅兵台前，军官们惊愕不已，鲍一民十分恼火。

在练兵的反抗行动中，逐渐涌现出几位领导者，在他们当中首推练兵营卫队队长郑道济。

郑道济，原名郑钦业，1907年出生于山东省烟台市西沙旺村。1922年在烟台市做学徒工。1925年考入东北海军葫芦岛航警学校学兵班。1928年考入青岛崂山海军士官班学习。1929年起在第三舰队"定海"舰任下士、中士班长等职。1931年任海军第三舰队司令部卫兵班长。1932年任青岛礼贤中学和北平路小学军事教员。1933年至1937年任威海卫海军教导队上士班长、准尉中队副等职。抗战爆发后，当第三舰队从青岛、威海撤离时，他脱离海军另谋出路。1938年在山东省政府驻海阳县督察员办公室从事联络工作。1939年至1941年任山东保安独立第七旅（该旅驻莱阳县和海阳县，旅长姜立川）团副、参谋主任、教导大队长等职。1941年至1942年任蓬莱县政府军事教官。1942年秋，他经老上级王敬之介绍，到刘公岛加入汪伪海军，先后担任威海卫基地队练兵营水兵区队少尉区队长、练兵营卫队少尉队长等职，成为策动起义的唯一一名军官。

除郑道济以外，参与策动反抗行动的还有练兵营四位上士班长连城、毕崑山、李仁德、刘国璋，以及"东海"交通艇中士副艇长王文翰等。连城是山东省烟台市人，生于1914年，青年时期曾在大连当过学徒，目睹了日寇对中国人民的残害和凌辱，气愤之下返回烟台，为一家小商店记账。后小商店倒闭，他在走投无路的情况下参加了汪伪海军。他当教练班长多年，在同事眼里为人老成练达，富有正义感，在群众中有很高的威信。毕崑山、李仁德、刘国璋、王文翰等人也都有过苦难的经历，对汪伪海军丝毫不了解，只是迫于生计委身其中。他们在郑道济的影响下积极参与了一次次反抗行动。

在他们带动下，练兵反抗的胆子越来越大。1942年，练兵集体创作了一首讽刺汪伪海军军官的歌曲《华北海军军官之歌》："华北海军军官多，见了日军直哆嗦。一脸苦笑相，两手瞎比画：大大的好，小小的好。官比兵多，兵比枪多，枪比子弹多，臭子比好弹多，自吹固若金汤，令人肚皮笑破。"[1]练兵到处传唱，军官听了也无可奈何。1944年9月18日傍晚，练兵在第二兵舍的后院里集体高唱《我的家在东北松花江上》《打回老家去》等抗日歌曲，慷慨激昂，群情激愤，大大激发了大家的抗日情绪。

在这种情况下，练兵不再满足于零星的反抗，而是希望能有机会进行一次更大规模的行动。

汪伪海军练兵酝酿起义

1944年春，世界反法西斯战争已经初现胜利的曙光。刘公岛附近海域过往的日军军舰多了起来，时常可以看到舰上有十六七岁的孩子；日军还把提督府门前的两门炮拆下来带走了，这说明日军的兵源和资源都已经枯竭。岛上的伪海军军官也隐约感到了一种不祥的预兆，不断将岛上的财物托"海祥"舰南运，为将来逃跑做准备。

这一切，练兵都看在了眼里。郑道济判断，在这种情况下，把广大练兵团结起来，组织一次武装起义是有可能的。于是，他独自一人暗地里加紧了发动群众的工作。从第九期练兵入营开始，他就利用讲轻武器射击原理课的机会，在课堂上公开宣传抗日思想。

1944年秋，郑道济为了培养起义的骨干力量，组织第九期练兵举行了一场武术比赛，从中挑选了十几名有一定基础的练兵，组成了一支业余武术队，亲自担任教练。参加武术队的有：崔大伟、许传礼、刘秉义、张树和等。在教练中，郑道济一面讲动作，一面讲第十九路军抗日的故事，增强他们杀敌的决心。

正当郑道济积极酝酿起义之时，岛上又发生了一件事，加速了练兵的起义准备。毕崑山对事件过程做了以下讲述：

1944年春夏，威海大旱，百姓生活极为困苦。鲍一民为了捞取关心百姓疾苦的好名声，在刘公岛上演了一出求雨的闹剧。在威海民间有一个迷信的说

---

[1] 毕崑山：《刘公岛伪海军起义纪实》，《威海文史资料》第1辑，第105页。

法：农历五月十三是关老爷磨刀的日子，这一天求雨最灵。鲍一民就选了这一天求雨。这一天天气晴朗，海军提督署西侧的龙王庙熙熙攘攘，部队事先坐好，岛上的百姓也来看热闹。鲍一民请来了戏班子，还请来威海市伪专员、伪治安军司令、伪商会会长进岛参加求雨仪式并看戏。简短的求雨仪式过后，伪军官和小姐太太们便坐在龙王庙南大厅里看起京戏来。接近中午时分，骄阳似火，台下露天的练兵被晒得汗流浃背，散发出汗臭味。突然，一声女人的尖叫吓了练兵一跳："臭当兵的，这个酸臭味哟！"原来是鲍一民的老婆嫌练兵们身上有汗臭味，正捏着鼻子，大声喊叫。说来也巧，五六月份的天说变就变，天上忽然飘来一片乌云，下起了阵雨，顿时把练兵淋了个透湿。不一会儿又雨过天晴，暴烈的太阳又照射了下来。雨水和汗水混合的气味又散发出来。这时鲍一民的老婆又大喊大叫，鲍二小姐也跟着骂："臭当兵的，穷酸！"练兵一听这话，肺都要气炸了，便开始大声起哄，秩序顿时大乱，鲍一民企图维持秩序，但无济于事，只好草草收场。

"求雨事件"触发了练兵心底的愤怒，一时成为练兵议论的话题，提起此事，个个摩拳擦掌，大有一触即发之势。郑道济感到时机已到，该是公开串联的时候了。他先后找到连城和毕崐山，谈了"反出刘公岛"的想法，连、毕均表赞同。第二天晚上，他们三人一起来到石码头，模仿古人桃园三结义的形式，正式组成了领导起义的核心组织——"三义团"，并商定：一切重大问题都要经过"三义团"的研究决定；以后发展的人员要受核心组织的领导；推举郑道济为起义领导人。同时，制定了下一步的行动计划：确定以在营训练的第九期练兵为主体发动起义，因此要团结好第九期练兵；分批发展一部分骨干力量；确定让毕崐山常到日本海军辅导部侦察情况，利用借唱片和带领练兵搞卫生的机会，摸清敌人武器弹药存放的位置和敌人戒备的情况；确定每个人都要到各派遣队去联络过去几期本班结业的练兵，增进感情，了解他们思想情况，以达到共同抗日的目的；常以在郑道济家打麻将做掩护，研究武装起义的具体问题等。

"三义团"的成立，使刘公岛的汪伪海军正式走上了起义的道路。

经过几个月的努力，起义力量逐渐扩大，起义骨干由"三义团"发展为七人，同时放弃了"三义团"的名号，以便把大家紧紧团结起来。1944年9月，起义骨干终于制订出一个完整具体的起义计划。计划规定：

1.举行全岛性的武装起义，以练兵营的第九期练兵为主力。

2.把刘公岛上的伪海军要港司令部、日本海军辅导部等一切军事机构统统消灭。

3.抢夺"海祥"军舰、"同春"运输舰等一切军用舰船。

4.缴获刘公岛所有的武器、辎重。

5.彻底消灭日寇，坚决镇压那些民愤极大的包括鲍一民、孟铁樵、王景和、罗世厚等人在内的伪海军军官。

6.起义成功后，把部队拉到敌伪力量薄弱的牟平县山区，占据一块地盘，树起抗日的旗号，赢得老百姓的拥护，等待中央军的反攻、收编。

7.如能缴获"海祥"军舰，可炮轰威海日军海军陆战队，占领威海一两天，补充服装、军饷，然后进驻牟平山区。

然而，天有不测风云。10月的一天，驻威海的日海军陆战队一个小队突然开进刘公岛，对练兵营实施巡查，这在过去从未有过。是有人告密，还是日寇听到了起义的风声？起义骨干开始紧张起来，他们随身携带武器，随时准备应付不测。其实，日军并未发现练兵的起义意图，只是由于一段时间以来，八路军加紧了对胶东的进攻，形势日紧，日军害怕刘公岛上出现变故，才上岛巡查。他们进入练兵营后，首先对郑道济的卫兵队进行训话，要求卫兵队提高警惕，加强戒备，然后分成几个小组，在岛上巡视一番后便离去。起义骨干这才放下心来。

没过几天，又一个坏消息传来：从龙须岛派遣队押来七个人，关在了岛上的禁闭室里。经打听，其中有两人还是毕崑山发展的起义组织成员，对起义计划有所了解。原来，这七个人在龙须岛驻防期间，经常到驻地一商店购物，从商店小伙计那里了解到一些根据地的民主生活和八路军优待俘虏的政策，便产生了对解放区的向往，并制定了携枪投奔八路军的计划。但不幸的是，计划还没实施即被伪队长发觉，七人遭到逮捕并被押往刘公岛。

为了了解情况，连城和毕崑山以看望老部下的名义进入禁闭室。当他俩了解到七人口径一致，否认投奔八路军，承认开小差，对起义之事只字未吐的情况后，紧张的心情才有所缓和。

两次突发事件，尽管都是虚惊一场，但郑道济等人感到，起义不能再拖了，特别是从威海不时传来的八路军进攻日伪的枪炮声，更增加了他们急切的心情，一场震惊全国的汪伪海军起义就要付诸行动。

汪伪海军练兵发动起义

1944年11月5日是一个星期天，按照规定，岛内官兵可以出岛游玩。出岛的船上午8时开，11时返岛；下午13时开，17时返岛。日伪海军军官像往常一样相继乘船出岛，对即将到来的起义全然不知。

上午7时30分，连城和毕崑山来到码头，装作看热闹的样子，暗自观察日伪出岛的人数，发现日军有尉官三人、士官十余人出岛，伪军有校尉官十余人出岛。下午开船前，两人又来到码头，继续观察情况，发现又有伪尉官数人出岛。

13时30分，郑道济按原计划将起义骨干及部分练兵集合于练兵营第二兵舍，正式宣布起义，并分派了具体任务：由郑道济担任总指挥，指挥部设于练兵营；毕崑山、刘国璋率七人为第一突击队，负责攻击辅导部；连城、崔大伟率四十余人为第二突击队，负责攻击要港司令部和搬运武器；郑道济率十余人为第三突击队，负责攻击西炮台派遣队。

任务布置完毕，起义人员纷纷涌向武器库抢夺武器。警卫武器库的练兵孙庭坤正在下棋，对起义全然不知，但听说大家已宣布起义，便积极响应，打开了武器库。大家一拥而进，拿起武器，奔向各个攻击点。

第一突击队在毕崑山和刘国璋的率领下直奔辅导部。站岗的伪兵郭小嘎听说起义了，也迅速加入了进来。他们先奔值班室。值班室的日军见有队伍冲进来，慌忙奔向二楼——二楼有两挺捷克式轻机枪，平时用来封锁辅导部的大门和门前的大路，但还没爬上楼梯，便被练兵一枪击中。受伤的日军又

起义领导者、练兵营卫队长郑道济在宣读誓词

刘公岛汪伪海军起义练兵

向值班室逃窜，企图打电话向威海报警，被刘国璋半路拦住，一刀砍死。这时，远处的栈桥上有三个日军正在钓鱼，听到枪声，丢下鱼竿就往回跑，刚跑进小夹道，即被练兵们用枪击中，其中两人趔趄着跑向海滩，被练兵们追上用石头砸烂了脑袋。经过搜查，辅导部再无其他日军，练兵们将缴获的十几支日本手枪和两挺轻机枪送回了练兵营。

第二突击队在连城和崔大伟的率领下向要港司令部接近。要港司令部设在提督府，有一个中队的兵力，是岛上兵力最多的机关，因而连城非常谨慎。他佯装找人，说通门岗，径直奔向后院禁闭室，先放出了被关押的七名练兵，并告诉他们岛上已经起义。七人迅速奔向各兵舍。这时，崔大伟率兵冲进大门，直扑值班室。值班的伪军官是少尉丁尔为，他企图跳窗逃跑，被崔大伟开枪击毙。

司令部的官兵并不多，多数出岛或在岛上游玩，少数练兵在室内睡觉，听到起义的消息后，很快也加入起义队伍，这样，司令部被轻而易举地占领了。

听到辅导部和要港司令部两处都响起了枪声，在岛上游玩的练兵不知道发生了什么事，纷纷跑到司令部门口探听消息。这时，连城站在台阶上大声宣布了起义的消息。听了连城的话，这些练兵纷纷跑向练兵营。

第三突击队在郑道济的率领下冲向西炮台派遣队。这个派遣队有两个班的兵力，拥有两门50毫米的小舰炮。宿舍在炮台阵地下面的一个窑洞里，无人站岗，土炕上有两个人在睡觉。郑道济冲进窑洞后，先缴了武器，然后给两人讲清道理，两人立即加入了起义队伍。当他们回练兵营时，刚好碰上罗世厚，郑道济当即一枪将罗击毙。

第一期任务就这样顺利完成了。回到练兵营后，大家又一起研究并分头实施了第二期任务：由连城带人到黄岛搜索残敌，销毁了司令部的档案，缴获了枪支和伪钞；由毕崑山带人缴获了"同春"运输舰和"东海"交通艇；由崔大伟、李仁德带人分别策反了东疃、东泓、旗顶山、西疃四个派遣队；刘国璋等人解放了伪中华海员养成所的海员。到16时30分，第二期战斗任务也顺利完成。剩下的就是等待消灭从威海返岛的日伪军了。

17时，在"同春"舰上负责监视返岛日伪军的毕崑山，远远地望见"日生利"号交通艇驶离威海港，向刘公岛开来。他立即向指挥所报告，郑道济马上指挥人员进行布置，准备全歼回岛之敌。他们把已经扯下来的汪伪海军旗又重新升了上去，把海滩上的日军尸体拖到隐蔽处藏好，准备好了交通艇的带缆人，练兵营门口恢复了信号兵和门卫。一切和往常一样。连城带人埋伏在栈桥附近，两挺轻机枪交叉瞄准栈桥。

17时30分刚过，"日生利"号交通艇靠上栈桥，带缆的崔大伟等十几个人，腰里都暗藏手枪。回岛的日伪军官有十几个，像往常一样，他们按照军阶的高低依次走上栈桥，每人身后都有一个起义的练兵跟随。当走在前面的日军军官快到栈桥末端时，连城突然开枪，跟在日伪军官身后的练兵纷纷举枪射击，顿时枪声大作，日伪军官一个个应声倒地，没有被打死的日伪军官企图逃跑，埋伏在栈桥下面的练兵们一拥而上，将其全部消灭，"日生利"号交通艇也成了战利品。

至此，共计击毙日军17名，伪海军军官上校1名、中校2名、少校1名，尉官和个别顽固老兵十余人，起义练兵无一伤亡，刘公岛起义取得了彻底的胜利。[1]

---

[1] 司令鲍一民、参谋长孟铁樵此时均在岛上，他们藏匿起来，逃过一劫。至于他们如何躲过起义官兵的搜寻，至今无人知晓。

天渐渐黑了下来，刘公岛上一片沉寂。起义练兵开始打扫战场，做着离岛前的准备工作。郑道济等把部队重新编队，共编成8个队，每队约40人，分别由连城、毕崑山、李仁德、刘国璋、王文翰等人担任队长。把海员和部队家属也进行了组织和清点。夜24时，包括部队、家属、海员在内的600余人，分乘"同春""日生利""东海"等舰船以及23号内火艇，缓缓驶离刘公岛，向威海港北口开去。出了北口，海上渐渐刮起大风。由于各舰航速不同，为了保持队形，郑道济、连城、刘国璋乘"日生利""东海"艇航行在前，毕崑山指挥"同春"舰压后，整个船队的速度慢了下来。按原计划，起义部队要在天亮之前到达牟平的一个地区，但由于航速太慢，天亮时刚刚驶进威海西双岛附近海面，原计划无法实现。郑道济等人为了避免日军飞机的追击轰炸，决定先靠岸登陆。11月6日7时左右，起义部队在双岛港西海岸登陆。

龙须岛汪伪海军起义

隶属威海卫基地队的龙须岛派遣队共有官兵60余人（初期为100余人），中尉队长丛树生是山东省文登县东山后村人，其妻王秀芝曾在家乡参加过妇救会工作，对丛树生有一定的影响。派遣队少尉队副李传玺，山东荣成人，倾向抗日，与当地的中共地下党组织有联系。李传玺经常与丛树生谈论国内的形势，宣讲抗日道理，并注意试探丛对抗日的态度。在摸清了丛也有抗日愿望时，就介绍丛认识了一位姓张的中共地下党员。当张接到东海军分区策动派遣队起义的指示后，主动接触丛树生，利用吃饭的机会向丛介绍胶东抗日形势的发展，促使丛下定决心。刘公岛汪伪海军起义后，消息并未迅速传到龙须岛。为了促使龙须岛派遣队发动起义，1944年11月10日上午，张姓中共党员再次约丛树生谈话，向丛讲述了刘公岛汪伪海军起义的经过和加入八路军的情况，使丛终于下定最后的决心，明确表示愿意参加八路军抗日。张则表示，八路军一定配合其行动。随后，八路军荣成独立营开到龙须岛的东山，准备接应起义。

刘公岛汪伪海军的起义，也使日军加紧了对龙须岛派遣队的控制。11月8日，威海卫要港司令部辅导部的日军召集龙须岛派遣队的辅导员到刘公岛开会，研究防范伪军的对策，同时调集了两艘40余吨的由渔船改装的炮艇，由日本人操纵，加强对龙须岛的戒备。白天，艇上的日军不断来到岛上巡视，夜间则回到艇上用两挺九二式重机枪做好对岛上的射击准备，岛上的气氛一度十分紧张。但此时派遣队的官兵并不知道发生了什么事情。

丛树生得知刘公岛伪海军起义的消息后，开始察觉到了岛上形势的变化，他感到，要起义必须抓紧时间，趁日军还没有拿出切实的防范措施赶快行动。于是，他立即召集各班长会议，向他们通报了刘公岛起义的情况，同时表明了起义的决心，得到大家的一致赞同。

11月10日晚上，派遣队开始行动，他们67个人，携带机枪两挺、步枪60余支，悄悄来到围墙外，与等候在那里的八路军独立营取得了联系。与此同时，勤务兵史文德来到日军的住处，假装给他们送香烟，引导两个八路军战士突然冲进屋里，将两个日军俘虏。这样，不费一枪一弹，起义取得了成功。这部分汪伪海军起义后不久，就与刘公岛起义人员会合。

八路军"海军支队"的诞生

起义期间，刘公岛上的汪伪海军官兵对胶东半岛的形势并不十分了解，总以为威海外围地区已被国民党军队占领。其实，进入1944年以来，胶东半岛的形势发生了很大变化，除少数地方被汉奸赵保原占据，其他地区已经连成一片，成为八路军的抗日根据地。他们登陆的地方已是抗日根据地的边缘，已经建立了革命政权。郑道济等官兵得知这一情况后，思想上产生了犹豫。由于他们对八路军的政策不了解，最后决定按原计划向牟平进发，寻找国民党的游击部队。正在这时，天空出现两架日军飞机，是日军得知刘公岛汪伪海军起义后，从青岛派来进行跟踪轰炸的。日机发现了停泊在双岛港口的船只，估计起义部队就在附近，便毫无目标地投下炸弹。起义部队在郑道济的指挥下，立即钻入树林隐蔽，敌机没有发现目标，又匆忙飞走了。郑道济等人商定，先在树林隐蔽，等到天黑后再行动。11月6日傍晚，起义部队在双岛附近的下家疃村集合整队，郑道济做了简短的动员讲话后，便向牟平出发了。

起义部队登陆后不久，胶东半岛地方党组织即得到了消息，并很快报告了八路军东海军分区。不久，军分区也从威海地下党处获悉刘公岛汪伪海军起义的消息，决定争取这支抗日的队伍。为防不测，军分区派出文西独立营于7日拂晓前占据了通往牟平的必经之路双林前村附近的高地。

起义部队到达双林前村后，发现附近高地上有八路军活动。郑道济与连城、毕崑山商量对策，连城提出了加入八路军的意见，经郑、毕讨论同意后拟定出三个条件：（一）愿意加入八路军，服从命令听指挥，但不是缴械投降；（二）队伍不拆散不改编，干部不受训；（三）家属要给予妥善安置。

崔大伟被派往村南与八路军商谈。独立营的于教导员表示等一会儿军分区有人来，希望他们能派一位主事的代表，上山来和军分区来的同志商谈。崔大伟随即回村向郑道济报告。郑派连城为代表，同八路军继续商谈。连城在崔大伟的引导下见到了东海军分区敌工股长辛冠吾，辛非常爽快地同意了三个条件。

谈判成功后，起义部队便向根据地出发，双林前村的群众获悉他们参加了八路军，也赶来夹道欢送。

刘公岛、龙须岛汪伪海军起义的消息很快传遍了全国。胶东《大众报》印发了号外，上面的大标题格外醒目——"威海卫刘公岛伪海军六百人反正"；延安新华社也播发了"刘公岛伪海军六百人反正"的消息；《解放日报》以《威海卫刘公岛地区伪海军六百人反正》《龙须岛伪海军反正》等醒目标题头版报道了这一事件。《新华日报》更是做了长篇报道，题目是《我军事政治攻势下山东威海卫刘公岛伪海军反正》，在社会各界引起了强烈反响。报道指出："继藤品三部反正之后，十一月五日威海卫刘公岛伪海军华北要港司令部（包括基地队、练兵营等全部）六百多人，在我军军事政治攻势胜利，及盟军节节胜利，菲岛日寇海战惨败影响下，深恐有被调赴南洋送死的危险，遂在队长郑道济率领下，杀死日寇十七名及伪高级军官多名，携带钢炮三门，机枪五挺，长短枪六百多支，反正抗日。于六日乘军舰一艘，汽艇两艘，在酒馆（威海卫以西约四十里）附近海岸登陆。现已开入我根据地与我东海区部队取得联系。我军民正准备盛大的欢迎。按大股伪海军反正，华北这还是第一次。"

11月10日，起义部队到达文西县院东村。11日下午，东海军分区司令员刘涌、政委仲曦东宴请了起义的领导成员和骨干分子，赞扬了他们英勇杀敌的行动，对他们参加八路军表示热烈欢迎。11月22日，山东军区在文西县召开命名大会，把起义部队编为"山东胶东军区海军支队"，郑道济任支队长，王

胶东军区海军支队官兵合影

子衡任副支队长，胶东军区政治部副主任欧阳文兼任政治委员，下辖5个中队，每中队约150人。一中队中队长连城，政委罗江，副中队长崔大伟；二中队中队长毕崑山，政委刘金凯，副中队长王心甫；三中队中队长李仁德，政委王日轩，副中队长刘国璋；四中队中队长丛树生，政委曲波，副中队长李兰村；警卫中队中队长王升三，指导员王茂才，副中队长温金玉。郑道济代表支队全体指战员宣读了誓词："际此杀敌举义重回祖国之时，我们痛悔过去之误入歧途。现在中国人民面前及共产党旗帜下忠实宣誓：我们决心在共产党八路军首长领导下，为打倒日本帝国主义，建立独立自由幸福的新中国及解放全人类的事业奋斗不懈。我们坚决服从领导，执行命令，忠于国家，忠于民族，矢志不渝，此誓！"[1] 12月18日的《解放日报》以《刘公岛反正伪海军编为海军支队》为题，报道了当时的情况。

欧阳文后来在谈到对起义部队的印象时说："起义部队的士兵大多数是平津一带的失学、失业青年，他们中有不少人受过抗日运动的影响，会唱《义勇

---

〔1〕毕崑山：《刘公岛伪海军起义纪实》，《威海文史资料》第1辑，第143页。

军进行曲》《毕业歌》等抗日歌曲。平津沦陷后，亲身感受亡国的痛苦，具有一定的爱国心和民族感。""他们报考伪海军，大都为生活所迫。到了刘公岛才知道上当受骗。他们加入伪海军时间长的两年，短的三个月，困守海岛，未参与过'扫荡''讨伐'等活动。他们都有一定的文化水平，平均年龄二十岁左右，涉世不深，比较单纯，不少人爱学习，容易接受革命道理。"[1] 为了使海军支队尽快成为真正的人民武装，山东军区在海军支队中建立了政治委员制度和政治工作制度，在各中队成立了党支部，还从各主力团抽调了100多名有战斗经验的党员战士，从根据地各中学动员了150多名党员和进步学生，充实到海军支队中作为政治和战斗骨干。经过改造的海军支队面貌焕然一新，战斗力也大大提高。他们参加了1945年春季的大生产运动，5月的反扫荡斗争，6月的保卫麦收斗争，7、8月的夏季大练兵运动，8月的解放即墨县城的战斗等，经受了革命斗争的锻炼和考验。

抗日战争胜利后，海军支队扩编到1500余人，1945年10月奉命挺进东北进行剿匪作战，改称"东北人民自卫军辽南第三纵队第二支队"[2]，在作战中扩编为两个团。1946年7月，东北人民自卫军辽南第三纵队第二支队与牡丹江军区合编，两个团编为军区独立第一团和第二团，小说《林海雪原》中传奇式的英雄人物就是以第二团中的一个小分队为原型塑造的。

解放战争后期，华东野战军总部调毕崑山等原刘公岛起义人员，成立了"山东胶东军区海军教导队"。到1949年5月，该教导队已有学员500余人，辖有"海鹰""海燕"2艘炮艇，并有自己的训练场所。人民海军诞生后，这个教导队和分散在各部队的刘公岛汪伪海军起义人员被陆续调回海军，分配到舰上或领导机关工作，成为新中国海军建设的基础和骨干。人民海军第一批潜艇部队有4艘潜艇，其中3名艇长、1名艇政委是刘公岛汪伪海军起义人员；第一批留苏参加艇长班学习的8名学员中，有4名是刘公岛汪伪海军起义人员；第一批4艘驱逐舰的舰长，有3名是刘公岛汪伪海军起义人员。

---

〔1〕欧阳文：《海防支队的诞生与成长》，《八路军·回忆史料》(3)，解放军出版社1991年版，第458页。
〔2〕田松、李伟：《"田松支队"剿匪记》，《剿匪斗争·东北地区》，解放军出版社2001年版，第762页。

在革命战争的历练中，这批起义人员被锻造成了真正的革命战士。副中队长李兰村和战士王学义、王本礼、孙宏钧等，在东北战场小山子、白旗屯、舒兰、五常、榆树等战斗中相继牺牲；由炊事班长提升为排长的王孔济被敌人俘虏，经酷刑拷打，始终不吐露军情，最后被敌人绑在树上用刺刀捅死。后回到海军的邵剑鸣曾任华东军区海军第五舰队炮艇大队分队长，在1950年7月11日与国民党海军进行的浙东海门琅矶山海战中身负重伤，壮烈牺牲；纪智良曾任华东军区海军鱼雷快艇第三十一大队副大队长，在1954年11月14日与国民党海军"太平"舰的作战中沉着指挥，成功将"太平"舰击沉。另外还有刘蕴苍、陈大正、费庆令、石涌、田文珊等。

浙江篇

浙江省地处我国东部沿海，自古以来就是连接外海和内地的重要区域。抗战以来，国民政府试图在此设置防御线，成立了镇海要塞总队，在浙东重要海上门户镇海设置了要塞，在甬江南北岸配备了要塞炮。可是这样的防御微不足道，海上防御必须有海军的参与。然而由于没有在此建设海军基地，国民政府的作战计划也未将海军舰队考虑进防御体系中，加之海军力量严重不足，致使这里无法驻泊舰队，海军的抗战仅限于炮台、个别舰艇以及部分布雷游击队的行动。这部分海军力量虽然在日军的进攻面前显得微弱，但始终没有停止战斗，给日军造成了一定程度的杀伤，体现了海军的抗战精神。

国民政府防御浙江计划

国民政府在构筑沿海防御体系的过程中，始终把浙江作为一个重要区域加以部署。在1933年制定的《国防作战计划》中，国民政府"依地形之关系"，将全国区分为六个战场，即冀察、晋绥、山东、河南、江浙、福建。在各个战场上，国民政府根据情况，划定了"集中掩护线""第一抵抗线""第二抵抗线""第三抵抗线""第四抵抗线"和"最后抵抗线"。其中在江浙区，以江南嘉定—松江一线为集中掩护线；以江北灌云—东海—赣榆一线，江南京沪线苏州—常熟—福山镇一线，江南沪杭线乍澉浦—嘉兴—平望镇亘太湖一线为第一抵抗线；以江北涟水—沭阳—阿湖—郯城—临沂一线，江南京沪线无锡—江阴一线，江南京杭线杭州—德清—吴兴一线或泗安—长兴一线为第二抵抗线；以江北淮阴—泗阳—宿迁—猫儿窝—滩上—涧头集—利国驿沿运河一线为第三抵抗线；以江南高淳—南渡—金坛—丹阳—镇江一线为第四抵抗线；以温州、宁波、江都、句容、溧水等地为最后抵抗线。

在《国防作战计划纲要草案》中，国民政府又将全国划分为"抗战区""绥靖区"和"预备区"三部分，抗战区共划为六个防卫区，即冀察防卫区、晋绥防卫区、山东防卫区、江浙防卫区、福建防卫区、广东防卫区，同时明确了各防卫区承担抗战任务的部队及统帅机关。在江浙防卫区，抗战部队是驻在江浙的各部队，战时以预备区之湖南全省、安徽南部、江西北部之驻军，增援江苏南部、浙江全部，统帅机关是江浙防卫区司令部（平时由军事委员会直接处理）。其部署是以一部于宁波、台州、温州等处，大部集结于沪杭甬沿线，为乍浦、澉浦、镇海、海门、温州各港口之增援，在海州、吴淞、乍浦、澉浦、镇海、海门、温州等处各配置海岸守备部队，以防止敌之登陆。由于国民政府认为，沿海山东半岛与海州及上海等地为敌人登陆的要点，主张把江浙警备军一部集中于昆山、苏州附近，主力集中于江阴、无锡、南京、浦口，从而把浙江沿海的防御放在了次要的地位。特别是规定海军的任务是，除广东驻在舰队维持广东海岸之交通及珠江口之防务外，其余一、二、三各舰队集结于长江内，任肃清长江内敌舰之责，而不承担浙江沿海的防御任务。[1]

　　显然，国民政府在《国防作战计划》中对苏浙两省形势及其相互关系的判断是有一定道理的，但对仅有的海军兵力的使用决策却存在一定问题。从江浙两省的战略地位来看，江苏省的地位更加突出，纵贯全省的长江不仅是通往内地的战略通道，而且连接着上海、南京等重要城市，集中海军防守长江下游，毫无疑问是正确的。但是，作为江苏省侧翼的浙江省是长江门户的一扇侧门，这扇侧门如果不固，上海及京畿的安全依然难以确保。故将海军兵力分出一部，参与浙江沿海的防卫，应属必然。但国民政府出于种种考虑，并未这样做，为日后日军从杭州湾登陆包抄上海，进攻南京留下了隐患。

　　《国防作战计划》完成之时，虽然华北已出现严重危机，但国共战争也在激烈进行当中，内外矛盾相互交织，使国民政府抵御外侮的决心和精力都受到很大影响，制定的作战计划也必然带有这一时期的烙印：一方面对日本侵华忧虑重重，对抵抗侵略没有信心；另一方面还惦记着剿共战争，从而使《国防作战计划》所提方案主要方向不够明确，特别对海军的整体部署没有精心研究和筹划。

　　1936年，国民政府有关部门鉴于中日战争的局势和苏浙两省在未来战争中的地位，又加紧制定了《苏杭方面防御方案》，把江苏、浙江两省的防御作为一个整体加以考虑和筹划。当时对敌情的判断是：日军可能以主力由上海登陆，以上海市为根据，沿京沪路线，经由苏州、江阴、镇江进逼首都。同时，各以一部由吴淞、乍浦登陆，一部沿沪杭甬路进袭杭州，一部进袭江阴，以应援其主力之军作战。这一判断，准确指出了日军将采用登陆浙江，应援主力进攻上海和南京的战术手段。

---

〔1〕《1933年国防作战计划》，《民国档案》2006年第4期，第18—23页。

有鉴于此，国民政府在配置苏浙两省防御阵地时，划为左右两个防守区，每个防守区设前进阵地和本阵地，前进阵地设于全公亭、山塘镇、新堽镇、枫泾镇、金泽镇、陈墓镇、甪直镇、昆山镇、石牌镇、大塘镇、梅李镇等处；本阵地设于乍浦—平湖—嘉善—西塘镇—芦墟—三白荡—白蚬港—箭田湖—天和荡—登湖关—苏落—唯亭—洋洪镇—四泾镇—昆城湖—常熟—卫家桥—福山镇—察家塘—鹿苑镇一线。其根据是"上海以西唯亭以东中间地域，河川纵横，湖沼杂错，地形异常复杂，两翼暴露，无良好之防御线"，故此为之。由于本阵地战线过长，必须赖有屏障，因此国民政府计划，右翼倚托乍浦要塞，左翼受江阴要塞的支援，中间利用湖沼，扼要施行工事。

这一方案似乎合理可行，但如果把海军因素考虑进去，便会发现问题所在。面对广阔的海域和杂错的湖沼，战时运行这个防御体系时，仅按方案规定，让海军"在杭州湾及扬子江下游协助陆军作战，警戒阵地之左右翼侧"[1]，是难以确保本阵地稳固的。因为此时的海军力量主要集中于长江下游，杭州湾几乎没有海军兵力可用。对此，国民政府十分清楚。之所以做出这样无奈的选择，一方面是因为海军力量不够用，另一方面是因为对杭州湾失守的严重后果估计不足。在这一点上，国民政府依然延续了1933

日本海军扫海艇"第11号"靠向停泊于杭州湾的"第16号"

---

〔1〕《国民政府筹备抗战档案史料一组》，《民国档案》1997年第2期，第5—7页。

年制定《国防作战计划》时的认识。

1936年年底，国民政府参谋本部奉命拟定了《民国廿六年度国防作战计划》，分为"甲""乙"两案。在"甲案"中，国民政府对日军进攻企图的判断是："杭州湾迤南沿海岸各要地，预料只有局部之攻击，已达其扰乱之目的。"日本海军"或于开战初期，破坏我沿海要地"。基于这样的判断，国民政府制定了"在山东半岛经海州—长江下游亘杭州湾迤南沿海岸，应根本击灭敌军登陆之企图"的作战方针，并根据这一方针，规定了各兵团的任务。负责防御浙江沿海的是第四方面军第九集团军，该部的具体任务是：除了协助第八集团军防守京沪以外，还要于澉浦—乍浦—奉贤—川沙—黄浦江东岸之沿海岸，直接拒止敌之登陆，对登陆成功之敌，乘机断行攻击而扑灭之，不得已时，逐次占领要点，拒止敌军之前进，最后固守乍浦—嘉兴—平望之线。在此前提下，应以一部配备于镇海附近，警戒杭州湾之南岸，阻绝敌军登陆之企图。并置一部于杭州附近，保持机动，使随时能应援镇海及沪杭方面之作战。其中虽然没有明确规定海军在防御浙江中的任务，但"各舰队于平时应严整战备，以防敌海军不意之袭击"的规定，基本上明确了配合陆军的作战方向。"甲案"中还对海岸要塞防御提出了要求："镇海—乍浦—海州各区要塞，受该方面军野战军之指挥，任各该海岸之防守，并摧破敌之上陆行动。"[1]关于这一点，"乙案"又做了"协同陆、海、空军作战"[2]的补充。

抗战爆发后，蒋介石给军事委员会发出手令，批准了温台海防工事，令刘建绪派队并负责赶筑，[3]显然是仓促之举。

综观抗战前国民政府对浙江沿海的防御计划，其指导思想是明确的，就是将防守的重点置于长江下游一带，具体说就是江苏与上海，以重要兵力拱卫京畿，将浙江沿海防御置于次要地位。海军的运用，以长江为主要方向，浙江沿海并未刻意安排舰艇。虽然沿海各要点要阻止日军登陆非常需要海军的配合，

---

〔1〕《国民党政府1937年度国防作战计划（甲案）》，《民国档案》1987年第4期，第40、43、47、50页。

〔2〕《国民党政府1937年度国防作战计划（乙案）》，《民国档案》1988年第1期，第39页。

〔3〕《蒋委员长指示军事委员会允准温台海防工事手令》，秦孝仪编：《中华民国重要史料初编：对日抗战时期》第二编，作战经过（三），中国国民党中央委员会党史委员会1981年版，第16页。

但由于国民政府对日军在浙东沿海登陆的地点判断不明，加之海军力量总体很弱，尤其是浙江沿海无海军舰艇调防，很难与陆军形成有计划、有规模的配合。然而，海军当局并未因为上述原因而置浙东沿海防御于不顾，而是利用简陋的条件，凭借着仅有的实力，采取强行布雷、炮台阻击等方法，与日军进行了艰苦的作战。正如海军人士所说："沿海诸省，如苏之上海、浙之温州、闽之闽江、粤之珠江等，均属重要港口，吾国舰队实力，不敷分配，未能一一布防扼守，若不另筹其他防御策略，敌可任意登陆，窜我内地。考察吾国江海形势，及政府财力状况，认为配备各项防御兵器中，布设水雷，最为适当及有效之办法。"[1]

早在发动全面侵华战争之前，日本海军第三舰队即在福建、广东沿海进行了以夺取南澳、招安、东山、饶平等县为目标的大规模海上演习。此次演习，第三舰队所属之"出云""球磨""安宅""鸟羽""保津""坚田""热海""势多""比良""二见""浦风""嵯峨""梅""粟""莲""夕张""若竹""芙蓉""朝颜"等悉数参加，驻台湾之"春风""吴竹""早苗""疾风""追风"等舰也赶来加入，充分暴露出其控制闽粤沿海的意图。[2]

发动全面侵华战争后不久，日本就依靠其优势的海军力量，宣布封锁中国沿海，以达其速战速决的目的。1937年8月25日，日本海军第三舰队司令长官长谷川中将发表"中华民国公私船之于特定海域航行遮断"宣言称：本官自1937年8月25日午后6时起，自北纬32度4分，东经121度44分，至北纬23度14分，东经116度48分，将中华民国沿海，以属于本官指挥下之海军力，遮断中华民国公私船之交通，特此宣言。本遮断对于中华民国船全有其效力，第三国船及帝国船舶，不妨出入遮断区域内。[3]8月26日，日本外务省也发表声明，声称封锁中国沿海，是为了对付中国军队的攻击和防止事态的扩大，仅对中国船舶交通遮断，日本海军尊重第三国和平通商，对第三国船只无意加以干涉。9月5日是遮断起始日，日本海军省发表声明称：日本海军已对中国船舶在华

---

〔1〕《抗战期中海军制布水雷概况》，殷梦霞、李强选编：《国家图书馆藏民国军事档案初编》第七册，国家图书馆出版社2009年版，第125页。

〔2〕《日舰在粤闽海面会操》，《海事》1937年第12期，第90页。

〔3〕《日第三舰队司令宣言遮断中国沿海交通》，季啸风、沈友益主编：《中华民国史料外编》第六十三册，广西师范大学出版社1996年版，第147页。

中、华南沿海一部分之交通实行遮断，现更扩大范围。除第三国租借地及青岛外，所有中国领海一律遮断中国公私船舶之航行。此项处置，对于第三国和平通商，与前相同，仍无加以干涉之意图。[1]

日军在发动淞沪战役之前，即派出华南部队在浙东马鞍列岛建立前进基地（水侦基地及补给基地）。这个基地的主要职责，一是输送和护卫陆军部队投入淞沪战场，二是监视东南沿海的中国军队，并随着战局的发展，伺机增援陆军入内河深入中国内地。担负后者任务的是日本海军第三舰队的第五水雷战队。8月12日，第十二战队司令官宫田义一奉第三舰队司令长官长谷川之命，率军舰及第二十二航空队驶离佐世保前往马鞍列岛，16日抵达。14日，第九战队司令官小林宗之助接到命令，命其前往马鞍列岛前进根据地设营。他命令"白鹰"舰、第一防备队、第一扫雷队、第十一扫雷队于14日夜由佐世保出发，前往马鞍列岛设营，要领是：将补给基地选定于泗礁山北侧海面，航空基地选定于该岛北侧砂浜；8厘米高角炮四门和探照灯安设在泗礁山中部；12毫米机枪架设在金鸡山；置瞭望监视台于泗礁山、金鸡山、花鸟山、枸杞山；设基地本部于泗礁山中部北侧。15日清晨，长谷川命小林宗之助："为了目前在马鞍群岛基地设营，应先遣一部前进中的部队，迅速占领东马鞍岛、大戢山、花鸟山、倍尔比（音）及余山的无线电信所，使敌不能发报。"于是，小林宗之助派出第十一扫雷队先行，16日上午到达马鞍列岛，下午即占领了余山、花鸟山、陈钱山、大戢山。随后，"白鹰"舰、第一扫雷队、第十一扫雷队于17日晨到达泗礁山泊地，陆战队于当日登陆占领了泗礁山、金鸡山，清扫了泗礁山预定泊地。到22日完成占领。[2]中国海军在浙江的抗战，就是要协助陆军实现国民政府的战略意图，扰乱日军的作战计划。

正当上海抗战激烈进行时，中国海军因浦东、乍浦防务紧要，即于各处选择要点，配装海军舰炮，以资防御。旋又奉令调海军陆战队一团，由闽开拔入浙，在衢州、金华各处布防；湖口形势紧张时，该团复奉令赶往增防。最为值得称道的是，海军在浙省的布雷封锁河道和炮台阻敌作战。

〔1〕包遵彭著：《中国海军史》，台湾中华丛书编审委员会1970年版，第1008页。
〔2〕日本防卫厅防卫研究所战史室：《日本海军在中国作战》，中华书局1979年版，第241页。

布雷封锁河道

在浙江省境内，由北至南分布着钱塘江、富春江、曹娥江、甬江、瓯江、飞云江、椒江等重要河流，日军无论侵入哪条河流，均可直入浙江内地，切断皖赣联络，因此在军事上有绝大的防御价值。然而这些河流受山脉阻隔，在防御中必须分别筹划，单独设防，才能阻遏日军的深入，这无疑增加了防御的困难。抗战爆发后，按照国民政府防御浙江的规划，海军调动各种分散兵力，适时穿插于浙江各地。对于江河的防御，与长江抗战一样，主要采取布雷封锁、炮台要塞防御等方式。

中国海军的布雷部队最早建立于1938年8月，当时成立了海军历史上第一支布雷别动队，在长江中游实施布雷。1939年9月，海军总司令部又令水雷制造所组建了长江中游布雷队。11月，海军总司令部下令正式成立长江中游布雷游击队，并厘定了编制。从1941年9月开始，一直到1942年11月，海军又陆续将布雷游击队改编为四个布雷总队，其中在第三战区作战的第二布雷总队的任务，是配合战情需要，在沿海港口、长江沿岸以及潮汊等处布放水雷，用以攻击敌人，或担负防御守卫任务。第二布雷总队的分布情况是：第一、二、三、五大队为漂雷队；第四、六、七大队为定雷队。漂雷队多在皖南、赣北一带随时备战，一有确实情报立即出动攻击；定雷队则固守沿海大小港口或江河汊口，其中第六大队率第十二中队驻在浙江台州一带，第十三中队驻在温州一带。按照海军总司令部的部署，驻浙布雷队分别在富春江、瓯江、椒江、清江、飞云江、浦阳江、曹娥江、甬江、桐江设置了雷区。[1]

---

〔1〕《海军总司令部中心工作计划（1945年初）》，高晓星编：《陈绍宽文集》，海潮出版社1994年版，第363页。

事实上，海军对浙江沿海各海口的封锁行动，从1938年3月就开始了，首要目标是富春江。当时，驻防浙江的第十集团军总司令刘建绪提出，富春江水面陡涨，日军装甲汽艇可沿江开到桐庐，因此拟于桐庐至窄溪间择要实施封锁，以阻敌船。他为此致电第三战区司令长官顾祝同，请拨给小型水雷数枚，并派技术人员指导布雷封锁。顾祝同将他的请求上报军政部长何应钦，何应钦于3月12日电令其所辖电雷学校教育长欧阳格，立即派员携带水雷前往实施。欧阳格随即派出助教冯占元率领电雷大队六名雷兵和两名工人，携带五枚碰雷于17日出发，29日赶到浙江桐庐。他们与富春江防军第十九师接洽后，即至窄溪镇以下二里处将五枚水雷布成一线，其中两枚高出水面二寸，其余在水面以下数寸至尺许不等。冯占元在报告中称，高出水面之雷是备涨潮之用，刘建绪却认为这是失误。冯占元等人布雷完毕后，即于4月7日离浙回湘，20日返回城陵矶。[1] 这次布雷行动虽然最终未见效果，但这是浙省布雷封锁水道的开始。1938年5月，"江鲲"舰舰长叶可钰奉派来浙，负责各要口布雷设计工作。后来他回忆说："海军策动封锁浙省各江，以固江防，使东海一隅，免受倭寇之扰，遂于二十七年五月间拟具慎密封锁办法，旋即开始实施，由某江起共六处，观各江之情况，分别先后，依次封锁。虽在敌舰当前，敌机当头，经万分困难之中，均能勇往直前，完成此项任务。"[2] 10月初，为防止日军由杭州湾深入浙境，以及保卫皖赣两省作战联络起见，叶可钰率部在富春江下游建立了雷区。4日，在窄溪布雷40具，这是浙省海军布雷行动的开始。布雷工作从一开始就是艰难的，据海军布雷人员回忆，当时日军舰艇不时出现于各江入海口，日机也时现天空侦察，所有工作极见困难，非至深夜无从着手。[3]

1938年11月，海军成立瓯江布雷队。鉴于瓯江位于浙省海防要冲，日军随时都有进扰的可能，新成立的布雷队于11月6日即开始在瓯江展开布雷，共布水雷40具。嗣后海军又制定了椒江布雷计划，并在飞云江、鳌江、清江等处

〔1〕《军政部长何应钦致电电雷学校教育长欧阳格电》《电雷学校电雷大队长马志千呈教育长欧阳格》《第十集团军总司令刘建绪致电雷学校教育长欧阳格电》《电雷学校助教冯占元报告》，柳永琦：《海军抗日战史》下册，台湾"海军总司令部"1994年版，第349—353页。
〔2〕《封锁工作在浙东》，海军总司令部编：《海军抗战事迹》，1941年版，第366页。
〔3〕《抗战三年来本军战略战术之检讨》，海军总司令部编：《海军抗战事迹》，1941年版，第136页。

设置雷区，实施封锁。这些地方派有海军布雷队人员常驻，根据战事情况，随机实施布雷任务，取得了初步成效。1939年1月，布雷队队长叶可钰因"布置沿江及浙省流域水雷，既著功绩"，由海军总司令陈绍宽向国民政府军事委员会呈请核颁青天白日勋章。[1]

布雷队第一分队长叶可钰与水雷

进入1939年后，日海军"中国方面舰队"为强化对中国沿海的封锁，实施了对中小港口的攻略作战。在浙江，日军制定了攻略舟山群岛的作战计划，以上海特别陆战队、吴镇守府第五特别陆战队，以及"出云"号海防舰、第一扫雷队、第一水雷队各舰之陆战队组成攻略部队，于6月20日至7月18日完成作战。[2]这年2月，浙东局势紧张，海军布雷第一分队奉命驻状元桥及馆头，筹备封锁该区南北两水道。日军得知中国军队早有防备，立即退却。3月，南昌陷落，海军布雷队奉令封锁椒江，遂于3月27日，在椒江口外赶布水雷，事竣时，顺道赴清江渡测量，筹备封锁计划。

1939年3至5月间，为巩固江防计，海军布雷队复在瓯江南水道加布水雷，增强封锁威力，北水道亦准备完妥，相时敷布。此外，海军布雷队还在椒江、清江、飞云江布下水雷共60具。布雷队一边布雷，一边扫捞修理被水流冲动之水雷，还配备了各种扫雷工具，以防日军利用真假雷之狡计，妨碍航路安全。

1939年6月，海军总司令部制定了布雷队编制，设五个分队，瓯江布雷队改为海军布雷队第一分队。是年11月，布雷队第一分队探悉日海军在瓯江、

---

〔1〕《海军总司令陈绍宽呈请核颁青天白日勋章予海军抗战有功绩人员电》，秦孝仪编：《中华民国重要史料初编：对日抗战时期》第二编，作战经过（三），中国国民党中央委员会党史委员会1981年版，第27—28页。

〔2〕日本防卫厅防卫研究所战史室：《日本海军在中国作战》，中华书局1979年版，第319页。

鳌江各口外布放水雷，阻碍航道交通，并在水雷中掺杂假雷，摆设疑阵，遂对日海军所布水雷展开扫雷工作，先后将多枚所获敌雷运上瓯江、鳌江江岸。军事委员会"以布雷队第一分队队长叶可钰抗战绩著，颁给华胄荣誉奖章，用昭激励"[1]。

1939年12月，叶可钰调派海军长江中游布雷游击队总队部服务，海军布雷队第一分队少校队长一职由李申荣升任。李申荣上任之际，正值日军舰麇集于瓯江口外。针对这种情况，他与温台防守司令部商洽，提出加强瓯江口封锁的建议。他亲率官兵勘察各个雷区，分别布置防务，使日舰未敢进入瓯江口。

1940年3月，海军布雷队第一分队分别在椒江、飞云江布雷区各加布水雷15具。9日，开始封锁浦阳江，在下狮子、虎爪山、七贤山等江面布设海戊式定雷50具。这是一次规模较大的布雷行动，参加这次行动指挥的兰园在《浦阳江口布雷日记》中详细记述了这次布雷行动的过程。他说：

> 这一条江能有完成封锁，关系整个的浙东战局，敌人利用水道进攻，已不乏前例，并使我们这一队几乎伤于敌人之手。这一次冒险再来尝试，如在虎口里插上一根尖棒，可以说是生涯中最值得纪念的一事，因为这件工作的艰辛畏难，并非以往任何一次所能比拟的。在这口里面的山上有敌人的重炮虎视眈眈的监视着，他们动不动就向我们阵地轰了四五十炮，如果我们为其发现，那整个的雷船和人员无疑的会被轰成齑粉。更加这江里有巨数的木桩与沉船浸于水下，并且通路极为狭小，已使许多的轮船触桩沉没。因此要超过这遥远的障碍，必需要冒着绝大的危险，耐心的摸索过去。尤其这最后的一段，正处在敌火之控制下。更因为布雷最前的一线，距敌仅约千余公尺，所以无论敌阵地的轻重火力，或是在此地活跃的汽艇和骑兵，都可致我们的死命。这还不算哩！再加沿路上的敌机、汉奸，和拦着航路需要临时折断的桥浮，都是我们布雷的难关，只要一不谨慎，便会不容气的葬送在上面。像这样硬碰硬的工作，也只不过是赌赌运气而已，谁还能预期其成与不成哩？但我们总存一个会成功的决心而已。至于

---

〔1〕国民政府海军总司令部编：《海军大事记》下卷，第143页。

军部虽预先警戒这许多危机，但我们不为所动，并且因为这一着的关键大，所以毅然把它承受。为我们别无充分的把握，只有一个敢死的决心和能够在危况下掌握指挥的技能。除此以外，只有凭天。本是想等准备成熟再出发的，可是不可能，因为军部催促说："敌人已准备进犯，再迟便困难了！"像这种紧张困难的工作，尤其使我们感到我们工作的重大性，更可表演友军倚望之殷。而我们的一举一动，更应格外慎重，以副他们热烈的期望。[1]

这段文字，无疑袒露了海军布雷官兵的心迹。他们在面对巨大困难的时候，依然以一份责任心和舍身精神从事着布雷这项危险的工作。随后，兰园叙述了布雷的若干细节：这次布雷是用一艘汽船拖带两艘雷船运送水雷的，50具水雷置于雷架之上，分装于两艘雷船上。水雷上面覆盖着稻草，用于伪装。在向雷区航进时，需要越过阻挡航路的浮桥，以及日军的火力控制区，两岸有陆军的配合和掩护。日军发现了中国海军的布雷行动，开始射击，与掩护布雷的陆军交火，但并未阻止布雷行动。经过一夜的努力，终将50具水雷布放于事先设定的雷区。[2]

这次布雷，不久便收到了战果：在浦阳江下狮子雷区，日军一艘舰艇触雷沉没，死十五六人。3月17日，在七贤山雷区，日军两艘舰船触雷沉没，死六七十人。日军气急败坏，强迫民众用钢索将雷区未爆炸的水雷拖搁岸边，用机枪扫射摧毁。在虎爪山雷区，日军也发现了中国海军所布水雷，亦强迫民众拖搁右岸，用机枪扫射。[3]4月6日，海军布雷队第一分队又将曹娥江封锁，在塘殿、称山江面布雷20具。6月，杭州湾日舰增多，海军决定加强富春江封锁力量。14日，海军布雷队在锣鼓山至长山间增布水雷30具。

镇海是浙东的重要门户，位于甬江口北岸，南与象山港相接，北与杭州湾遥应，抗战爆发后，这里由中国陆军三个团防守，并在甬江口设有要塞炮台。

---

〔1〕《浦阳江口布雷日记》，海军总司令部编：《海军抗战事迹》，1941年版，第368—374页。

〔2〕同上。

〔3〕《浙东布雷战况》，高晓星编：《陈绍宽文集》，海潮出版社1994年版，第230—231页。

1940年7月上旬，日海军陆战队一旅分乘军舰20余艘、汽艇百余艘，集结于普陀以北海面。14日，日机数架由海面起飞，分批向甬江口南北要塞滥施轰炸。当日午夜，日舰20余艘，以大炮向要塞及海岸线要点实行炮击。15日拂晓，日海军陆战队借其猛烈炮火的掩护，分向甬江南岸要塞及甬江北岸南虹飞机场强行登陆。17日，日军占领镇海。但从18日开始，中国军队发起全线反攻，于21日将镇海收复，日军不支溃退入海。[1]

日军进攻镇海时，中国海军无力参加作战，只能依靠布雷队在各江布雷区实施封锁。1940年8月间，日舰频繁在瓯江口外发炮示威，窥探虚实，但慑于中国海军所设雷区及炮台威力，未敢进入。驻防该处之海军布雷队第一分队赶在瓯江水道加布定雷20具，同时施放漂雷10具，迎击日舰，敌势顿挫。9月上旬，日舰因瓯江无法窥伺，改在镇海、象山、定海各地骚扰，海军布雷队第一分队于10月1日、4日在镇海敷布定雷25具，并勘察象山、定海要点。17日，日舰向浦阳江行驶，于下狮子触雷，被炸沉一艘，死伤二十余人。18日，又有日舰两艘在七贤山触雷下沉，死七八十人。日军经此重大打击之后，野心乃戢。海军布雷队鉴于日军"南进之心甚切，颇有冒险企图一逞之势，乃于其时分别将未经布雷各要区，如穿山、鳌江、海门各处，赶速施测"[2]，继续推进雷区战略。

1941年2月26日，日本大本营命令中国派遣军总司令对浙江省以北的中国沿海随时进行以封锁为目的的作战。参谋本部、军令部根据命令做出了《陆海军中央关于对华沿海封锁作战的协定》，规定陆军的作战要点是"协同海军，以奇袭方式登陆并占领输入抗战物资及输出内地物资的沿海各港口，没收或销毁其抗战物资，以至破坏其设施，在敌人聚集之前即行撤出。要反复地对沿海各处进行此种作战"。海军则"以必要的兵力掩护陆军，协同陆军，奇袭占领输入抗战物资及输出内地物资的沿海各港口，并在陆军撤退时进行掩护"。[3]

---

[1] 徐会春：《镇海、奉化作战片段》，全国政协文史和学习委员会编：《闽浙赣抗战：原国民党将领抗日战争亲历记》，中国文史出版社1995年版，第405—406页。
[2] 海军总司令部编：《海军战史》，1941年版，第62页。
[3] 日本防卫厅防卫研究所战史室：《中国事变陆军作战史》第三卷第二分册，中华书局1983年版，第111页。

3月，日军开始对浙江沿海部分地区实施小规模偷袭。海军布雷队于11日加强浦阳江雷区，在虎爪山至新鉴间加布水雷20具。30日，飞云江雷区三度加强，是时江防已紧，离该江前构雷区不远处有日舰驻泊，小火轮均被日军劫去，布雷队改用舢板冒险布雷。时值潮大流急，仅布3具即无法工作。第二天，布雷工作继续进行，是日水流愈急，而且西风骤起，舢板翻覆，上士严乞经，下士郑依玉、陈起腾、谢昌荣，列兵陈振利等均殉职。[1]

4月，日军发动了对闽浙两地的进攻。在浙江，日军先后占领了镇海、宁波、诸暨、海门、瑞安、永嘉等地，各江雷区也大受影响。为配合陆军作战，12日，海军布雷队在瓯江南水道加布水雷20具。16日，日军发动攻势，以汽艇装载兵卒300余人，由三江城登陆，围攻绍兴，有大队日机掩护。驻防该处的中国海军布雷队临危不惧，在韦家渡抢急布雷12具，阻敌溯江上驶。17日，海军布雷队在敌情极端紧迫之中，在椒江强制实施布雷。当布雷队进至老鼠屿时，已有敌舰监视，开炮向布雷船只猛攻，炮弹均落布雷船附近，多次险遭命中。鉴于已无法继续执行任务，布雷队遂奉命折回至岩崎街。布雷队官兵上岸时，适与偷由霞泄镇登陆，向海门袭击之日军遭遇。布雷队缺乏自卫能力，难以抵御日军的攻击，雷兵张炳章遇难，下士张金旺重伤，中队长吴徵椿、队员徐奎昭、中士杨绩福、下士李齐驹、陈荣，雷兵陈义振、李德善等均被俘。除徐奎昭乘隙逃回外，其余被俘官兵皆宁死不屈，壮烈殉国。[2]在这些牺牲的官兵中，笔者仅找到了吴徵椿的简历。他字幼舟，烟台海军学校第十七届航海科毕业，曾任航海副、枪炮官、队长等职，赋性耿直，任劳耐苦，素为部属所钦敬。1937年调任温州区布雷队长，负责瓯江、飞云江封锁任务。1940年3月，复奉调充长江中游布雷游击总队第六大队第十三中队少校中队长，负责浙江沿海港口之布雷任务。[3]17日，海军布雷队还在飞云江加布水雷10具。海军布雷队这次牺牲之后，镇海、宁波、诸暨、海门等处均已被日军占领，一时间敌势十分猖獗。然而，由于各江雷区的存在，日军始终未敢溯江深入。18日，日军

---

〔1〕海军总司令部编：《海军战史》，1941年版，第62页。

〔2〕同上，第63页。

〔3〕《英烈选录》，秦孝仪编：《中华民国重要史料初编·对日抗战时期》第二编，作战经过（三），中国国民党中央委员会党史委员会1981年版，第59页。

在浦阳江大肆活动，有小火轮一艘，拖带民船十余艘，装载日军及给养，向浦阳江行驶，经过虎爪山时触碰水雷，小火轮被炸毁沉没，各民船纷纷下逃。日军急派扫雷队百余人，分布两岸，将钢索放入水中扫捞。由于其方法笨拙，技术不精，扫雷数量极为有限，对中国海军防御力量并没有大的影响。此番过后，日军以为沿江水雷已告肃清，复又频繁活动，于23日派出大汽艇一艘，装载士兵数十人，再向浦阳江行驶。不料又于虎爪山水域触雷，全船炸毁，仅一人生还。19日，海军布雷队在甬江灵桥一带布漂雷15具。22日，日机疯狂轰炸灵桥，海军布雷队司书陈焕猷殉难。

在此次日军大规模的进攻中，各雷区均有不同程度的损失。1941年5月，海军布雷队对各江雷区详加勘察，应行加强整理者，即经着手办理。5月30日，海军布雷队在清江渡之东埠布设水雷10具，在飞云江之小河口布设水雷25具。[1] 6月14日，海军布雷队在富春江之锣鼓山、长山间布雷30具。9月，自浙东战役日舰困于各江阻塞线无法推进，相继引退后，海军布雷队派员勘察各处水道，将被日军破坏者，重行布置完整。并于8、9月间，勘察浦阳江方面雷区，与诸暨县政府商洽征用木料及进行办法。自9月22日起实施工作，在浦阳江及新壩间，赶布定雷三线。敌小型舰驶入距飞云江阻塞线二里处碇泊，企图破坏雷区，经海军布雷队监视防止。10月17日，日军大汽艇一艘，满载炮弹、食米、罐头等物资，在浙东浦阳江之下狮子雷区触雷沉没。18日，又有日军汽艇两艘，在七贤山触雷沉没。[2] 28日，海军布雷队在富春江之锣鼓山与长山渡间布定雷12具。11月20日，又在富春江之长山渡续布水雷15具。12月22日，在瓯江南水道布雷23具。

1941年是浙东布雷十分艰苦的一年，海军布雷队遭遇了来自各方面的困难，"我陆军方面应行供应之布雷器材，尚未准备，海军辄领未获，无法办理。盖按照规定办法，此项器材，向由陆军交与海军应用者"[3]。

1942年，海军继续实施布雷封锁。1月30日，海军布雷队在飞云江布雷8

---

〔1〕海军总司令部编：《海军战史》，1941年版，第64页。
〔2〕《海军在浦阳江和贵池布雷战况》，高晓星：《陈绍宽文集》，海潮出版社1994年版，第257—258页。
〔3〕海军总司令部编：《海军战史》，1941年版，第63页。

具。4月，美军远程轰炸机空袭东京、大阪、名古屋、横滨、神户等城市，造成日本国内恐慌，日军为摧毁衢州、丽水、玉山等地的空军基地，同时打通浙赣线，急调驻上海、南昌的军队，于5月发动了浙赣会战。由于先前浙东沿海各江雷区封锁严密，日海陆军无法实施协同作战，仅以陆军分由浙东、浙西会攻金华、兰溪。海军布雷队为配合第三战区防御作战，阻止日舰溯江上驶，从5月16日起，分别在椒江、桐江、瓯江、兰江等雷区敷布定雷54具，并留一部分漂雷于青田方面，准备在必要的时候布放。未几，金华、丽水相继失陷，敌势猖獗，各布雷队无法执行任务，奉令随同第三战区各部队向指定地点撤退。第二布雷总队部也遵令随第三战区长官部退入崇安，旋又奉令开驻建阳，留办事处于歙县，撤销金华办事处。该方面布雷工作，因之暂受阻碍，乃于乐清东山埠留置漂雷一队，相机布放。7月，日军占领温州，急需打通瓯江，便实行"扫海"。当时他们这样描述瓯江雷区的水雷："该机雷约在二百米水中，机雷数目看不太清楚，但能看到该机雷系约五十米之纲索，保护着百米以内行动范围之机雷，潜伏于赤浊水中，颇难辨识，欲行完全扫海，乃至难事也。"日军无奈，只好募集决死队，以肉体来扫清水雷。有三名日军士兵半裸体跳入浊流中，触发了潜伏的机雷而殒命。[1]可见瓯江雷区对日军的阻碍作用。

1943年1月，海军在浙东沿海流域择地设哨，执行监视任务，并于临海地点配设联络机构。5月，日舰又思蠢动，丽水方面也曾一度紧张。海军布雷队分别在瓯江、飞云江布雷20余具。29日，海军布雷队接到报告，称瓯江口外泊有日舰3艘，并日船50余艘，便准备在崎头山方面布放漂雷，予以迎击。旋因日舰已退，未经实施。各地情势也渐渐缓和，但布雷队仍设计布防。9月22日，海军布雷队在富春江之长山渡增布水雷10具。10月16日，又在该江程坎续布水雷10具。11月，开始勘察永宁江水道。1944年1月，海军布雷队继续在瓯江增布水雷4具，6月6日，在瓯江南水道布雷21具；17日，在飞云江布雷12具。8月，日军再次实施浙东作战，于9月9日攻陷青田，并由青田进兵永嘉，该处海军布雷队奉令后移。其他布雷队于9月23日复于椒江布雷3具，阻

---

〔1〕日本大本营海军报道部编：《海军战记》，治安总署印刷所1943年版，第135—136页。

敌前进。10月5日又在海门老鼠屿布雷10具,加强防务。由瓯江后移之布雷队于10月2日在瓯江滕桥下岸村布漂雷20具。不曾想,这次所布水雷因潮流往返阻滞,竟于12月10日在瓯江口黄大澳附近奏效,日军1艘运输舰在此触雷沉没。1945年4月间,海军勘察鳌江,并派员会同美军侦察温台沿海各地。6月,永嘉克复,海军布雷队对瓯江原有雷区详加勘察整理。此时,海门方向尚有日舰集合踪迹,海军遂派出布雷队挺进泛桥施放漂雷。布雷队于6月29日到达,即在泛桥准备工作,水雷运至江边,正拟下布,获悉日舰已经驶离海门的消息,乃留泛桥,严加警戒。[1]两个月后,侵华日军投降,中国海军之浙东江防之战至此结束。

　　海军布雷队在浙江开展的布雷封锁战一直持续到抗战结束。这一事实充分说明,中国海军虽然力量微弱,但始终处于抗战第一线,彰显着海军的战斗精神。正如叶可钰所说:"各江用水雷战,不但能防止敌人进攻,且自封锁后,敌舰绝迹,不复来犯。此种事实,昭告于国人者,海军布雷队在浙东抗战之力也。"[2]

　　〔1〕《海军总司令部编〈海军战史续集〉(1941年10月—1945年12月)》,第二历史档案馆编:《抗日战争正面战场》(下),凤凰出版社2005年版,第1801—1802页。
　　〔2〕《封锁工作在浙东》,海军总司令部编:《海军抗战事迹》,1941年版,第366页。

炮台防御作战

上海抗战打响后不久，国民政府海军当局即筹划炮台防御作战。1937年9月，拨舰炮两门，组建了乍浦炮队，以林家禧为队长，前往杭州湾北岸的乍浦设置固定炮台。乍浦为杭嘉湖门户，也是日军可能登陆的要点之一，如果日军自该处潜窃登陆，攫取沪杭铁路，北进可迫上海，西趋易取杭州，有鉴于此，海军在此地设置炮台，配以炮队作战。11月5日，日军侵犯金山卫，中国陆军因无海军配合，遏阻无效，日军登陆成功，占领杭州。乍浦炮台遂失去战略价值，炮队员兵将舰炮毁除，随即撤离。

杭州失陷后，富春江直接受到威胁，温州遂成突出之势。1938年10月1日，海军成立温州炮队，以"克安"号运输舰舰长李葆祁任队长，陈姓欢为副队长，辖台部和两个分台，拥有舰炮五门。不久，这支炮队就被调派安徽协助抗战，官兵携带舰炮，由浙入皖。温州炮队本拟在安徽贵池设置炮阵地，但经过察勘后发现，该地不宜安装固定炮位，便又返回浙境，开入永嘉，于11月间到达茅竹岭，在该处择地建台，配属温台防守司令部。

自瓯江、椒江、清江、飞云江先后封锁以来，海军温州炮队于永嘉方面实施警戒，日舰迭次窥伺，均被海军炮队击退。1939年4月22日，永嘉方面有日舰数艘闯入炮台警戒线内，炮队发炮轰击，日舰受创遁去。23日、24日，日舰均在口外发炮，不敢迫入。25日，日巡洋舰一艘驶入黄华附近，向炮台开炮，炮队守兵均伏不动，俟其进至有效射程之内，突然炮击，第一发炮弹即击中日舰舰首，立时起火，日舰员兵纷纷抢救，负伤下遁。6月3日，又有日巡洋舰一艘闯入海军炮台警戒线内窥伺，炮队仍等它进至相当距离时发炮轰击，命中舰尾，日舰仓皇遁去，自此不敢进犯。军事委员会以该炮队勇敢作战，屡挫敌舰有功，特予传令嘉奖。旋以布雷奖案与浙江炮队奖案会同陈请，李葆祁、何乃诚奉准分别给予陆海空甲种二等及乙种一等奖章，出力员兵刘崇端等九人亦优加奖叙。

1940年9月，驻浙江炮队扩编，规定海军温州炮队直属海军本部，设中校队长1人，少校副队长1人，上尉队附1人，上、中尉队员各1人，少、准尉队员各2人，一等军医佐军医员1人，准尉司书1人，上士及看护上士各2人，中士3人，下士4人，一等兵15人，二、三等兵各18人，共计73人，仍以李葆祁兼温州炮队队长，郑体慈调充副队长，陈牲欢调充队附，其余员兵，分别遴派遣用。

1941年3月，海军部扩展要塞部队组织，改海军温州炮队为海军瓯江炮台，设台部及第一、第二两分台，以原代温州炮队队长林建生兼任瓯江炮台台部少校台长，所有该台员兵各缺以温州炮队原有人员调补，并经核定编制，颁发实行。[1] 3月15日，浦阳江黄大澳发现日舰，刚刚整编的海军瓯江炮台开炮轰击，将敌慑止。

进入1941年4月，镇海、宁波、诸暨、海门等处先后被日军占领，瑞安也于4月19日沦陷，一时间敌势猖獗。日军占据瑞安后，继续向永嘉推进，于20日占领永嘉，又向海门包抄，设于茅竹岭的中国海军瓯江炮台陷入日军包围之中。炮台安装的舰炮因系固定炮座，不能转向内陆与日陆军作战，而且炮台附近均已被日军包围。指挥作战的温台防守司令萧冀勉突然下落不明，炮台一时无人指挥，守台官兵未敢擅自行动，只等上峰指示。这时，右指挥团长张树君转达了上级命令，饬将该台舰炮或埋或毁。炮台官兵遵照命令办理，于当天晚上分别将各炮拆卸，有的毁掉，有的埋入地下，有的沉入江中。官兵则按照命令向指定地点撤退，瓯江失守。不久，中国军队进行反击，日军随即撤退，浙东战役结束。5月2日，中国军队克复永嘉，瓯江炮台官兵即向茅竹岭推进，将下沉之炮起捞，掩埋之炮开掘，规复旧观，并与温台防守司令部重新取得联

---

〔1〕《海军大事记：民国元年至三十年》，殷梦霞、李强选编：《国家图书馆藏民国军事档案初编》第十二册，国家图书馆出版社2009年版，第194、202页。

络。司令萧冀勉亦于日军撤退之后回到永嘉，但他对舰炮不甚明了，指挥多有失当。[1]11月12日起，瓯江炮台官兵开始构筑第一分台炮位，至1942年1月完成，所有各炮亦经整理完毕，全部防御力量，渐次恢复。

1942年5月，日军又倾其全力，再度进攻浙境，因中国海军在沿海各地所布雷区，日军舰艇未敢溯江前进，乃改由诸暨、义乌各地向浙西进犯。浙东方面，海军瓯江炮台官兵死守原阵地，与日舰相对峙。7月9日，日军大小汽艇十余艘满载部队向瓯江进攻，炮台发炮迎击，将其击退。11日，丽水日军窜至永嘉附近，炮台被包围，情况危急，该台奉令掩埋炮身，官兵依照指定地点撤退。日军退去后，瓯江炮台得以重新整理。1944年11月，瓯江炮台官兵奉令随带轻装武器，往温州守备区指挥部参加作战，并留一部在茅公岭监视日舰。[2]

1945年初，日军由青田攻陷温州，瓯江炮台后路被抄，失去战略价值，留守的炮台官兵遵照海军总司令部的命令后移，将舰炮秘密掩埋。6月，中国军队克复永嘉，炮台官兵随即返回原防，部署一切，继续监视日舰，直至抗战结束。

---

〔1〕海军总司令部编：《海军战史》，1941年版，第63—64页。
〔2〕海军总司令部编：《海军战史续集（1941年10月—1945年12月）》，第二历史档案馆编：《抗日战争正面战场》（下），凤凰出版社2005年版，第1801页。

福建篇

福建省位于中国东南沿海，大陆海岸线长3300公里。抗日战争爆发后，日军并未在福建部署重点进攻，国民政府也未把此地作为防御重点，因而没有发生像淞沪战役、武汉会战这样的大战役，然而大小规模的战斗却从未停止。在这些战斗中，中国海军积极配合陆军作战，以要塞战、水雷战、游击战等多种方式艰苦作战，付出了重大牺牲。中国海军与日军的战斗集中发生于厦门和福州两个地区。

国民政府防御福建计划及海军兵力部署

在1933年制定的《国防作战计划》中，国民政府将闽南思明—安海—晋江一线，闽北闽侯—罗源—三都澳一线划为第一抵抗线，将闽南平和—龙溪—安溪—德化一线，闽北水口—古田一线划为第二抵抗线，将南平、龙岩等地作为最后抵抗线。在同时划定的抗战区中，福建防卫区的防务由驻闽绥靖公署所辖之部队负责，其统帅机关是福建防卫区司令部（平时为驻闽绥靖公署），还在宁德、长门、福清、莆田、泉州、厦门等地配置了海岸守备部队，以防敌人登陆。战争爆发后，驻闽绥靖公署所辖部队以一部驻于福安、莆田、泉州、同安、云霄，努力协同海岸守备队防止敌之登陆，以主力驻于福州、漳州附近，直接巩固闽江口及漳江口防务，并随时增援福安、泉州方面。以预备区之江西南部驻军增援福建。由于此时国民政府依然将部分兵力用于围剿红军，所以在《国防作战计划》中做出了"驻福建部队应以相当部队警备赤匪，以其余部（队）任闽方沿海各港口之增援"[1]的规定，使本来就不强大的福建沿海防卫力量再次遭到削弱。

国民政府制定的《1937年国防作战计划》"甲案"中对日军在福建沿海的作战企图做出了基本判断：福建—厦门—广东之汕头等地可与台湾—琉球—日本三岛，构成一中国海之防御线，敌将有占领之企图。为达到目的，日军可能会封锁台湾海峡，侵占闽粤沿海。为此，"闽粤方面之国军，应直接阻止敌之上陆，不得已时，应固守龙岩—延平—广州之线，以确保我东南资源之地"。

---

〔1〕《1933年国防作战计划》，《民国档案》2006年第4期，第18—26页。

驻闽粤的第五方面军第十集团军，"在开战之初，以主力进出福州一晋江一龙溪之线，直接沿海岸拒止敌之登陆"。"不得已时，应固守南平一龙岩之线，并乘机转移攻势，扑灭当面之敌"。[1]在"乙"案中，国民政府对驻闽部队做了补充要求："应于开战初期，将福州一厦门敌之浪人并根据地搜荡扑灭之，而后则直接于沿海岸阻止敌之登陆，并将主力集结于南平一漳平一带地区，随时能策应沿海部队，阻止挫折敌之登陆企图。"[2]

根据上述计划，国民政府军事委员会并未在福建地区配置重兵，仅以原有驻闽部队作为第四战区福建分区之主力部队，其指挥机构是驻闽绥靖主任公署，正规部队包括陆军第七十五师、第八十师和第一五七师共三个师，另外还有省属部分保安部队。正规部队的最初部署是：第一五七师负责金门、厦门一带防守，置主力于厦门方面；第八十师和第七十五师负责从闽浙交界至闽粤交界沿海一带的防守，第八十师主力置于福州，第七十五师主力置于漳州。金门和厦门失守后，绥靖主任陈仪请准抽调福建省保安团四个团成立陆军新编二十师，又请准由各师管区抽拨补充团，编成陆军预备第六师。新编第二十师编成后不久，即奉命与第八十师和第七十五师编成陆军第一〇〇军（一五七师于1938年1月12日调离福建）。与此同时，陈仪奉命兼任第二十五集团军总司令，受第三战区司令长官顾祝同指挥。第二十五集团军指挥的在闽部队有：陆军第一〇〇军、马尾要港司令部所属各炮台、队和海军陆战队独立第二旅，以及福建所有保安队及警察。至1939年，第二十五集团军指挥下的驻闽军队作战计划指导方针及兵力部署为：

指导方针：本集团军当运用有限兵力，防守闽海岸线之广大正面，力保陆地领土之完整（尤须确保福州），兼及濒海必要之岛屿。敌如登陆来犯，应即逐次抵抗，以耗其兵力，损其战力，并适时捕捉战机，乘其立足未稳，一举而歼灭之。

兵力部署：第一守备地区队：指挥官为第一〇〇军中将军长陈琪，指挥陆

---

〔1〕《国民党政府1937年度国防作战计划（甲案）》，《民国档案》1987年第4期，第40、50页。

〔2〕《国民党政府1937年度国防作战计划（乙案）》，《民国档案》1988年第1期，第37页。

军第八十师与第一○○军之直属部队，以及该地区之地方武力，担任原划为福州地区之守备。第二守备地区队：指挥官为闽保纵队中将司令官黄珍吾，指挥闽保纵队及该地区之地方武力，担任原划为兴泉地区之守备。第三守备地区队：指挥官为第七十五师中将师长韩文英，指挥第七十五师及该地区之地方武力，担任原划为漳州地区之守备。海军马尾要港司令部少将司令李世甲指挥其所属各（炮）台队及海军陆战队第二独立旅，自行巩固要港之守备，敌如来犯，适时轰射敌舰，予以痛击，并与第一守备地区队协同作战。各守备地区队间及守备地区队与邻境之守备部队友军间，应有紧密之联络，以协同作战。总预备队：第一总预备队，指挥官为新编第二十师中将师长钱东亮，指挥该师驻于福州附近，机动使用；第二总预备队，包括闽保纵队除外之保安团队、省军管区所属之教导团、第十三补训处之补充兵装备团、福建省水陆警察及各自卫队、宪兵第四团等，暂仍执行其原有之勤务，原地待命。[1]

福建沿海的海军防御，是要港司令部领导下的炮台防御。海军在福建的军港及炮台建设可以追溯到晚清时期。宣统三年，清政府海军部派吴应科、曹嘉祥会同县令绅耆乡董，在香山购地四千亩、屋六百间，以备作军港时建筑厂坞之用，并派刘冠雄、王开治赴闽，调查船政。曹嘉祥襄办军港事务时，清末已有振兴港政计划，但尚未实施。1914年，北京政府海军部以林颖启为海军军港司令，筹划海军军港建设事宜，但林不久即病故，加之军港建设经费支绌，迄未兴办。1920年6月，北京政府海军部请设闽口海军军港，并将长门炮台拨归海军主管。1922年11月间，南疆多故，闽江防务益形重要，因有海军警备司令部之设，其时规模粗具，部内组织分为参谋、秘书、副官、军务、政务、军法、轮机、军需、电务等处，未经明订编制，部外则设有海军警备队，办理关于水陆警备事项，同时设立闽江查验处，检查来往船舶。又因当时陆战队正在福建省募补训练，另设统带一人以专责成。1924年5月间，海军扫除福建省军阀，克复厦门，北京政府海军部乃派海军总司令杜锡珪赴厦门，与练队舰队司令杨树庄筹商设立要港办法，嗣以迭次军兴，海氛不靖，厦港适当其冲，遂于

〔1〕唐精武：《抗日战争期间福建战场之军事部署与作战概况》，全国政协文史和学习委员会编：《闽浙赣抗战：原国民党将领抗日战争亲历记》，中国文史出版社1995年版，第3、5—6、9—10页。

1925年6月间，改闽江海军警备司令部为闽厦海军警备司令部，并创设海军支应局于琯江，嗣复移设马尾，综理驻闽海军财政收支一切事宜。1927年12月，根据厦门海防形势需要，海军在该处分设海军警备司令部，其闽厦名称，因即撤销，改称宁福海军警备司令部，部内组织仍沿袭旧制，唯原有所隶属之海军警备队，改编为海军练营，陆战队统带部扩充为两旅，统归闽部指挥。此时闽厦司令分立，即为组设闽厦两要港司令部之权舆。1928年间，以郁邦彦为海军马尾要港司令兼宁福警备司令，并以海军漳厦警备司令林国庚兼厦门警备司令。1929年9月间，宁福警备司令部撤销，马尾要港司令遂为专任，厦门要港司令林国庚亦于1933年1月卸去漳厦警备司令兼职，之后李孟斌、李世甲于1931年及1934年先后调任闽港司令。林国庚调部充任军衡处长后，1938年1月间，以高宪申继充厦门要港司令。又海军部复兴时期，筹办三都军港，曾经拟具方案，派员测勘，卒因需款浩繁，政府未克指拨，致复搁置。至于马尾要港司令部的编制，由抗战前海军部订定颁发，司令为少将阶级，司令部配设官兵计83名，内设轮机、港务、军械、军需四课，各置课长一人，并设参谋长一人、参谋四人、副官三人、秘书三人、军法官两人，分掌各项事务。另附有特务排，及海军官产经理处、电汽管理处。厦门要港司令部与马尾要港司令部编制同时订定，司令亦系少将阶级，组织内容与马尾要港司令部略同，唯额数稍少，司令部配设官兵计74名，并附有特务排。

　　福建省海岸防御炮台体系的建设也经过了一个漫长的历史过程。先说马尾要港司令部所辖各炮台。闽江下游的炮台建设可追溯到晚清时期。道光年间，林则徐曾创建射马炮台，占地面积不大。1880年至1883年间，清政府又在闽江口分建长门和金牌两座低台，并于长门之左建造七娘湾炮台。在闽江口上游，则设立闽安南北岸及沪屿三座炮台。然而在1884年8月的马江海战中，上述各炮台悉被法国舰队摧毁。1884年至1990年间，清政府在马江以上之魁岐、狮鼻嘴以及船政护厂等三处建设炮台，闽江口门左右，再筑电光山、划鳅、山港、濑石等四座炮台，外侧则在福斗山旁及崖石、龙山寺各处设立炮台，并附以水雷营、操海电灯台各一座，而原有各台被法国舰队摧毁者，也陆续修整。八国联军侵华战争爆发后，福建省防御吃紧，清政府又在闽江口增建烟台山、烟墩山、金牌山三座炮台，以固海防。民国成立之初，各炮台虽然经过兴修配备和改良，但设备始终未完全配齐。1922年，各炮台划归海军管辖之后，海军部有意刷新壁垒，但终以款项支绌而作罢。1928年9月，海军筹划国防，力图建设，马尾要港司令部成立，乃在金牌山麓左近新筑鱼雷台一座。这样，就在闽江下游形成了一个比较完整的炮台防御体系：以划鳅炮台为前锋，礼台为左翼，烟台山、烟墩山、金牌山各台为右翼，电光山台为中坚，闽安北岸炮台为后劲，崖石炮台为侧卫，各台势成犄角，悉隶于要塞总台长管辖，归马尾要港司令部节制，分设台长负责指挥。这些炮台建成后，马尾要港司令部对各台地势考察论证，废置了地势间不甚适宜的炮台，到海军部复兴之时，正式厘定了各台编制。抗日战争爆发时，马尾要港司令部所辖炮台和鱼雷台共八座，它们是：礼台、电光山炮台、划鳅炮台、烟台山炮台、金牌山炮台、北岸炮台、崖石炮台、鱼雷台。总台部在民国成立时称司令部，设司令官，统辖要塞各台营，仿照陆军编制。收归海军管辖后，于司令官下增设总台长，驻扎闽口，就近指挥。1927年8月，设闽厦要塞司令部，另置司令，兼辖闽口、厦口各炮台及第一、第二两护台营。1930年7月，要塞缩编，司令部改为总台部，不再设置司令，仍恢复总台长编制，以马尾要港司令任督察之责。1933年10月，海

闽口要塞长门礼台克虏伯210毫米炮实弹射击

军部新定编制，将水雷营、电灯台并入总台部之内，其他各台编制也同时厘定颁布，每台各设台长一员，其官佐和士兵定额，包括总台部、礼台、电光山炮台、划鳅炮台、烟台山炮台、金牌山炮台、北岸炮台、崖石炮台、鱼雷台，共计724人，均归马尾要港司令部管辖。所有炮台共安装大炮43门，鱼雷发射管2具。

再说厦门要港司令部所辖各炮台。厦门要塞各炮台最初隶属陆军，后改归海军管辖。1927年，闽厦要塞司令部设立，厦门要塞各炮台亦由该司令部兼辖，另于厦门设办事处，遴派主任一人，驻厦就近指挥。该地要塞各台先后改由海军警备司令及要港司令节制。总台部暨各台组织条例及编制于1933年10月由海军部制定公布，总台部设总台长一人，官佐士兵计20名。胡里山、磐石两炮台及青屿鱼雷台，各设台长一人，官佐士兵额数，胡里山台计133名，磐石台计46名，青屿鱼雷台计11名；白石及屿仔尾两炮台，各设炮官一人，官佐士兵额数，白石台计24名，屿仔尾台计24名，统共258名，悉受厦门总台部指挥，而隶属于厦门要港司令部。

厦门防守战

1937年8月24日19时30分，日本大本营发出大海令第25号，宣布对长江口以南中国沿海实施封锁。次日16时，日本海军第三舰队司令长官长谷川中将宣布，自本日18时起，遮断中华民国公私船只在沿海之交通。26日，日本外务省也发表声明，特对中国船舶交通实施遮断。为了贯彻封锁命令，日本海军第三舰队对华南部队的监视部队兵力进行了调整，同时按照大海令开始了华南方面的航空作战。监视部队（第五水雷战队）指挥官大熊政吉少将对监视部队的序列进行了变更，以便于监视封锁。他以轻巡洋舰"夕张"号为主队，以第十三驱逐队为福州队，以第五驱逐队为厦门队，以第二十九驱逐队为汕头队。

与先前在华北、华中一样，在实施全面封锁和空袭计划之前，日本当局首先要撤离侨民。在华南，日本侨民比较集中的城市主要有福建的福州、厦门和广东的广州、汕头。厦门的日侨共计8万多人，这批人连同日本驻厦门总领事馆人员，于8月28日全部撤离完毕。在这期间，发生了中国陆军第一五七师将海军驻厦门各部缴械的事件。由于这一事件与抗日御敌有一定关系，同时也是促使日方加快撤侨的原因之一，故有叙述的必要。

海军缴械事件

厦门作为华南的海防要地，长期有海军驻守，并设有厦门要港司令部，作为统帅海军驻厦门各部的领导机关。厦门要港司令部下辖海军厦门造船所、海军厦门航空处、海军无线电台、海军厦门医院及要塞总台部。要塞总台部（官兵20名）下设胡里山（官兵133名）、磐石（官兵46名）、白石（官兵24名）、

103

屿仔尾（官兵24名）等4座炮台和青屿鱼雷台（官兵11名），共安装大炮9门，鱼雷发射管2具，编制官兵258人。另外，厦门还驻有海军陆战队第二独立旅第三团，作为要塞护台部队。自1937年9月起，日机迭来厦门轰炸，海军要港司令部、航空处飞机场、无线电台、陆战队团部，及胡里山、磐石、白石、屿仔尾各炮台等，均先后被炸损坏，日舰亦时向要塞炮击。9月3日和14日的两次战斗最为激烈，经厦门海军要港司令部饬令要塞总台长张元龙，指挥各炮台员兵，奋勇抗战。胡里山炮台火力尤强，该台虽损失颇重，员兵伤亡甚多，而日军受到如此剧烈的抵抗，其作战目的没有得逞。关于9月3日的战斗，时任屿仔尾炮台文职人员的郑寄云后来回忆说：

> 一九三七年九月三日上午四时三分，天甫破晓，敌驱逐舰"羽风""若竹"等三艘以最高速度驶到大担山灯塔前，列成阵势，首先向白石头炮台及曾厝垵海军飞机场发炮轰击，并攻胡里山总台。本台据瞭望长报告，在主台官何荣冠指挥之下，首先发炮迎击，竟一弹即奏肤功。敌舰猝不及防，乃转舵以排炮密集向屿仔尾台攻击，一时爆破弹弹片横飞，硫黄与火药气味冲天。此时敌舰"若竹"号中弹舰腰，丧失战斗力，由"羽风"等两舰夹带向台湾方面疾逸，白石头炮台亦予发炮射击，惜未命中。据当日由海外返厦渔夫萧良成云：彼在外海捕鱼，瞥见两敌舰正帮助一伤舰抢救伤兵，该舰右舷倾侧冒烟，似有下沉之势。敌舰既去，发现青屿山鱼雷台山后敌重巡洋舰一艘，载有水上飞机四架，正侦察行动间，该批敌机已起飞三架，向胡里山台及飞机场分头俯冲掷弹，至十时许该舰始他遁，而胡里山台亦隆隆发炮轰击。综计是役：胡里山总台阵亡炮长朱锡卿（脑及首部为弹片削去一大半）、炮手李玉生（弹片洞穿腹部，肠肚外流）、林海旺（弹片破胸）等五人，死状至惨（均埋于胡里山炮台脚菜园），号兵沈祖贻伤手。屿仔尾台班长彭碧龙伤及踝骨，白石头炮手伤二人。磐石炮台因位置在厦市腹地，且与无线电台毗邻，未遭袭击，故无伤亡。[1]

---

[1]郑寄云：《厦门要塞战前后》，全国政协文史和学习委员会编：《闽浙赣抗战：原国民党将领抗日战争亲历记》，中国文史出版社1995年版，第26—27页。

关于9月14日的战斗，海军部长陈绍宽向行政院报告说："本早七时四十五分，敌巡洋舰一艘、驱逐舰三艘来犯厦门，向我要塞各台开炮射击，经我胡里山台还炮，至九时止始将敌舰击退。我各台因中敌弹，伤士兵八名。"[1]

10月26日上午9时40分，日机侵犯厦门，轰炸厦口要塞，胡里山炮台内外均被炸，略有损坏。磐石炮台附近亦被炸，副台长受伤。也就是在此时，金门失陷，海军各机关人员随金门县长邝汉退往大嶝。日军占领金门后，不断调整部署，准备作战物资。日舰分泊金门水头、后浦、料罗、烈屿，共计九艘，内有运输舰两艘。这些日舰每值涨潮，便分派小汽艇两三只及捞渔电船一艘，在金门周围、沃头港口、后浦海面、古宁头、浦边至沙美、金门与大嶝中间各处测探水深，并插红旗为标记。日军还在金门五里浦开辟了飞机场，并连日在金门搜索骡马，赶往料罗搬运粮食及军用品。[2]28日中午12时45分，日巡洋舰一艘、驱逐舰两艘，在厦门口外向厦口要塞白石炮台炮击多发，旋即退去。29日，金门县附近之烈屿，即小金门也于上午失陷。[3]11月1日晨6时，日本海军小型炮舰在杏清乡海面来回梭巡，并常出没泉属海面围头、石井之间，似有登陆模样。当天上午，日旗舰一艘泊于后浦水头口，大型战舰两艘分别泊于后浦同安码头和古宁头，乌沙头、赤脚礁各泊一艘，青岐前面泊有小型炮舰四艘，商船一艘。[4]11月10日晨6时，日机一架飞抵胡里山炮台侦查，旋即离去。9时10分，日机一架由同安方面飞来，在胡里山炮台掷弹三枚，均落于附近山上。同时，海上驱逐舰一艘、巡洋舰两艘，开炮向胡里山、白石两炮台轰击，共发八十余弹，胡里山炮台还击八炮，白石炮台未发炮，两炮台周围附近各落十余弹，其余多落于水中及山边。两台官兵均无死伤。唯胡里山炮台兵房落弹一枚，崩坏兵房一间。当日下午，日机又来袭击三次，每次一架，第一次13时5分，第二次13时52分，第三次14时46分，均在胡里山炮台附近投弹，共七

〔1〕《海军部关于日军进攻海军要塞等及海军抗战的有关文电（1937年9—12月）》，中国第二历史档案馆编：《抗日战争正面战场》（下），凤凰出版社2005年版，第1730页。

〔2〕《军警部门有关通报敌寇动态的电文》，厦门市档案局、厦门市档案馆编：《厦门抗日战争档案资料》，厦门大学出版社1997年版，第7—8页。

〔3〕《海军部关于日军进攻海军要塞等及海军抗战的有关文电（1937年9—12月）》，中国第二历史档案馆编：《抗日战争正面战场》（下），凤凰出版社2005年版，第1733、1734页。

〔4〕《军警部门有关通报敌寇动态的电文》，厦门市档案局、厦门市档案馆编：《厦门抗日战争档案资料》，厦门大学出版社1997年版，第9页。

枚，五枚落于炮台外旷地，无损失，一枚落于炮台边，一枚落于墙边，微有损伤。[1] 13日13时至15时半，日机空袭厦口要塞胡里山炮台四次，台内外均有中弹，损坏尚轻。14日上午10时，日驱逐舰一艘向厦门五通炮击二十余发，至11时停止。13时半至16时，日机四度空袭厦口要塞，向屿仔尾炮台轰炸，台内堡垒房屋，均被损坏。[2] 有鉴于此，厦门要港司令部乃将胡里山炮台12生钢炮两尊移设何厝之香山及五通之霞边，作为临时炮台。该两处炮位，于是年12月20日装设完竣，25日派胡里山炮台海军准尉炮官吴绍风带炮兵12名驻防香山炮台；准尉炮官戴连发带领炮兵12名驻防霞边炮台。

进入12月份，日军加紧了进攻厦门的部署。据陆军获得的情报显示，日军驻金门司令部连日召集伪治安委员会，每日开会两次，计划进攻厦门方略：命泊金门水上飞机两架，每日轮流飞厦门轰炸中国军队防御工事及海岸各炮台，一俟毁灭即以海空军掩护陆战队进攻厦门；积极收买汉奸潜往五通、集美、鼓浪屿等处秘密侦查中国守军情报；计划用小炮艇夜间掩护水兵及台浪民登陆占领南太武，夺取中国防守之屿仔后炮台，以便借炮台攻击中国军队防守之胡里山沿海各炮台。[3] 1938年1月3日，日海军驱逐舰、炮舰联合由金门古宁头开进，向澳头何厝发炮50余发，经香山炮台还击，日驱逐舰几被命中，该舰急行遁去。翌日日舰又企图进港，被胡里山、磐石两炮台夹击，退回金门。

从海军驻厦门各部队的编制序列和前期作战来看，厦门的防务主要掌握在海军手中，那么，大敌当前，陆海军之间的矛盾是从何而来的呢？

杨廷英时任第四路军高参，陆军少将军衔，曾在海军陆战队任职，是处理陆海军冲突善后事宜的当事人之一，他后来在回忆录中叙述了事件的经过。

1936年9、10月间，为加强福建省地方"绥靖"，国民政府军事委员会令驻广东的第四路军总司令余汉谋，将所属的第一五七师、第一五八师调往闽西和闽南。第一五七师约有8000人，师长为黄涛，该师于10月沿陆路开至闽南

---

〔1〕《厦门市警察局关于敌机轰炸厦门的报告》，厦门市档案局、厦门市档案馆编：《厦门抗日战争档案资料》，厦门大学出版社1997年版，第28页。

〔2〕《海军部关于日军进攻海军要塞等及海军抗战的有关文电（1937年9—12月）》，中国第二历史档案馆编：《抗日战争正面战场》（下），凤凰出版社2005年版，第1734页。

〔3〕《军警部门有关通报敌寇动态的电文》，厦门市档案局、厦门市档案馆编：《厦门抗日战争档案资料》，厦门大学出版社1997年版，第14页。

漳州接防，归福建省主席兼绥靖公署主任陈仪指挥，师部驻漳州芝山，所属各部分驻海澄、漳浦、云霄、南靖等县。1937年8月，黄涛奉军事委员会令，率第一五七师进驻厦门，并兼任厦门警备司令，司令部设于虎溪岩。

第一五七师进驻厦门之时，抗日战争已经爆发，日军正忙于撤退驻厦侨民，厦门的形势十分复杂。就在第一五七师入厦不久，黄涛出人意料地抽派一个团的兵力，由师参谋长张光、政务处处长李育培率领，驰赴磐石、胡里山各炮台，将海军陆战队第二旅第三团（缺一营）及护台营分别包围，予以缴械。同时派出一营队伍，包围海军厦门要港司令部，将卫队一连予以缴械，将海军厦门要港司令林国庚拘押，解往南普陀看管。海军陆战队第二旅第三团团长尹家勋，此时正在陆军大学深造，团长职务由中校团附陈韶虞代理，第一营营长侯倬云、第二营营长林平亦在位，他们仓皇间不知所措，唯有举手缴械。缴械后的官兵与海军厦门要港司令部参谋长郑沅、副官长蒋克庄、秘书陈见园等共百余人，均被押送南普陀集中拘禁。

事件发生后，陆海军方均急报军事委员会。军事委员会为避免大敌当前发生内讧，迅即将黄涛撤职，后经余汉谋求情，改为撤职留任，戴罪立功，海军官兵则立即释放。那么，黄涛匆忙将海军缴械，究竟意欲何为呢？

在杨廷英看来，事件的发生，根本原因有二：一是黄涛与林国庚有私嫌。杨廷英说，黄涛来到厦门的时候，自命师长是陆军中将军衔，林国庚不过是海军少将而已，也不懂旧社会"行客拜坐客"的规矩，既不去拜访林国庚，反怪林国庚未去迎接拜访他。后来林国庚曾专函邀请黄涛来厦一游，以尽东主之谊，黄涛也辞绝不去，由此形成无谓私嫌。二是黄涛怀疑林国庚有通敌嫌疑。黄涛开抵漳州后，指令师部政务处处长李育培密派处员管平驻厦门，打探海军及厦门市政府的动静。管平是广东梅县人，对厦门人地生疏，且不谙闽南语，到厦门后，不能打入海军内部探取消息，只在外围道听途说，加以臆测捏报，说海军厦门要港司令林国庚如何与日本海军界亲密，如何与日本领事勾结云云，遂使黄涛及其参谋长张光、政务处处长李育培等认为林国庚是一个亲日卖国的十足汉奸。他们在闲谈中曾说："林国庚竟然明目张胆，通敌卖国，我师有日进驻厦门，非予扣押缴械，不足以除肘腋之患。"且黄涛兼任厦门警备司令，他们认为，驻厦海军机构亦在他控制之下，正是实现他们平日企图的机会。[1]

对于发动缴械行动，黄涛后来在回忆录中并未提及，不过他强调了第一五七师入厦时厦门的严峻形势和他的对策。他说："当时日本帝国主义驻厦领事在厦门设有警察厅。当地的汉奸、流氓、台湾浪人等，在日本警察厅庇护下，勾结贪官污吏、地痞流氓，走私漏税、贩卖毒品，无恶不作。中国当局在厦门虽设有市政、公安等权力机构，但一切地方事务须按日本驻厦领事旨意办理，厦门成了日本帝国主义的势力范围。""鉴于厦门情况复杂，且沿海形势紧张，随时可能发生战事，我迅速增调一团兵力至厦加强防卫，并派旅长练惕生任警备司令部参谋长，负责该部一切事务。我则来往漳州厦门间，负全面防务责任。"[2]黄涛的这段陈述，无疑是在暗示他发动缴械行动的原因。

然而，管平看到的仅仅是表象，他对海军要港司令部的工作特性并不熟悉，抛开黄涛与林国庚的个人恩怨，单凭管平的报告，黄涛的判断并不准确。自海军要港司令部成立以来，林国庚出任司令，到1937年为止，林国庚已驻厦门多年。按照国际间海军礼节通例，凡外国军舰进港，如系司令的旗舰，一定互相拜访。当时中国沿海门户洞开，进港外舰几乎无日不有，特别是日本军舰，进港次数最多，因此林国庚与日本海军司令间的互相拜访也就成了习以为常之事。同时，侨居厦门的日本商人为数不少，海军因此与日本领事之间的交往也就难免密切，就连长期率部在华北沿海活动的日本海军第五水雷战队司令官大熊政吉也说，林国庚"一向与我方有亲密交往"。[3]另一方面，海军驻厦多年，与地

时任海军厦门要港司令林国庚

〔1〕杨廷英：《抗战初期驻厦门陆海军冲突之前因后果》，全国政协文史委员会编：《文史资料存稿选编》军事机构（上），中国文史出版社2005年版，第345—348页。

〔2〕黄涛：《第一五七师驻厦期间之防务》，全国政协文史和学习委员会编：《闽浙赣抗战：原国民党将领抗日战争亲历记》，中国文史出版社1995年版，第22页。

〔3〕日本防卫厅防卫研究所战史室：《日本海军在中国作战》，中华书局1979年版，第244页。

方民众并不融洽，在市民中口碑不佳，在管平调查海军的过程中，难免添油加醋，说海军的坏话。这是黄涛做出错误判断的主要原因。

在抗日战争全面爆发的关键时刻，中国陆海军部队之间发生这样严重的冲突事件，虽未造成双方兵力的损失，但对海军官兵产生的心理影响却是负面的。正如杨廷英所说，此时的海军官兵，心中殊愤愤不平，认第一五七师不应如此胡为，使海军的声威大受损失，多心有不甘。

对于这个事件，日本方面也做出了反应。据东京1937年8月29日报道，在事件发生的第一时间，日本海军省就关注了此事。海军省谈道，27日中国陆军第一五七师开入厦门，监禁了海军要港司令及参谋长，解除了中国海军陆战队的武装，占据了炮台、兵营等，盛举抗日气势，使厦门的形势恶化。当夜中国便衣队包围了日本总领事馆，形势全然不稳，因此海军省决定，28日，在厦残留日人全部撤退，即日闭锁总领事馆。[1]

事件化解后，海军当局为避免再酿事端，决定除要港司令部外，其他陆战队、护台营等一概撤离厦门，开赴福州、马尾、连江、长乐等处驻扎。在整顿部署期间，先开赴厦门岛邻近同安县辖的澳头、刘五店等处暂驻。厦门防务归第一五七师全面负责。第一五七师并接收了厦门各炮台。海军陆战队第二独立旅第三团在新任团长林耀东（原任第一独立旅上校参谋长）率领下撤离厦门，开赴长乐整训至1937年11月，时值沪杭形势紧张，该团奉命开赴浙江金华，后又转赴江西华阳。12月，因战区调整，第四战区改辖两广，隶属第四战区的第一五七师于1938年1月12日调离福建，防地由陆军第七十五师接管，师部仍驻漳州，副师长兼第二二三旅旅长韩文英率该旅第四四五团及师属炮兵营接防厦门，不久兼任厦门警备司令。此时，海军厦门要港司令部所辖作战单位仅余各要塞炮台。1938年1月，海军部撤销，成立海军总司令部，厦门要港司令林国庚调任总部军衡处处长，遗缺由原"平海"舰长高宪申继任。[2]

---

〔1〕《厦门形势颇行恶化后　日官民已撤退完毕　英国军舰似向厦门急行》，季啸风、沈友益主编：《中华民国史史料外编》第六十三册，广西师范大学出版社1996年版，第26页。

〔2〕《海军年报：民国二十七年夏》（上），殷梦霞、李强选编：《国家图书馆藏民国军事档案初编》第七册，国家图书馆出版社2009年版，第208页。

厦门保卫战

抗日战争爆发初期，日军就已经封锁了中国北部沿海，在势力逐渐南下的过程中，又加紧封锁南部沿海，目的是切断海外物资进入中国的海上交通线，进而削弱中国的抗战力量。日军的封锁是以舰艇临时检查、捕拿和扣留等海上作战为主，所以封锁了中国公私所有的约700艘船舶，使海外进口的武器、军需品等一时骤减。初步的目的达成后，日军进而把攻略的矛头锁定为重要港口。1937年10月28日，日军攻占了厦门对面的金门岛，以此为基地监视、警戒厦门港。为迅速攻占厦门岛，1938年4月20日，日本海军编成第二联合特别陆战队，以宫田义一少将为司令官，下辖横须贺第二特别陆战队（司令山冈昭一中佐）、吴港第三特别陆战队（司令福岛耕次郎少佐）、佐世保第七特别陆战队（司令志贺正成少佐），于5月1日编入第五舰队。此时的第五舰队下辖第九战队、第十战队、第五水雷战队、第一航空战队、第三航空战队、第四航空战队、第一联合航空队、第二联合航空队，司令长官盐泽幸一。5月1日，盐泽幸一编成攻略厦门的作战部队，命名为"D部队"，并称本作战为"D作战"。5月3日，日本大本营为使封锁收到彻底的效果，下达了由海军单独攻略厦门的大海令112号，命令中国方面舰队司令长官及川古志郎派遣第五舰队占领厦门。

5月9日，日军"D部队"集结于金门岛海面，10日4时15分开始登陆。此后的作战情况，据日方记载，中国军队虽然很顽强，但由于日本海军陆战队的猛攻，加上海上的掩护射击，中国军队逐次后退。5月10日厦门市陷落，日军继而扫荡岛内，于5月20日结束了"D作战"。[1]

早在日军占领金门之时，海军总司令部对闽厦防务就极为注视，两处要港司令部对日军侵扰行动均有报告。金门被占后，闽厦海口迭有日舰侵扰，日机也屡向海军要塞各炮台肆行轰炸，厦门防御日益吃紧。海军总司令部曾饬厦门要港司令部整理炮位损坏部分，增强各项工事，时林国庚已调任海军总司令部处长，以"平海"舰长高宪申继任厦门要港司令，他遵令积极布置，准备抗战。

---

[1] 日本防卫厅防卫研究所战史室：《日本海军在中国作战》，中华书局1979年版，第308页。

1938年停泊于厦门附近的日本海军水上飞机母舰"神州丸"号

防守厦门的陆军部队是第七十五师第二二三旅第四四五团及师属炮兵营一部，由副师长兼第二二三旅旅长韩文英指挥。他派出第四四五团第三营（营长王建章）驻防五通、禾山、何厝一线，将直属炮兵营一部的炮阵地设在胡里山海神庙附近，以第四四五团第一营为预备队。

1938年5月10日凌晨4时，日海军第五舰队出动军舰12艘，汽船30余艘，在宫田喜一少将指挥下，乘暗夜从濮屿附近出发，驶近厦门岛东北海岸，以舰炮向白石、禾山、泥金、五通、何厝、塔头一带中国守军阵地猛烈轰击，另有日机18架自金门起飞，在中国守军阵地上空实施轰炸，胡里山炮台也遭突袭。日军强大的火力制压了中国守军和炮台的还击，破坏了野战工事。轰击持续数十分钟后，日舰炮火开始向厦门岛内地做延伸射击。与此同时，日艇数十艘载运海军陆战队500余人在五通附近于4时50分开始强行登陆，并两次登上陆地，[1] 向王建章营发起冲击。王建章指挥所部奋勇还击，胡里山炮台员兵也竭力抵抗，登陆日军被迫退回艇上，战斗暂时告一段落。据当时中方报纸报道称，在此次战斗中，中国军队生擒日军75人，击毙100余人。[2]

拂晓，日机又至，对中国守军阵地反复轰炸扫射。空袭过后，日军陆战队又发起进攻。除正面进攻外，还向中国守军阵地两翼延伸做钳形包围，并向中国

---

〔1〕《闽海形势突紧张 敌在厦门五通登陆 被我围击歼灭过半》，李向群主编：《见证：1938厦门》，厦门大学出版社2015年版，第1页。

〔2〕《闽南防务巩固 厦惠敌舰昨已他驶》，李向群主编：《见证：1938厦门》，厦门大学出版社2015年版，第8页。

守军阵地发射大量枪榴弹,攻势甚为猛烈。王建章率部英勇抵抗,在打退日军数次进攻后,战斗人员伤亡颇大,弹药亦将消耗殆尽,日军得以攻占中国守军主阵地。午后,王建章率部撤至云顶山—金鸡岩—江头—线继续殊死抵抗,由韩文英率领的增援预备队也投入了战斗。预备队在增援途中遭日军轰炸,与王建章会合时已经损伤过半。韩文英腿部受伤,第二二三旅参谋长楚怀云被炸身亡。

中国守军退至第二线阵地后,日军并未停止攻击,继续实施空中轰炸和海上火力支援。韩文英虽已负伤,仍坚守阵地,并亲自督战,打退了日军多次进攻,双方于梧村间形成相持局面。11日晨,日机麇集,又发起攻击,形势益趋险恶。此时日军复由厦门口外海边之黄厝塔登陆,围攻白石炮台,另有敌驱逐舰三艘、炮舰两艘,在该台正面猛烈攻击。该台虽奋勇应战,但炮力本甚薄弱,终至不支,退入胡里山台。陆军第三营与第二营与日军鏖战不息,伤亡惨重。第四四五团团长水清浚负伤,第一营营长宋天成阵亡,第二营营长杨永山、第三营营长王建章等军官均负伤。韩文英在激战中胸部又被弹片击伤,不得已退出战场。10时半至11时,日机十余架分向胡里山、磐石两炮台猛炸,并掩护陆战队包抄,而日舰又连续炮击,该两台员兵坚决死守,抗战尤烈,卒因弹尽援绝,伤亡惨重,总台长张元龙下落不明,参谋龚庆霖未及退出,为敌所俘,登陆敌军赓续增加,中国守军抵抗力量已告丧失,遂渐后撤。当日下午,日军一部突入厦门市区,与中国守军展开巷战。战至深夜,中国守军大部阵亡,余部从澳头、集美、排头、东屿分散撤出,至此,厦门陷落。《申报》报道了当夜的情况:

> 星期二(十日)全夜,中日军双方互以机枪、步枪不断射击。日空军于十一日晨再度轰炸,华军乃向岛西之厦门市撤退。十日下午,全市大火数处,华军大队开始向大陆撤退。日军于午后一度曾达海口,搜索残余部队。同时激烈轰炸,终日未止,华军对此,无法应付,惟一部华军,仍据炮台作英勇孤单奋斗。……十一日晨,日军继续攻击厦门炮台,惟仍遭遇英勇无比之抵抗。[1]

---

[1]《厦门岛上孤军苦斗 据守炮台至死不屈》,李向群主编:《见证:1938厦门》,厦门大学出版社2015年版,第40页。

此次厦门防战，中国军队进行了英勇抵抗，付出了巨大牺牲，第四四五团阵亡官兵800人。海军炮台损失也非常严重，何厝一台，只有士兵一人脱险，其余全部牺牲。[1]

厦门陷落后，厦门要港司令高宪申奉陈仪之命，退往漳州候命。当晚即在嵩屿收容员兵。海军厦门造船所、海军医院以及海军电台等人员，亦陆续撤退。此时，厦门对岸之屿仔尾炮台仍在中国军队固守中。海军总司令部当厦门抗战时，电饬高宪申督励员兵，努力作战。高宪申为增强防御力量起见，于胡里山、磐石炮台陷落后，派磐石台长邓宝初率带员兵二十余人，由厦门港乘民船渡往对岸，加入屿仔尾炮台继续抗战。自12日晨起，在日舰、机极度猛攻之下，屿仔尾炮台誓死苦守，支持至13日下午，火药库及大炮要件并轨道等悉被炸毁，无法作战，该台员兵始退出阵地，前往嵩屿与各台员兵会合。

此次海军由厦门撤退，因在急逼之中，厦门要港司令部及所属各机关所有器具均来不及搬移，文卷、旍书、密件等不能携带者，均派员监视焚毁。至于各台炮闩要件，除五通、何厝两台因伤亡过重未及卸毁，屿仔尾台之炮已全部被炸外，其余各台均分别将炮闩要件拆卸，或带往漳州，或秘密掩埋。禾山弹药库亦由海军自行炸毁，以免资敌。

此次厦门保卫战，海军厦门要港司令部，厦口要塞胡里山、白石、磐石、屿仔尾各炮台，五通、何厝临时炮台，青屿鱼雷台，海军造船所，海军医院，海军无线电台，海军航空处，及水陆飞机场、海军火药库等，均随厦门失陷。而抗战员兵，除总台长张元龙、参谋龚庆霖生死未明外，阵亡者计厦口要塞胡里山炮台中士正炮目江有胜，下士副炮目喻梓桂、黄云海，上等炮兵张梅生，一等炮兵陈全贵、曹凤祺，二等炮兵游莘友、彭启明、张马銮、林玉春、轩云山；磐石炮台中士正炮目戴文敬，二等炮兵龙水钧、高齐云；屿仔尾炮台中士炮目詹益茂、二等炮兵陈石山等16名。重伤者计胡里山炮台上等兵刘大舟，一等炮兵杨深，二等炮兵魏泽雨、吴云诗4名。失踪者计胡里山炮台上等炮兵周

---

[1]《海军年报：民国二十七年夏》（上），殷梦霞、李强选编：《国家图书馆藏民国军事档案初编》第七册，国家图书馆出版社2009年版，第158—164页；赵康侯：《厦门保卫战》，全国政协文史和学习委员会编：《闽浙赣抗战：原国民党将领抗日战争亲历记》，中国文史出版社1995年版，第29—34页。

随厦门陷落的厦门海军无线电台

坤、一等炮兵张仲贵、上等号兵沈祖祁、一等炊事兵李新、二等炊事兵刘永南；磐石炮台上士炮长戴文良；厦要港司令部特务排二等列兵何廷杰，一等炊事兵周尚兴、谢金本等9名。[1]

厦门的陷落，使海军驻厦机关和人员失去了依托，海军总司令部命令海军驻厦人员退往福州，与厦门要港司令部合并。军官多被调往海军总司令部任候补员，如厦门要港司令部少将司令高宪申、上校参谋郑沅、港务课中校课长邬宝祥、中校副官蒋英、少校参谋黄忠瑄、少校科员李孟亮、军需课员林聪如、上尉技师吴恭铭、轮机课上尉课员陈体贞、上尉副官常旭等。也有少部分军官调补马尾要港司令部各机关单位悬缺或派在办事，如海军厦门造船所所长萨夷，派在海军马尾造船所办事；海军厦门要港司令部港务课上尉课员叶登瀛，调补海军马尾要港司令部港务课上尉课员悬缺；海军厦门电台电信员贾少寅，调补马尾电台电信员悬缺；海军厦门要港司令部轮机课少校课员黄聚华，调补海军马尾造船所船坞上尉工务员悬缺；海军厦门医院一等军医佐军医官胡贺京，调补海军马尾医院二等军医佐军医员悬缺。有的军官调

---

〔1〕《海军年报：民国二十七年夏》（上），殷梦霞、李强选编：《国家图书馆藏民国军事档案初编》第七册，国家图书馆出版社2009年版，第158—164页。

补海军总司令部或其他海军单位悬缺，如海军厦门要港司令部上尉书记侯有昌，充补海军总司令部军需处储备科上尉科员悬缺；海军厦门要港司令部中尉译电员黄昌培，充补海军陆战队第二团团部中尉同等书记悬缺。还有个别军官直接裁遣，如海军厦门要港司令部上尉科员陈玑。另外，在作战中失踪的海军厦口要塞总台长兼胡里山炮台台长张元龙，查系潜逃，海军总司令部于1939年3月7日下令通缉究办。[1]

其炮械军火，凡配置厦门要塞各炮台之克虏伯式炮、击伡炮共9尊，并青屿鱼雷台黑头钢雷雷炮1尊、白头钢雷1尾，均归损失。械弹一项，除抗战消耗外，厦门要港司令部于退出厦门岛时，经饬将各部分所有军械军火，尽量携带，其不克搬移者，概予毁除。旋由海军总司令部令饬厦门海军人员，悉数移向马尾要港司令部报到。厦门要港司令部乃将要塞各台及特务排携带到闽之军械军火，点交马尾要港司令部收存，并缮列清册，呈部察核。共计七九套筒步枪173支、双管毛瑟步枪2支、湖北造七九步枪2支、九八式七九步枪1支、六五马枪1支、上造毛瑟马枪1支、沪造手机关枪6挺、自来得手枪21支，又自来得手枪子弹1280发、沪造手机关枪子弹1050发，各种大炮零件7件、七九圆头步枪弹18810发、六五圆头步枪弹185发、六五尖头步枪弹50枚、毛瑟铅头步枪弹140发。此外枪械附件及电话机、望远镜等，亦均一并移交。[2]

〔1〕《海军年报：民国二十八年夏　抗战二周年纪念》（上），殷梦霞、李强选编：《国家图书馆藏民国军事档案初编》第八册，国家图书馆出版社2009年版，第284—289、317页。

〔2〕《海军年报：民国二十七年夏》（上），殷梦霞、李强选编：《国家图书馆藏民国军事档案初编》第七册，国家图书馆出版社2009年版，第158—164页。

闽江口防守战

　　福建邻近台湾，久为日本浪人混迹之所，抗战爆发后，海军部即饬马尾要港司令李世甲严密防范，着手筹划封锁闽江。厦门被日军占领后，福州门户闽江口防务告急。在厦门防守战爆发之前，按照国民政府军事委员会的部署，福建省政府主席、福建绥靖主任兼第二十五集团军总司令陈仪所指挥的防御部队，包括宋天才的第七十二师、陈琪的第四集团军第八十师、陈佩玉的保安第一旅、李树棠的保安第二旅、迪琳的保安第三旅以及保安第四、第六、第八团，吴天鹤的宪兵第四团，海军马尾要港司令部，海军厦门要港司令部所属各部及海军陆战队第二独立旅等。[1]此时，海军厦门要港司令部所属部分人员已与海军马尾要港司令部合并，海军在马（尾）长（门）地区的防御力量主要包括四部分：第一，驻于闽江的4艘舰艇："楚泰"（第二舰队炮舰，1938年1月31日改隶第一舰队，舰长程嵋贤）、"抚宁"（巡防队炮艇，1938年1月31日改隶第二舰队，艇长蒋元福）、"正宁"（巡防队炮艇，1938年1月31日改隶第一舰队，艇长郑振谦）、"肃宁"（巡防队炮艇，1938年1月31日改隶第一舰队，艇长郑畴芳）。第二，闽口要塞总台部，下辖礼台、电光山、划鳅、烟台山、金牌山、北岸、崖石等7座炮台和1座鱼雷台，编制官兵共724名，安装大炮共43门，鱼雷发射管2具。要塞总台长为毛镇才。[2]第三，海军陆战队第二独立

---

〔1〕《海军总司令部致电马尾要港司令部通报福建绥靖主任陈仪指挥之战斗序列》，柳永琦：《海军抗日战史》下册，台湾"海军总司令部"1994年版，第305页。

〔2〕《海军沿革（1932—1938）》，杨志本主编：《中华民国海军史料》，海洋出版社1987年版，第10页；《军政长官会议记录（1937年9月）》，中国第二历史档案馆编：《抗日战争正面战场》（上），凤凰出版社2005年版，第319页。

旅第四团。第四，海军练营，辖暂留营之已毕业第34届舱面练兵1队、未毕业之舱面练兵3队、信号练兵1队、轮机练兵1队、鼓号练兵1队。[1]

以上兵力部署，除陆战队由陈仪统一指挥调动外，舰艇、闽口要塞总台部以及练营均归海军马尾要港司令部直接指挥。然海军在马长地区所调动的兵力着实有限，要想有效防御整个闽江下游是十分困难的。为此，马尾要港司令李世甲曾向海军总司令陈绍宽提出调海军陆战队第一独立旅和第二独立旅第三团回防的建议。他说："闽省兵力委实单薄，以马（尾）

马尾要港司令李世甲

长（门）而论，地方辽阔，仅有海军陆战队第二独立旅第四团分防，迭经呼吁将第一独立旅及第二独立旅第三团调回，迄未邀允；况全省之大，驻防陆军部队不过二师三保安旅，螳臂当车，迫在眉睫。"他恳请陈绍宽"为救国救乡计"，向蒋介石乞师增援，"否则危险万状，不待智者而知"。[2]然而，陈绍宽仅同意将第二独立旅第三团调回，没有采纳将第一独立旅调回的建议。

根据李世甲的回忆，陈仪在筹划福建省防御的过程中，"始终没有下达作战计划，也没有对军事部署做任何具体的指示"[3]，海军马尾要港司令部不得不根据实际情况，对包括陆战队在内的海军作战力量做出适当的调动和部署。

---

〔1〕《海军年报：民国二十八年夏　抗战二周年纪念》（下），殷梦霞、李强选编：《国家图书馆藏民国军事档案初编》第九册，国家图书馆出版社2009年版，第288页。
〔2〕《海军马尾要港司令李世甲呈报厦门失守并请乞师增援电》，柳永琦：《海军抗日战史》下册，台湾"海军总司令部"1994年版，第308—309页。
〔3〕李世甲：《我在旧海军亲历记（续）》，《福建文史资料》第八辑，福建人民出版社1984年版，第31页。

破除航标

海军部认为，我国海岸线绵长，门户洞开，国防设备未周，日舰可深入腹地，使后方感受威胁。江海航行，须恃航路标志，为阻遏日舰冲进计，第一步应将全国水道所有航路标志，如灯标、灯桩、灯船、灯塔，以及测量标杆等，酌定必要地点，依次破除毁灭，使敌舰失去目标，不易活动。此项工作从1937年8月11日起，先就江阴下游一段开始实施。对于福建沿海航标的破除，海军部命令由马尾要港司令部负责，于1937年9月18日以前，将芭蕉尾至马尾之间的标志悉行撤除。[1]海军马尾要港司令部派出部分海军陆战队人员执行这一任务。

构筑阻塞线

闽江流经亭江，被琅岐岛阻挡分为南北二港。南港经长乐潭头、梅花入海，长15公里，称梅花水道，江宽水浅，沙滩、沙洲多，行船不便。主航道在北港，金牌至亭江段，长11公里，江窄水深，称长门水道。江水出双龟，为熨斗岛（或称粗芦岛或福斗岛）阻隔，又分两汊，由西向北一汊，从荻芦门入海，称乌猪水道，礁石杂乱，难通大船；另一汊从琅岐岛与熨斗、壶江间东流，称熨斗水道，是主航道，海船、军舰均由此进出。江水出熨斗水道，又为川石岛所阻，再分两支，北支经虎椆岛、五虎礁出海；南支经芭蕉尾出海，主航道在川石岛以东4.5海里腰子沙南侧向西经铁板沙南方、川石岛西南至壶江岛北方约14海里，最窄处宽约120米。闽江口航道错综复杂，非老于驾舟者，只能汪洋兴叹。[2]

闽江下游的封锁，原计划分为两个封锁区，第一封锁区位于闽江口，第二封锁区位于闽安镇前方。在这两个地方，依然计划采取以沉船、沉沙石、布设水雷等阻塞水道的方法实施封锁。根据陈仪的指令，封锁工作由海军马尾要港司令部和福建省水利总工程处（主任高峰）共同负责，成立"闽江特别工程处"，高峰兼主任（后郑策接任），由福建省政府参议、海军上校饶鸣銮和水

---

〔1〕《海军年报：民国二十七年夏》（上），殷梦霞、李强选编：《国家图书馆藏民国军事档案初编》第七册，国家图书馆出版社2009年版，第134页。

〔2〕陈道章：《闽江阻塞线的前前后后》，《福州文史资料》第十四辑，第1页。

利总工程处总工程师刘晋粮共同主持，工程师唐启康负责设计，刘伯翱、郑策主持施工，指挥部设于台江第六码头的闽江工程处内和闽安镇。1937年8月9日，刘晋粮传达了设置闽江口阻塞线的指示，派林兆晋、刘沅庆等乘"浚捷"号汽艇出闽江口实地测量，确定阻塞线位置。封锁航道需要大量的石料，一时无法取得，只得下令向居民征集，福州居民每家要出石五条，没有石头，得撬起廊石、础石，或用石磨、石器顶替。为了抗战，居民们都积极支持，前后三个月，城内与南台共征用石条30万条，7000—8000立方米。仍缺的部分再由闽安镇开山打石加以补充。石料抛入海中易被海水冲走，必须装在船舶中，然后连船一起下沉，在航道上筑石挡，福建省政府为此组织了"船舶管制总队部"，向沿江各处征用载重2.5吨以上的船只，除维持必要的交通船只外，余船都被征来装石筑挡，封锁航道。在那段时间里，"福州征集的石条集中在台江码头一带，堆成一座石山，运石人群和车辆络绎于道。白天防日机轰炸，船只改为夜间行驶，台江一带入夜灯火通明，班轮及民船都通宵搬运，由木帆船载着石料，驶往闽江口"。

　　抛筑封锁线是需要讲究科学的，不能筑成堤坝式一字排开，需要留出水道让海水出入。闽江口看似一片汪洋，其实大部分是沙滩，水浅即现，有的已成沙洲，长满芦苇。石头落海，会被激流冲走，要把石头装在坚固的竹篮子里，水急处要装在船中，连船一起下沉。应投放在水面最窄、水深较浅处，一挡一挡堆放，每挡间隔在100英尺（30.48米）以下，障碍物中间可走小木船；在水深处留下较宽的地方（约30—60米）可走中等木船。为防万一，在两障碍物附近施放水雷，这样，纵使大帆船，没有军方引航员，也难以通过封锁线。

　　工程人员在封锁线两侧山上树立标杆，以示走向，用几根大麻竹绑扎，下系大锚，沉入海底，制成浮标，标出障碍物位置。9月3日17时，潮水退至最低水位，流速最小，闽江口大小船只群集，按标定方位列成品字形，对准浮标，凿开船底，连石料一起下沉，阻塞工作正式开始。福建省政府指定熨斗岛水域为各国通商轮船寄锚场所，所有装卸驳船由海军人员引航，通过阻塞线和布雷区。各国通商轮船到达时，罗星塔各包工头即派工人前往闽江口起卸货物。

　　阻塞线筑成后，由于潮汐冲刷，石料时填时坍，必须经常补充，维修养护，以保持障碍物的高度。经常塌陷的地方，每隔一定距离，用竹制圆圈紧箍石柱，防止堆石跑陷。这一工作直至1941年福州沦陷才停止。

闽江口所建阻塞线共有以下八条：

熨斗阻塞线。闽江出海主航道在熨斗水道，此处自然成为封港的重点。沉船投石选在熨斗岛南端至壶江岛一小洲间（宽1200米），在马祖印浮灯与叠石堆浮灯之间，留下缺口不到60米，水深5—7米。

乌猪阻塞线和壶江阻塞线。熨斗阻塞线左右各有一支港，左支乌猪港，筑乌猪阻塞线；右支壶江港，筑壶江阻塞线。乌猪阻塞线长400米，距长门外约2公里，筑14个石垱，留下的水道宽度不及30米。

梅花阻塞线。梅花阻塞线建在琅岐岛东南端与白猴屿（白头屿、百猴屿）之间，地近长乐梅花。梅花附近沙滩宽广，最大洲田为雁行洲，一片芦苇，又称芦洲，东有白猴屿，白色岩礁，涨潮时突出海面41米，江宽100米，水深20米。附近有几个沙洲，沙洲左侧阻塞线长，叫白猴屿阻塞线，右侧海面窄，阻塞线短，叫寺下阻塞线，共筑92个石垱。

大屿阻塞线。大屿是马尾红山与长乐洋屿之间闽江中流的一个岛屿，为防日军从梅花偷渡进入马江，才在此筑大屿阻塞线（宽约200米），留下水道宽度不足50米。

除此之外，工程处担心日军闯过闽江口外阻塞线，又在金牌门抛石建障碍物，在长门与金牌之间、双龟之内。此处地窄，投石较易。[1]

在第一封锁区，根据福建绥靖公署提供的数据，初期共征用商轮"靖安""建康""闽海""同利""宁安""华顺兴"6艘、警艇2艘、码头浮船2艘、帆船50艘，共60艘，装载沙石，用一线式，每船以二三十公尺的间隔自沉；每日沉石块15000块（每块约重200公斤）；敷设水雷40具。封江工作从1937年9月2日开始准备，3日晚上开始实施，历时40天，至10月中旬初步完成。[2]

在第一封锁区实施封锁后，绥靖公署人员产生了顾虑：一是担心该水道封

〔1〕陈道章：《闽江阻塞线的前前后后》，《福州文史资料》第十四辑，第3—6页。

〔2〕《海军年报：民国二十七年夏》（上），殷梦霞、李强选编：《国家图书馆藏民国军事档案初编》第七册，国家图书馆出版社2009年版，第135页；《军政长官会议记录（1937年9月）》，中国第二历史档案馆编：《抗日战争正面战场》（上），凤凰出版社2005年版，第319页。

锁后，在70日内南水道谭头港必冲开（当时以北水道为主航路，南水道仅可行200吨小船，冲开后可以行2000吨大船）；二是担心闽江下游泛滥。出于这两个顾虑，决定准备设置第二封锁区。

第二封锁区计划所用材料与第一封锁区相同，但从后来的战争进程看，这一计划并未实施。

在实施闽江口封锁工程的同时，封锁线上的布雷工作也在积极开展。海军第二布雷总队第七大队为定雷队，负责配合第三战区陆军的防守，其中的第十四中队驻防闽江口一带。[1]马尾要港司令部又令马尾造船所所长韩玉衡安排制造小型水雷400具，组织布雷队，以海军中校陈秉清为队长，在各阻塞线外沿敷布水雷。其中1938年5月23日在福斗江面布雷37具；6月8日在梅花布雷23具；6月27日在乌猪布雷25具；1939年4月又先后在长门江面布雷11具，另在乌猪、梅花加布31具，进一步加固了阻塞线。[2]

此外还组织非战斗序列的机关、人员和物资向闽北疏散，以避免无谓牺牲。令马尾海军学校（校长李孟斌）迁至鼓山上课（后奉海军司令部令前往湖南湘潭，继又前往贵州桐梓）；海军陆战队讲武堂提前结训；马尾造船所、马尾修械所、火药库等各单位的物资陆续疏散到南平马店、黄台峡阳和顺昌洋口各地。[3]

部署要塞炮台防御

前已述及，1933年10月，海军部新定编制，规定了闽口要塞总台官佐和士兵的定额，总台部49人（军官13人、士兵36人），礼台163人（军官9人、士兵154人），电光山炮台147人（军官8人、士兵139人），划鳅炮台136人（军官9人、士兵127人），烟台山炮台71人（军官6人、士兵65人），金牌山炮台49人（军官4人、士兵45人），北岸炮台64人（军官6人、士兵58人），崖石

---

〔1〕罗榕荫：《抗战期间第三战区海军布雷工作情况》，《福州文史资料选辑》第2辑，第113页。

〔2〕《海军战史（中华民国二十六年七月至三十年十月）》，杨志本主编：《中华民国海军史料》，海洋出版社1987年版，第357页。

〔3〕李世甲：《我在旧海军亲历记（续）》，《福建文史资料》第八辑，福建人民出版社1984年版，第29页。

炮台36人（军官3人、士兵33人），鱼雷台9人（军官2人、士兵7人），总共724人，均归马尾要港司令部管辖。[1] 所有炮台共安装大炮43门，其中长门要塞5座炮台210毫米至350毫米炮共37门，崖石炮台170毫米炮和120毫米炮各1门，闽安镇附近炮台120毫米至210毫米炮共4门，鱼雷台安装鱼雷发射管2具。要塞总台长为毛镇才。[2]

1938年6月，"楚泰"舰被炸搁浅，马尾要港司令李世甲将该舰员兵45人组成炮队，枪炮官陈镜良任主管，扼守红山，并以舰炮4门，择地安装，协同抗战。[3] 除红山临时炮台外，海军还分别在东岐、牛道山、獭山设置临时炮台。从北岸炮台移炮2门于东岐，其他炮台共安装舰炮6门。[4]

调动与部署海军陆战队

全面抗战爆发后，闽防吃紧，海军采取分区戒备办法：马尾长门附近防线，由海军陆战队第二旅第四团第一、二两营分任，向江面之敌协同警戒；第三团在长乐等处防堵；旅部特务排协助要港部特务排维持马尾治安。沪杭局势紧张时，海军陆战队第二旅第三团于1937年11月奉命由长乐开拔入浙，先后在衢州、金华驻防，担任各项任务。后因马当一带防务紧要，又奉命开往江西。福建省海军陆战队第二旅自第三团调浙后，兵力薄弱，特调第四团第三营回闽协防。海军陆战队第一旅在抗战开始时分防浔湖一带。1937年7月至1938年1月，兼任拆毁获港至九江标志工作，还于1937年9月派队保护九江船舶分所。马当封锁线筑成后，该旅第一团调驻该处守护，既掩护封锁线，又戒备日军登陆。1938年2月间，旅部及第二团（团长何志兴）开赴彭泽布防，并担任柘矶要塞试炮警卫。旅长林秉周以该旅列在前线，作战设备，宜臻周密，特组成通信两排，俾利军讯。自湖口告警，第一旅及第二旅第三团

---

〔1〕《海军年报：民国二十八年夏　抗战二周年纪念》（下），殷梦霞、李强选编：《国家图书馆藏民国军事档案初编》第九册，国家图书馆出版社2009年版，第255—256页。

〔2〕中国第二历史档案馆：《抗日战争正面战场》（上），凤凰出版社2005年版，第319页。

〔3〕《海军年报：民国二十八年夏　抗战二周年纪念》（下），殷梦霞、李强选编：《国家图书馆藏民国军事档案初编》第九册，国家图书馆出版社2009年版，第314页。

〔4〕《海军战史（中华民国二十六年七月至三十年十月）》，杨志本主编：《中华民国海军史料》，海洋出版社1987年版，第357页。

调往湖口警戒。1938年4月，日机迭在粤汉铁路轰炸，驻湖海军陆战队移防湘鄂路线，担任护路工作，分批开拔。原定第一旅两团自武昌以南至长沙沿路设防，第二旅第三团自长沙以南至衡阳分段扼守，旋因长衡防线颇长，桥梁尤多，第三团改由株洲至衡阳布防，除防阻敌机侵袭，于查缉汉奸、巡剿匪盗工作，亦有详细策划。[1]

10月，汉口失守，护路海军陆战队奉命陆续后撤，分驻于衡阳、衡山、郴州一带，择要屯守，后第一旅两团复调防湘黔路线。至于海军陆战队军官研究班及陆战队补充营，于1938年1月和4月分别停办。海军陆战队补充营停办后，两旅部队缺额，随时商准军政部由福建军管区征拨新兵，其训练由当年马尾要港司令部呈准设立的海军陆战队新兵训练所负责实施，派周蚕枢为该所所长。1938年10月至1939年3月，海军陆战队两旅各团为练习战时技术，先后设立战时短期军官、军士训练班，以应时势需要。[2]

1939年1月，海军陆战队（编制每独立旅官佐267人，士兵3448人）驻闽各地点为：第二独立司令部驻马尾，司令由李世甲兼任；炮兵连驻长门下歧，连长郑得章，第二排附炮两尊分驻猴屿；特务排驻马尾，排长郑升；第四团团部驻马尾新洋桥，团长陈名扬，临时指挥位置在洋乡，迫击炮连驻马尾新洋桥，连长曹振成，第二排分驻闽口浦仔；第一营营部驻琅歧下歧宫，营长黄梦祥；机枪第一连驻马尾火药库，连长张景墀，第三排分驻下歧乡；第二营营部驻闽口下歧乡，营长傅铸基；机枪第二连驻闽口在洋乡，连长陈吉亮，第三排分驻下歧乡；第三营营部驻闽口定安乡，营长陈昌同；机枪第三连驻闽口定安乡，连长陈佑芝。

在日本发动大规模攻势之前，马尾要港司令部在马长地区沿江构筑工事，开掘防空壕、防空洞，并加强闽江口要塞的防御。李世甲估计敌人如进犯福州，其主力必定从连江登陆，因此把海军陆战队第二独立旅第四团的主力部署在长门要塞右侧翼的下歧和东岸，以一部分兵力扼守琅岐岛，加强对长门

〔1〕《海军年报：民国二十七年夏》（上），殷梦霞、李强选编：《国家图书馆藏民国军事档案初编》第七册，国家图书馆出版社2009年版，第166—167页。

〔2〕《海军年报：民国二十八年夏　抗战二周年纪念》（下），殷梦霞、李强选编：《国家图书馆藏民国军事档案初编》第九册，国家图书馆出版社2009年版，第308—311页。

要塞南岸烟金炮台侧后的防卫,第四团团部设在下岐,第二独立旅司令部仍在马尾。[1]

部署舰艇

1937年11月,海军部感到时局紧张,为增进福建防御力量,饬令抢修"楚泰"舰,加入闽防序列。"楚泰"舰修竣后,成为闽防舰艇中最大者。在长门封锁线建成后,"楚泰"炮舰将120毫米和150毫米舰炮共四门卸下,装于马尾前方,军舰则派于南港警戒。"正宁""肃宁""抚宁"等三艘炮艇在封锁线上警戒游弋,监视日军行动。

转移机关与疏散军械

1938年冬,福建省政府由福州内迁永安,福建绥靖主任公署和陆军第二十五集团军总司令部也同时迁往南平,在福州的党政机关、学校和工厂企业相继疏散,迁往闽北各地。陆军第一〇〇军军部驻在福州西郊的徐家村,海军

随马尾陷落的马尾海军学校

〔1〕李世甲:《我在旧海军亲历记(续)》,《福建文史资料》第八辑,福建人民出版社1984年版,第29页。

马尾要港司令部及其所属部队均归第一○○军军长陈琪指挥。福州已处于战时状态。

马尾海军学校学生陈念祖后来在谈到他的转移经历时说:

> 为了避免受敌机轰炸,故海校首先奉令撤离马尾,迁到离马尾约二十里路程的鼓山。这时学校有五个班,是轮四班(最高班级)、航七班、航八班、航九班、轮五班师生共二百人。迁校当日由训育主任、队长和兵操教官率高年级三个班肩荷长枪,携带轻便背包先行。背包是学校特制的草绿色背囊,内装一条行军被。航九班、轮五班是新生,徒手整队随后,浩浩荡荡向鼓山进军,气氛极度严肃,俨若开赴前线。沿途演练了战斗的各种队形,如:散开、卧倒、遇空袭隐蔽、射击等动作,在不断的演练中,大家既感到新奇,又有些紧张。学生的行李和学校物件都由学校雇工代运。笨重物品及学生的箱笼杂物仍寄存马尾校内。[1]

在准备抗战的过程中,军官研究班、练营、陆战队补充营、马尾造船所等员兵工匠一律参与备战,构成联合阵线,扼要防堵。另外,马尾要港司令部又组织了卫生、输送、电信各队,并增强防控设备,对敌舰炮击、敌军登陆、敌机攻袭的预警,力求缜密。马长防务布置就绪,李世甲派海军陆战队第二独立旅第四团团长陈明扬前往兴泉一带,参观防御工事。

在机关转移的同时,疏散军械的工作也在进行。1938年11月,马尾要港司令部将库存军械中非当前急需者陆续运往闽江上游,妥为储存,并派中士郑天利率武装士兵前往看管。1939年1月,又选出两个地点储存军械,派上士郑振中、下士田日茂,各率武装士兵分别看管。2月,又选定13处,均分派士兵严密保管。到这年4月,闽库疏散的军械逐渐就绪,马尾要港司令部派军械课课长张德亨,带技工一名,赴各处视察储存军械场所,以重军备。

---

〔1〕陈念祖:《回忆在马尾海军学校的亲历和见闻》,《福州文史资料选辑》第12辑,第41页。

舰艇作战

厦门沦陷前，日军即以飞机轰炸闽江下游的军事设施。1938年3月，日机多次飞临福建上空实施空袭，尤其是在马尾、长门上空盘旋，并向王庄机场投弹，第一次投弹数枚，第二次投弹十余枚，第三次投弹二十余枚。由于马（尾）长（门）一带海军炮位阵地布置比较周密，未受重大损失。5月，厦门沦陷，日军的目标转向闽江下游。在海上，日海军第五舰队的D部队不断派出舰艇，对中国防御阵地进行试探性射击。5月13日，日舰及运兵汽船分向梅花方面及黄岐、北茭附近进犯。5月10日、13日、26日、30日，有日机先后在福州王庄机场、福清松下等处轰炸，并在马尾高空盘旋窥伺，驻闽海军戒备更严。

海军设在马尾的各机关及舰艇在轰炸中被毁最为严重。5月31日，日机十余架向驻防闽江封锁线的"楚泰""抚宁""正宁""肃宁"等四艘舰艇猛烈投弹，各舰艇集中火力，奋勇抵御，日机遁去。此次遭袭，中国海军的四艘舰艇损失严重，"抚宁"号炮艇重伤沉没。马尾要港司令部在当日给海军总司令部的报告中称：31日下午18时38分，日机三架由长门沿江侵入马尾天空，经亭头时，向"抚宁"掷弹四枚，"抚宁"右舷中段及船尾均受伤，舱底有进水，经派援无及，于20时沉没。"抚宁"艇长蒋元福在报告沉没原因时说：锅炉舱中弹两枚，船尾及右舷中弹一枚，锅炉炸后出气，锅炉舱有无进水，无从窥见，其尾部进水甚速，堵塞无效，且抽水机亦经炸坏，故致沉没。"抚宁"沉没后，经点查，官兵不知下落者，计电信官陈传滂、帆缆下士任木旺、王鸿钧、二等兵杨贤铨、杨修套、陈云辉、二等轮机兵陈太淦、勤务兵袁顺遂，及派艇服务之"楚泰"舰信号兵林福懋等九人，重伤轮机下士陈容官、一等兵方振华等两名，均送马尾医院。又重伤二等轮机兵严拱松，及轻伤帆缆中士董承武两名，均送亭头医院分别调治。后经调查，九名失踪官兵均阵亡。

"抚宁"是20世纪30年代海军部令江南造船所建造的10艘"宁"字号炮艇之一。1932年，"海部以沿海沿江盗匪出没无常，军舰巡防不敷分配，决定添建浅水炮艇十艘"[1]。1932年1月16日，"江宁""海宁"开工，1932年10月

---

[1]《海军年报：民国二十八年夏　抗战二周年纪念》（下），殷梦霞、李强选编：《国家图书馆藏民国军事档案初编》第九册，国家图书馆出版社2009年版，第266页。

作战中牺牲的"抚宁"艇电信
员陈传滂，时年24岁

作战中牺牲的"抚宁"艇帆缆
下士任木旺，时年26岁

作战中牺牲的"抚宁"艇二等
兵陈云辉，时年36岁

作战中牺牲的"抚宁"艇二等
兵杨贤铨，时年29岁

"抚宁"号炮艇

10日下水。此后，又先后建造了"抚宁""绥宁""威宁""肃宁""崇宁""义宁""正宁""长宁"。"抚宁"是和"绥宁"是一起建造的，它们于1932年10月17日开工，1933年2月23日下水，5月20日和25日先后竣工。"抚宁"艇长39米，宽6.09米，吃水2.13米，排水量300吨，最高航速11节，装备有57毫米高射炮和机枪。"抚宁"成军后，编入全国海岸巡防处巡防队，随后开入长江中游，在沙市一带巡防。1938年1月31日，由海岸巡防处巡防队改隶第二舰队，艇长为蒋元福，留驻福建防守闽口，归马尾要港司令部指挥。

1938年6月1日，复有日机多架向"楚泰""正宁""肃宁"三舰艇投弹数十枚，"正宁""肃宁"两艇被炸沉。据"正宁"艇长郑震谦报告，该艇于日机低空盘旋时，即发高射炮一弹，日机连掷两弹，一枚击中"正宁"后段官员舱口，一枚击中艇尾，舵座房立即燃烧，火势甚猛，无法扑灭，导致艇尾进水，1时许倾覆沉没。此时艇长急派士兵拆运机关枪1挺、机枪弹2盒、步枪15枝、子弹8排、弹盒4副、刺刀3把、枪帽4双、单双眼望远镜各1架，炊事兵方邦荣落水不知下落。

"正宁"是与"长宁"一起建造的，于1934年1月20日开工，6月14日下水，采用与之前建成的"威宁""肃宁"一样的设计，成军后被编入全国海岸巡防处巡防队，主要活动于浙江、福建近海水域，也不时被调入长江，协同海军

"正宁"号炮艇

"肃宁"号炮艇

作战中牺牲的"肃宁"艇一等兵张元奎，时年29岁

第二舰队进行巡防。抗战爆发后，"正宁"投入福建沿海的抗日作战中，1938年1月31日，改隶海军第一舰队，艇长为郑振谦，留驻闽口实施防御。

关于"肃宁"的沉没，据艇长郑畴芳报告，1日晨，日机三架从壶江侵入，向该艇投弹三枚，命中两枚，均在锅炉舱附近，锅炉进水，无法阻塞，旋以小火轮拖带搁浅于白谭岸边。又有日机两架以机枪扫射，中弹落水者有一等兵张元奎、炊事兵林三梯，受伤者有帆缆下士李舜诸，二等兵王宜绥，二等轮机兵黄良兴、杨晋侯。

"肃宁"是与"威宁"一起建造的，于1933年5月5日开工，10月10日下水，长42.9米，宽6.09米，吃水1.82米，排水量350吨，最高航速11节，装备有57毫米高射炮和机枪。"肃宁"成军后被编入全国海岸巡防处巡防队，以浙江、福建近海为活动区域，同时也不断被调入长江，协同海军第二舰队进行长江巡航。抗战爆发后，被派往福建沿海加入抗战序列。1938年1月31日，改隶海军第一舰队，艇长为郑畴芳，留驻闽口抗敌。

关于"楚泰"舰的沉没，据马尾要港司令部报告，5月31日18时45分，日机在南港向"楚泰"掷弹数枚，均未命中。6月1日，日机再次向"楚泰"舰首掷弹四枚，向舷尾掷弹一枚，也均落水未中。随后，马尾要港司令部饬令"楚泰"舰副长，以小火轮将该舰拖至螺洲、义屿间沙滩搁浅，拖带过程中发现火药舱有少量进水，知有漏洞，便将药件搬移，加以堵塞。[1]

"楚泰"舰是晚清时期清政府向日本川崎造船厂订造的浅水炮舰，于1905年10月7日开工建造，1906年5月25日下水，1907年3月18日完工，当月开来

---

〔1〕"抚宁""正宁""肃宁""楚泰"四舰艇的沉没、搁浅报告，见《海军年报：民国二十八年夏　抗战二周年纪念》(上)，殷梦霞、李强选编：《国家图书馆藏民国军事档案初编》第八册，国家图书馆出版社2009年版，第271—273页；亦见台湾"国防部海军司令部"编：《纪念抗战胜利70周年：海军抗战期间作战经过汇编》附录20、21，2015年版。

中国。长60.96米，宽8.99米，吃水2.43米，排水量740吨，装备有日制120毫米速射炮2门、76毫米炮2门。"楚泰"舰来华后先泊上海，后进入长江，归湖广总督张之洞调遣。辛亥革命中，"楚泰"舰归附革命，被编入北京政府海军部隶下之海军第二舰队。南京国民政府成立后，"楚泰"舰被编入海军第二舰队。抗日战争爆发后，被派往福建沿海参加抗战，其舰上主炮卸下组成炮队。1938年1月31日，改隶海军第一舰队，舰长为程嵋贤，留驻闽江口巡防。

"抚宁""正宁""肃宁"三艘舰艇被击沉后，马尾要港司令部即将各艇官兵编组为闽口巡防队，令其守卫封锁线。搁浅的"楚泰"舰则在螺洲附近的内河港汉里加以伪装，隐蔽待命，舰上所有炮械卸下，用于岸上炮台防御。"抚宁""肃宁""正宁"三艇上的军械军火，马尾要港司令部对其分饬整理，并造清册，于1940年9月间向海军总司令部呈报："抚宁"艇所缴者，计有五生七炮身1尊，汉阳造七九步枪15杆，七九子弹180颗，皮子弹盒14个，30节式七九水机关枪1挺，七九尖头机枪弹230颗，自来得手枪1杆，子弹17颗，刺刀15把，瞄准镜1架等；"肃宁"艇所缴者，计有五生七炮身2尊，炮座2架，炮弹123颗，七九步枪15杆，七九尖头步枪子弹1500颗，皮子弹盒12个，30

"楚泰"号炮舰

节机关枪备用枪管2杆，30节式子弹箱2个，七九尖头机枪弹8495颗，自来得手枪弹102颗，刺刀16把等；"正宁"艇所缴者，计有汉阳造七九步枪15杆，30节式七九机关枪1挺，子弹箱2个，七九圆头步弹40颗，七九尖头机枪弹500颗，刺刀3把，单双眼千里镜各1架等。

1938年6月6日，日机又侵入南港峡，在螺洲附近向"楚泰"舰舰首及右舷投弹四枚。12日，日机轰炸马尾，造船所损失颇重，勤务兵倪子英、陈瑞华，陆战队第四团第三连列兵宋文德、马谋希均受伤，马尾煤栈护兵陈礼清牺牲，两名工人受伤。日机又继续向"楚泰"舰投弹四枚未中。23日，日机轰炸马尾要港司令部、海军学校、练营、马尾造船所及陆战队第二旅旅部等处，均有损伤，陆战队第四团第三连一等兵潘细梯、第二旅旅部特务排二等兵陈谋水俱受伤。7月1日，日机轰炸马尾，海军机关如马尾造船所、海军煤栈、电话交换所、防空壕、马限山本部旗台等均被炸。8月，海军马尾各机关屡遭日机轰炸。1939年4月21、25、28日，日机迭向闽口要塞投弹轰炸，经马尾要港司令部先后报告。5月，敌机轰炸"楚泰"舰，并向马尾造船所一号船坞及该所船槽办公室投弹。30日，敌机轰炸闽口要塞各炮台。根据官方统计，从1938年6月12日至1940年3月20日，日机轰炸闽口要塞各台达57次。[1]据李世甲统计，自1937年至1945年，马尾地区被日机轰炸达426次之多，其架数不等，最多一次为32架，所用炸弹最大为500磅，有时也投燃烧弹，地面伪装网经常遭到破坏。[2]

闽口要塞作战

1939年4、5月间，日军为图福建，加紧了对闽江口的封锁，派出飞机对中国军队防守之闽口要塞各炮台频繁实施轰炸，并出动舰船迭次骚扰各国商轮，劫夺中国民船。长门要塞及福斗、壶江各封锁线时有日舰艇窥伺，试探中国守军虚实，中国海陆军以炮台之交叉火力固守阵地。日军感到正面突破难有收获，便改变策略，试图占领口外一处，作为立足之点，监视中国守军要塞活

〔1〕《闽口要塞自抗战以来遭敌机空袭损害情形表》，柳永琦：《海军抗日战史》下册，台湾"海军总司令部"1994年版，第336—341页。
〔2〕李世甲：《我在旧海军亲历记（续）》，《福建文史资料》第八辑，福建人民出版社1984年版，第30页。

动，阻挠中国军队加固长门阻塞线和布放水雷，使中国军队在敌前作业受其威胁。同时，日军还意欲封锁和破坏闽江口航运，使他国船舶不能进港。6月27日，驻厦门日军最高指挥官原田清一海军中将派出海军陆战队一部，突然对孤悬闽江口外的川石岛发起突袭。派驻该岛的中国守军是海军监视哨和巡防一小队，与登陆日军展开殊死战斗，炮长高翰战死，全队因兵力过单，寡不敌众，最终放弃该岛。日军占领石川岛后，即在该岛构筑工事，架设炮位，进窥福斗岛，并与长门要塞形成对峙，不时向福斗岛中国守军阵地射击，并在沙堤、福鼎湾等处布放水雷。川石岛距长门要塞约12000米，正在电光山主台两尊280毫米大炮的射程之内，双方不时发生炮战。29日，日军试图袭取福斗岛，遭中国海军陆战队迎头痛击，伤亡甚重，大败遁去。后日军改用空袭，不时向各炮台投弹，炮兵柳澄清阵亡。

1940年初，日军再次蠢蠢欲动，闽口各炮台时常遭空袭。1月28日，一艘日军快艇在古尾山海面追击民船，驻守该处的中国海军陆战队向其射击，日艇遂逃回川石岛。2月初，海军陆战队第四团在福斗岛设置炮兵阵地，派队联络陆军第八十师，进击川石岛日军。16日，日军调派飞机两大队、军舰数艘，向中国守军防区猛烈轰击，第四团机枪连连长陈佑芝指挥守军奋勇作战，被炸殉国，该连士兵亦多受伤。3月，日舰艇再犯闽口，经中国海军闽口要塞各炮台及陆战队配合守卫，未能得逞。是月11日晨，日军大汽艇一艘迫近阻塞线，用机关枪扫射雷区，窥探虚实，被要塞炮台发炮轰击，日艇前段中弹起火，逃至芭蕉尾下沉，日兵死伤甚多。一位参战人员后来回忆说：

> 三月十一日早上七时半，闽江口浓雾乍开，发现敌炮艇一艘，向长门封锁线徐徐驶进，希图窥察。我要塞准备完妥，置之不理，俟其驶进我射程内，良机难再，数月不得还击的抑郁情绪，现在可以痛快一舒。各炮同时咆哮了，弹不虚发，敌艇尾部被我命中起火，油舱爆炸，不敢还击，立即逃遁，中途搁浅白蕉尾沙滩，旋即沉没。艇上残敌，均向川石岛逃命。这可算是闽江口要塞又一次的怒吼吧！[1]

---

〔1〕《长门要塞又一次怒吼》，海军总司令部编：《海军抗战事迹》，1941年版，第271页。

据海军总司令部编《海军战史》载：1940年"七月，敌在崇武、永宁、三都各地一度登陆后野心复炽，我于下岐、在洋各地加筑坚强工事。是月，敌舰艇不断来窥。二十五日，有敌艇一艘企图拢岸，被我海军陆战队猛击，向洋面驶去；在洋面旋绕一周又复折回，我陆战队又予以迎头痛击，始受创逃回川石。十月十四日晨，有敌汽艇一艘经壶江峡向内行驶，我电光山炮台开炮击之，敌艇负伤遁去。是后马祖方面迭有敌艇及敌之运输舰船发现。十一月二十五日，复有敌之汽艇二艘驶至鼓尾山海面掳走民船，我海军陆战队闻警驰往截击，敌略加抵抗即遁去"[1]。

进入1941年，日军加紧了对福建沿海的军事行动。1月2日，日军以运输舰载运陆战队及大批炮械，增强川石岛实力，为进一步封锁闽口做准备。14日，日军向福清等地中国守军阵地开炮。30日，川石岛日军再次炮击琅岐、赤沙、龙台各乡，日机则向长门各地骚扰。2月11日，日军汽艇一艘，装载日兵由川石岛出发驶向福斗岛，以机枪向岛上步哨要点射击，驻守福斗岛之中国海军陆战队奋起迎击，长门炮台也开炮协攻，日军不支，退回川石岛。21日，日军两艘舰船从川石岛出发，向后龙山行驶，驻防之中国海军陆战队得前方步哨通讯后，立即进入后龙山东端警戒阵地截击，日舰船竟逼近火力网，直扑渡口，试图登陆，经中国守军猛烈反击，向鼓尾山逃遁，又被扼守此处的陆战队截击，损失颇大。在上述战斗中，中国海军除了监视日军动向，打击日军的活动之外，还设法探明了日军所布水雷的地点和数量，并加以破坏。

日军加紧封锁福建沿海

日军对福建沿海的海上封锁并未达到预期效果。一方面，中国守军加固阻塞线和要塞防御设施的行动并未停止；另一方面，闽江口外国船舶向中国输入物资以及渔民的渔业行动并未中断。据日方统计，1940年12月从海上进入上海的外国船舶，英国10万吨，挪威和荷兰各5万吨，德国与美国若干，日本60万吨；1941年1月从中国沿海进入内地的物资为2.5亿日元。为此，日本大本

---

〔1〕《海军战史（中华民国二十六年七月至三十年十月）》，杨志本主编：《中华民国海军史料》，海洋出版社1987年版，第360页。

营决定进一步加强封锁作战，在《昭和十六年对华长期作战指导计划》中特别强调了"封锁"战略，要求必须考虑配合武力封锁的其他办法。

1941年2月26日，日本大本营下达了关于封锁沿海的大陆命第488号，命令中国派遣军总司令官应对浙江省以北的中国沿海、华南方面军司令官应对福建省以南的中国沿海，自即日起分别以一部兵力，随时进行以封锁为目的的作战。对此，陆海军中央制定了《关于对华沿海封锁作战的协定》，规定兵力使用陆军为中国派遣军及华南方面军各一部；海军为中国方面舰队之一部，指挥关系为陆海军协同指挥。作战要点：陆军应协同海军，以奇袭方式登陆并占领输入抗战物资及输出内地物资的沿海各港口，没收或销毁其抗战物资，以至破坏其设施，并在中国军队聚集之前即行撤出；要反复对沿海各处进行此种作战，视情况可以在相当的时间内占据需要占据的地点；海军应以必要的兵力掩护陆军，协同陆军，奇袭占领输入抗战物资及输出内地物资的沿海各港口，并在陆军撤退时进行掩护。

在福建沿海方面，日军鉴于"在中国事变以后，此地成了援蒋通道的要地，正在运进若干抗战物资"，为完善华南方面的沿海封锁，决定占领福州。为此，大本营于1941年3月15日把驻台湾的第四飞行团主力调归华南方面军司令官指挥，配合攻占福州，并在必要时进行温州一带的登陆作战。3月24日，大本营又下达了总长指示，允许"华南方面军司令官为实施汕尾方面及福州方面作战，可使用近卫师团、第十八师团的各一部及第四十八师团"。3月30日，大本营又发出了关于暂时确保福州事项和陆海军中央协定的饬令。4月19日，华南方面军与第二分遣支舰队协同，以第四十八师团主力、第十八师团之一部（佗美浩少将指挥的四个步兵大队），于拂晓前冒着强风巨浪，在福州附近数处登陆，占领福州的作战正式打响。[1]

福州外围作战

1941年4月中旬，闽海海域浓雾弥漫，18日傍晚雾稍霁，驻闽中国海军派

---

〔1〕日本防卫厅防卫研究所战史室：《中国事变陆军作战史》第三卷第二分册，中华书局1983年版，第110—114页。

在长门的监视哨即发现，在马祖海面泊有不同型号的日舰二十多艘、民船百余艘、汽艇十余艘，以及航空母舰一艘，分泊于闽口及连江各地，有窥伺福州之意图。川石岛方面也有日军汽艇多艘往返巡弋，闽口局势突告吃紧。李世甲一面急向各军事领导机关汇报情况并通报各友军敌情，一面命令闽口要塞各炮台以及负责掩护要塞的海军陆战队第二独立旅第四团做好战斗准备。

19日凌晨3时许，日陆军五六百人，在海空军掩护下向福斗岛和琅岐岛猛扑，防守两岛的中国海军陆战队各仅有一连兵力，他们奋起抵抗，双方激烈交战。战斗爆发后，獭石临时炮台发炮增援，向日军侧翼射击；电光山、烟台山、金牌山各炮台则相继以火力压制川石岛之敌，阻其接济。福斗岛海军陆战队苦战三小时，日舰火力异常猛烈，日机也不断对中国守军阵地实施轰炸。关于福斗岛战事，陈绍宽在4月19日一天之内，连向蒋介石拍发三封电报报告情况：

第一封电报称：

> 窃查皓晨五时，敌在福斗岛企图登陆，经本军陆战队第四团第八连抗战，至七时半被敌包围，损失极重，福斗岛旋即沦陷，敌军已迫近东岸。本军要塞各炮台开炮截击，我下岐驻军亦力与抵抗，阻其渡江。又嘉登岛登陆之敌已迫近龙台，驻在该岛本军陆战队队伍已集中龙台、凤窝间，竭力抵抗，俾确保烟台山、金牌山两炮台。惟第四团第一连被其包围，情况不明。再查龙台距烟、金两台甚近，炮火失效，经由电光山炮台炮击阻敌前进。

第二封电报称：

> 窃查皓日下午三时半，嘉登岛后龙发现敌人企图登陆，本军陆战队第四团第四连队伍，即与抵抗一时后，敌以飞机掩护占据白云山，连长郑崇濂受伤，士兵伤亡亦重。又原驻琅岐之第四团第二营营长李传馨率第一营第一连并机枪连两排，尚在吴庄与敌对抗中。同时本军陆战队第一营第二、三两连及第三营第七连，已驰赴东岐增援，反攻长门。

第三封电报称：

　　窃查皓晨五时，闽口、川石敌向福斗岛赤沙楼企图登陆，同时浪岐岛方面亦有敌人企图登陆，经本军陆战队分别抗战，并经各要塞炮台开炮截击后缩回。

　　福斗岛系一孤岛，四面环水，接济不易，后退尤难，众寡悬殊，形势危殆。防守该岛的海军陆战队第四团第三营第八连，拼力死守，牺牲惨烈，几乎全体覆没。连长江丙椿下落不明，连附刘志舜阵亡，连附陈超等率残余士兵突围渡江，节节抵抗，于19日晚转进东岐待机反攻，福斗岛陷落。[1]

　　19日凌晨，日本华南方面军第四十八师团及第二十三旅团所部分别在连江县镇海筱堤和长乐县漳港登陆，以飞机八架进行掩护，空袭连江、长乐、福州一带地区。第四十八师团登陆后兵分四路纵队向福州推进，第二十三旅团则向要塞炮台两侧包抄。中国军队驻连江守军原有陆军第八十师一个营，驻长乐金峰镇守军原有陆军第七十五师一个营，这些前沿部队获悉日军开始登陆后，即自行后撤。第八十师一个营在连江县城沦陷时已撤至琯头岭，再经琯头岭撤至中国海军马长防区内；第七十五师一个营由金峰镇向潭头转移，渡过乌龙江，也进入瓮岐地区。陈绍宽在向蒋介石报告战况时指出，凌晨3时15分，连江所辖浦口方面炮声紧密，似系日伪军企图登陆。5时，长门发现日机七架向中国守军阵地掷弹。日军在连江、东山、浦口、大小澳等处登陆，共有千余人，距连江城已很近。同时，日军还在长乐牛榕山登陆，12时半，长乐失陷。6时30分，琅岐岛白云山附近也发现敌踪。琅岐岛方面的作战，虽然在电光山炮台的助战下，日军进路受挫，但日军其他各路登陆部队已分由连江、长乐两地向炮台左右包抄，中国防守陆军纷纷放弃阵地，炮台外围尽落敌手。日军遂集中兵力，节节进迫，海军陆战队只好固守下岐一带，保护长门炮台。战况十分激

---

　　〔1〕《海军总司令部报告福斗岛沦陷及闽口作战情况有关文电（1941年4—5月）》，中国第二历史档案馆编：《抗日战争正面战场》（下），凤凰出版社2005年版，第1773—1776页。

烈，团附周嘉惠、连长张庚耀阵亡，双方伤亡均重。下岐既有战事，长门、下岐间通讯断绝，炮台情况不明，但各台员兵誓死守卫。此时日海军驱逐舰三艘，向川石岛、芭蕉尾前进，川石岛也驶出日军之汽艇四艘，联合行动。各炮台瞭望敌势，俟其进入大炮有效射程，合力猛击，日驱逐舰一艘受伤，汽艇两艘被击沉于壶江附近，其余舰艇相率退至芭蕉尾一线。两艘在炮台射程之外的驱逐舰向电光山炮台开炮远攻，未敢逼近。正面战局尚足坚持，但孤立无援，负指挥全责的陆军先期撤退，加之连江县城陷落，下岐之日军越来越众，陆续向长门挺进，长门炮台陷敌包围之中，危局已无法挽回，陆战队只好一面坚持做最后的抵抗，一面自毁大炮，并焚烧弹药库。此时，日机飞临炮台上空猛力轰炸，陆战队阵地悉被炸毁，官兵被迫突围，向东岐集中。[1]关于闽口要塞各炮台战事，陈绍宽报告说，13时，日军分三路猛攻闽口、烟台山、金牌山炮台，电光山炮台向烟、金两炮台方面之敌炮击，但没有阻止日军前进，至13时30分，烟、金两炮台均被日军占据，电光山炮台继续向敌射击，阻敌前进。划鳅台15时30分被日军占据。长门各炮台16时许与海军总司令部断绝消息。

19日正午，罗星塔对岸的长乐营前镇发现敌踪，马尾面临严重威胁。午后，日军趋黄石、下洋，夜间渡过乌龙江，沿福峡公路进迫福州。连江方面，县城于14时被日军占领，日主力出潘渡、汤岭，趋大小北岭，直捣福州。日军还以一部分兵力进攻琯头岭，以切断要塞守军后路，天黑前琯头岭被日军占领。日军先头部队在镇海筱堤登陆后，分兵一支向下岐进犯，中国海军陆战队第四团第三营于当日15时与500余日军发生战斗，19日拂晓进驻石川岛的两艘日驱逐舰，协同驻川石岛日军向要塞猛攻，炮战竟日，陆战队每营仅装备四挺重机枪，抵不住日军进攻，伤亡颇多。第四团团长陈名扬临阵脱逃，部队由第三营营长戴锡余指挥，边抵抗边向长门靠拢。这时琯头岭之敌向长门要塞侧后节节进迫，形成包围。18时许，长门要塞陷入日军包围，守军突围向东岐集中。根据敌我态势，李世甲于当晚下令陆战队放弃长门，向亭头、闽安镇转移，进入第二道阵地，准备继续抵抗。当夜的情形李世甲回忆说：

---

〔1〕《海军大事记》（下），殷梦霞、李强选编：《国家图书馆藏民国军事档案初编》第十二册，国家图书馆出版社2009年版，第203页。

十九日晚，敌主力越过潘渡、汤岭向大小北岭推进。其时，第一百军军长陈琪尚在堂井巷涤庐洗澡，打电话给我，说他马上就到军部去指挥作战。我还接到军部的通报，说八十师某团与敌激战于潘渡、汤岭之间，勇挫敌锋，战局稳定，希望各友军共同努力杀敌云云，纯为自欺欺人之言。该军部并要我转告退集在瓮岐的陆军迅速汤岭方向进发，侧击来犯之敌。对此通知，他们置之不理，继续后撤。[1]

就在陆军部队撤出福州之际，海军陆战队的战斗仍在激烈进行中。20日上午8时，闽口北岸后山发现日军便衣队，要塞北岸炮台随即予以抵抗，此时前面水路突来民船五艘，载日军200余人，由日机掩护登陆，守军抵抗至10时许消息断绝。参与防守的海军陆战队仅有一连兵力，包括机枪、迫击炮各一排，特务两排，因为防守地域辽阔，日军不仅陆上兵力多，而且有飞机多架盘旋轰炸，只能竭力防守。[2]与此同时，驻防马尾的海军陆战队也加入作战，以两营的兵力于20日黎明向日军反攻，首先将塘头、竹岐等处少数日伪军歼灭，而后迫近琯头岭，与日军展开激战。日军据守高地，以猛烈的炮火压制陆战队，陆战队的攻势不减，双方均有较大伤亡。此时日军飞机飞来助战，致使陆战队无法突进，攻势受挫。日军趁机向东岐追击，陆战队分扼东岐附近各地，与日军再度展开恶战，歼敌甚众。从闽口各炮台撤出的官兵，这时也集中于东岐，编成两队，一队扼守炮台，一队守卫炮台背后山地，顽强作战。然而，日军的援军不断开来，双方力量对比发生变化，东岐炮台逐渐陷入重围，陆战队与日军激战于戈山东麓及亭头等地。此时，陆战队接马尾要港司令部命令，将兵力集中于马尾、红山、闽安镇一线，以死力守卫。

21日凌晨3时，李世甲在马尾得悉福州秩序出现混乱，所有机关和军队全部撤退，连警察也集中后撤，还准备炸毁闽江大桥。此时福州北门外新店和南台岛白湖亭均发现敌踪，李世甲急以电话向第一〇〇军军部查问究竟，至5时

〔1〕李世甲：《我在旧海军亲历记（续）》，《福建文史资料》第八辑，福建人民出版社1984年版，第31—32页。
〔2〕《海军总司令部报告福斗岛沦陷及闽口作战情况有关文电（1941年4—5月）》，中国第二历史档案馆：《抗日战争正面战场》（下），凤凰出版社2005年版，第1775页。

才接通电话，军部参谋处长告诉李世甲，军部已下令放弃福州，指示李世甲将部队和所属机关向鼓山、鼓岭后撤。李世甲要求军部下达命令，这位处长答时间紧迫，此电话即为命令。6时，李世甲下达命令：驻守马尾的海军陆战队第二营（营长陈昌同）向鼓山撤退；驻嘉登岛之第一营（营长李传馨）撤至闽安镇后，经马尾撤退至鼓山；驻亭头瓮岐第三营（营长戴锡余）监视当前之敌，保持接触，掩护第一营到达闽安镇后，取道彭田至鼓山集结待命。正当李世甲下达撤退命令之时，战局突变，日军向闽安镇、红山两地发起攻击，营田之日军亦向马尾进攻。陆战队抱定必死决心，分头迎击，暂时使日军无法推进。不料，连江之日军节节迫近，另有一部攻入福州，马尾一带四面受敌：东面临海有日海军活动，北面有自连江迫进之日军，南有从长乐围攻之日军，西面福州已告失陷，陆战队被迫撤出阵地。8时，李世甲率领马尾各机关官兵和长门要塞官兵离开马尾。"马尾一地具有数十年之海军光荣历史，一切在马物质，如造船所等，均系数十年之惨淡经营者，至是不得不忍痛破坏，所有在马各建筑物，亦均使成焦土，实行坚壁清野计划。因伤搁浅于福州南港之'楚泰'军舰，亦设法予以毁沉。至于驻马海军各机关非战斗人员，初因未忍遽离马尾，均未先期撤退，是日随众突围，沿途损失甚重，失踪、落伍以及体力不胜中途倒毙者颇多。"[1]

21日上午11时，李世甲率领机关官兵和长门要塞官兵抵达鼓山。陆军第八十师和第七十五师各一营已先至。海军陆战队第一、第三两营于17时才先后到达。15时，兼任福州警备司令的陈琪和第一区行政督察专员何震最后离开福州，距敌登陆仅35小时。福州之陷落，可谓速矣。[2]

时任国民政府军政部第十三补训处第一团团长的杨熙宇在分析福州陷落的原因时说："久驻福州的第一○○军所属第八十师师长何凌霄，不知所措，继任该师师长钱东亮也无所作为，第八十师溃不成军。第一○○军军长陈琪命令所属第七十五师前往增援，该师又畏缩不前，致使日军轻易地占领福州。"[3]

〔1〕《海军战史（中华民国二十六年七月至三十年十月）》，杨志本主编：《中华民国海军史料》，海洋出版社1987年版，第362页。
〔2〕李世甲：《我在旧海军亲历记（续）》，《福建文史资料》第八辑，福建人民出版社1984年版，第32—33页。
〔3〕杨熙宇：《1941年在福州附近的抗战》，全国政协文史委员会编：《文史资料存稿选编》抗日战争（下），中国文史出版社2005年版，第149页。

　　李世甲率部抵达鼓山后，对海军陆战队进行了重新整备，以第三营营长戴锡余代理第四团团长，第三营连长陈午孙代理该营营长，第一营营长李传馨在由嘉登岛向鼓山撤退途中落伍，李世甲乃以该营连长林苞代理营长。调整完毕后，李世甲命令各部迅速部署警戒，构筑野战工事，以防日军进袭。与此同时，他派员四处寻找第一〇〇军军部和第八十师师部，但均未找到。途中派出人员了解到敌情：日军正不断从汤岭出动，通过宦溪、小北岭头之间的公路急速向前推进，以巩固对福州的占领。马尾亦于21日下午被日军占领，且日军有向彭田、鼓山推进模样，鼓山已处在日军包围之中。据此，李世甲放弃继续构筑工事的计划，决定率部突围。这时退至鼓山的第八十师和第七十五师各一营要求予以收容，愿归海军指挥，听命共同突围。[1]

　　就在李世甲率海军部队退至鼓山之前，原驻防福州的所有作战部队均已退入福州北面山地大小北岭间，后又向古田方向败退。因李世甲无法与第一〇〇军军部和第八十师师部取得联系，只好直接与第二十五集团军总司令陈仪联系，请示下一步撤退方向，陈仪指示海军向南平撤退。

　　22日拂晓，李世甲指示马尾各机关所有文职人员离军分散行动，伺机钻出日军占领区，并指定南平为后方报到地点。同时命海军陆战队向鼓岭、陈洋、战坂进发，以第八十师一营为左翼，以第七十五师一营为右翼，指定溪边（位于汤岭西北约十里）为冲出日军包围圈后之集中地点。当天晚间各部队抵达战坂，分头埋锅造饭，忽然有哨兵发现日军搜索队，据报约有一连之众，李世甲当即令第一营营长林苞率部驱逐，日军因兵力较少，又值天黑，与林苞部稍一接触即转移他去，李世甲遂率部乘夜继续向弥高、项虎急进。

　　23日黎明，部队抵达溪边，日机一架跟踪侦查，突围部队疾向峨嵋、寿山、汶洋撤退，以大湖为目的地（抗日战争初期，闽省当局即拟以该地区为游击根据地）。25日晚，突围部队到达坂头，李世甲先进入大湖，因缺乏通讯设备而无法与各方联络，但获悉第一〇〇军军部已撤至大目埕。26日，李世甲把海军陆战队交给旅部参谋长何志兴指挥，暂驻坂头待命，并命令陆军第八十

---

　　[1]李世甲：《我在旧海军亲历记（续）》，《福建文史资料》第八辑，福建人民出版社1984年版，第33页。

师一营和第七十五师一营各自归还其建制，李世甲自己则赴大目埕，期望能与第一〇〇军军长陈琪取得联系，请示今后作战任务。行至中途，李世甲听到白沙方向炮声隆隆，知道日军在继续进攻。途中又遇到福州警备司令部的撤退人员，该部正向雪峰方向撤退，军法处处长宋庆烈告诉李世甲，第一〇〇军军部也正由大目埕后撤，军部将设于洋里。李世甲感到再赴大目埕已无意义，便于当晚与宋等同在大坪村宿营。27日早上，李世甲折返大湖，日军已占领红洋，并正由白沙、下寮向大湖进攻，所有留在大湖的第八十师部队和军政各机关均已后撤。李世甲从当地土霸林祥处探悉，海军陆战队已经岭头、罗桥向古田方向转移，于是李世甲经雪峰跟踪前往，于29日抵古田，立刻打电话向正在南平的陈仪请示。陈仪命令李世甲前往南平，并令陆战队开驻罗华待命。[1]5月1日，李世甲抵达南平。[2]

占领福州之日军，有继续沿闽江西犯之企图，而南平地据要冲，是必争之战略要地，倘若日军夺取南平，将给中国军队未来部署反攻和收复失地带来巨大困难，因此南平必须加以固守。谷口为南平的屏障，地势险要，陈仪有意在此处设立江防司令部，便先委任李世甲为闽江江防司令，以闽江上游谷口至闽清口为防区，除辖海军陆战队外，所有炮队、水警大队和水警巡逻队均归其指挥。海军总司令部在了解福建的战况后，于5月14日令将马尾要港司令部暨所属特务排、海军闽口要塞总台部及所属炮台、海军马尾修械所、弹药库、兵器库、电台、监狱、煤栈及长门弹药库等单位暂予裁撤，另设海军闽江江防司令部，并订定编制表，颁发遵守，以李世甲为司令，仍兼海军陆战队第二独立旅旅长，司令部设于谷口，同时调派布雷队入闽，加强抗战力量。

李世甲受命后即展开部署，主要以在闽江择要设置雷区的方式阻塞水道。他令布雷队先在雷区布放定雷，做长久防卫；再适机布防漂雷，因为南平地据闽江上游，水势倾漏，有如长江，布放漂雷效果最佳。6月，海军布雷队赴港尾勘察水道，准备布雷，适金厦海面停泊日舰40余艘，形势紧张。布雷队立即

---

〔1〕李世甲：《我在旧海军亲历记（续）》，《福建文史资料》第八辑，福建人民出版社1984年版，第33—34页。

〔2〕《海军总司令部报告福斗岛沦陷及闽口作战情况有关文电（1941年4—5月）》，中国第二历史档案馆编：《抗日战争正面战场》（下），凤凰出版社2005年版，第1776页。

择定高低潮各一道，冒险筹划布雷，阻止日军进犯。[1]另外，李世甲还派出布雷队一队抄入九龙江，于7月6日在镇头宫布定雷11具，遏阻敌势。[2]

7月，第二十五集团军在古田西溪召开福州附近战役检讨会议，海军方面作战情形由闽江江防司令李世甲出席报告。李世甲指出，关于海军战役，嘉登岛、福斗岛、下岐等处，及各炮台阵线，均以敌众我寡，武器利钝又判，空军掩护力尤相形见绌，作战指挥全权且属陆军，进退行动，未与海军有缜密联络，表达了海军对此次福州地区作战的不满。会后，鉴于马尾之役海军牺牲甚巨，李世甲将陆战队第二独立旅第四团集中在顺昌、将乐一带整理训练，并筹划补充士兵，增强作战实力。同时令海军布雷队在闽港适要地区加速布雷，阻止日军进展。[3]

日军占领福州后，即向大湖进行扫荡，炮轰洋里第一〇〇军军部，致使军部后撤。日军进攻矛头遂指向古田，企图进犯闽北。这时陆军第十三补训处处长李良荣自告奋勇向陈仪请战，率其装备团一个团，由邵武迳趋大湖，与敌周旋一个星期，将来犯之日军击溃，战局始获稳定。[4]事实上，日军对福州在军事上的价值并不看好，谋划随时撤出福州，中国军队发现这一迹象后，开始部署反攻事宜。海军总司令部向李世甲下达指令，当日军撤出福州地区时，即率陆战队回师收复马尾、长门一带。

第一次收复福州

1941年8月底，日军开始撤离福州。占领福州之日军，系以陆军第四十八师团为主体，并配合海军第一舰队所属海军陆战队一部，统属日军华南派遣军。日军司令部设北郊新店，日宪兵队设在中洲松木公会内，日特机关部设在北大路半野轩。在占领福州期间，日军特务机关高度重视拉拢中国海军退

---

[1]《海军大事记》(下)，殷梦霞、李强选编：《国家图书馆藏民国军事档案初编》第十二册，国家图书馆出版社2009年版，第207页。

[2]《海军战史（中华民国二十六年七月至三十年十月）》，杨志本主编：《中华民国海军史料》，海洋出版社1987年版，第363页。

[3]《海军大事记》(下)，殷梦霞、李强选编：《国家图书馆藏民国军事档案初编》第十二册，国家图书馆出版社2009年版，第207—208页。

[4]李世甲：《我在旧海军亲历记（续）》，《福建文史资料》第八辑，福建人民出版社1984年版，第35页。

役或现役军官充当汉奸，他们通过汉奸孙少泉的关系，成功将已退役的原海军学校少将校长李孟斌拉下水，使之出任福州维持会会长。李孟斌的附逆产生了比较大的影响，有一批留在福州的退役或现役海军人员随之附逆。南京汪伪海军也派海军上校曾伟来福州活动，将退役海军上校饶鸣銮、郑沅，现役海军中校陈天经、郑贞槻、谢浩恩、万绍光，少校刘景煌等若干人，拉去南京担任伪职。[1]

9月1日，李世甲令海军陆战队第四团集中待命，2日向福州推进。3日，陆军第八十师主力在师长李良荣率领下迫近福州西北郊，李世甲率领闽江江防司令部特务排首先入城，海军陆战队第四团则由轮运直趋台江。当日下午，李良荣也率部入城，陈仪令李良荣兼任福州警备司令。不久，福建绥靖主任公署宣告撤销，陈仪调往重庆为行政院秘书长，由第三战区副司令长官兼第二十五集团军总司令刘建绪继任福建省政府主席。而后，第一〇〇军也调往他处，第七十军（军长陈孔达）入闽，下辖两个师，一为陆军第一〇七师，师长宋英仲；一为陆军第八十师，师长仍为李良荣。海军陆战队第二独立旅（缺第三团）仍属第二十五集团军战斗序列。刘建绪履新伊始，即令第八十师负责福州、连江防务，派黄素符为福州警备司令。海军陆战队负责由长门至鼓岭地区防务，长乐、福清、平潭地区则由福建省保安纵队（纵队司令严泽元）负责。[2]

日军撤出福州后，在福州外围地区仅剩部分伪军分头扼守，海军陆战队的军事收复并未遭遇太大抵抗，5日收复马尾，6日收复长门。马长地区收复后，李世甲将闽江江防司令部设于马尾，海军其他机关相继迁回，海军陆战队第二独立旅司令部亦移驻马尾，与闽江江防司令部合署办公，陆战队第四团团部则设在闽安镇。这时马长地区已被敌破坏无遗，长门要塞亦被敌夷为平地，填筑在长门港道阻塞线主要航道上的石垱也被敌用深水炸弹炸陷。所以，当海军各机关落定之后，李世甲立即部署了两项工作，一是着手勘察防务，二是收复闽口附近各岛。关于勘察防务工作，闽口形势，系分福斗、乌猪、梅花三港入海，此外尚有壶江小港，控福斗之旁，日军占领长门后，对封锁线

<hr>

〔1〕李世甲：《我在旧海军亲历记（续）》，《福建文史资料》第八辑，福建人民出版社1984年版，第27—29页。

〔2〕同上，第36页。

进行了破坏，破坏的范围宽约300码，李世甲饬派驻闽布雷队重新探测水道，布设水雷。而镇头宫水道所布水雷，有碍中国船只军运，遂于9日全部打捞出水，恢复交通。

关于收复闽口附近各岛工作，李世甲令海军陆战队进行扫荡，逐次肃清。然而，与马长地区不同，闽口一带地形复杂，加之附近有日军舰艇巡弋，虽然岛上盘踞的也都是伪军，收复起来却有不少困难。10月初，驻闽海军进攻川石、琅岐、壶江各地伪军计划部署就绪。10月5日晚，海军陆战队第四团团长戴锡余奉命率领第一营由长门渡江，并于东岐方面布置策应部队，随即分向琅岐、金沙两路兜剿。嘉登岛上盘踞的伪军林义和部实力颇厚，有600余人，以刘斌、陈承平、何荣冠分率三队，均有军事经验，并有山炮及轻重机枪数十挺，另有武装汽船多艘。在发动进攻前，海军先期派员与何、陈二人联络，晓以大义，令其改邪归正，接洽妥协，何、陈同意率200余人反正，并里应外合夺取岛屿。战斗打响后，在何、陈所部配合下，海军陆战队围攻金沙、台山伪军，林义和率残余伪军向海外逃遁，海军陆战队追击俘敌百余人，于6日晨8时将嘉登岛完全收复。何、陈二人因反正有功，准予自新，所部改编为闽口守备队。

收复嘉登岛后，海军陆战队第四团以两个连的兵力分驻长门和嘉登岛作为监视哨，监视正面海上之敌和盘踞在南竿塘、北竿塘、白犬列岛的林义和、张逸舟等伪军。25日，海军陆战队继续由金沙向壶江岛扫荡，壶江岛也聚集伪军300余人，依据岛屿负隅顽抗，数度以火力阻止陆战队渡江。陆战队一连兵力在猛烈火力掩护下强行渡江成功，伪军溃逃，陆战队登上帆船追击，击伤敌汽艇两艘。当日下午，陆战队将壶江岛收复。壶江岛既得，陆战队再接再厉，于26日分由福斗岛和壶江岛渡海向川石岛围攻，守岛伪军望风披靡，向南竿塘遁去，陆战队于当日将川石岛完全收复。[1]

1941年11月，闽江江防司令部收复马长后，重新配备防务，福斗、乌猪、梅花三港及壶江小港，经过勘察和论证，拟定了敷设水雷计划，由司令李世甲会同第二布雷游击队总队长刘德浦亲赴各港详细勘测，决定由第十四布雷中队

---

〔1〕《海军战史（中华民国二十六年七月至三十年十月）》，杨志本主编：《中华民国海军史料》，海洋出版社1987年版，第363页。

担任闽江口布放定雷任务，在熨斗、乌猪、壶江、潭头等四个汊口布雷。乌猪、潭头民船来往频繁，没有全线布放，各留一小口，便于渔民通行，情况紧急时，再行布放。

1942年1月，海军结束了闽江口水道的勘察行动，于是月31日开始在福斗港重新布设水雷24具，而后又分别在壶江、南北港及乌猪、梅花各港陆续下布数十具。九龙江方面也进行了增布，并将马尾附近划分为四个巡逻线段，不断梭巡。同时筹划晋江、涵江防御工作。3月21日，日军汽艇两艘驶到壶江岛，迫近雷区，中国海军陆战队随即迎击，日汽艇遁去。在此后一段时间内，闽江口外迭有日舰往返开航。5月19日，白犬洋日舰炮击长门、壶江各地，川石岛附近时有日艇出没，情况严重。翌日日舰迫近川石岛，以海军掩护陆军登陆，中国海军陆战队奋勇抵抗，但双方兵力悬殊，川石岛再度沦陷。

日军占领石川岛后，择地架炮，有久据之势。5月23日，川石之日军侵入壶江岛，企图破坏雷区，被中国海军陆战队击退。6月3日，日军继续进犯福斗岛，中国海军陆战队奋起迎击，日军暂时退却。不久，日军又调来大股部队，在飞机配合下向陆战队阵地围攻，陆战队退守下岐苦战，日军渐渐不支，陆战队乘势反攻，收复福斗岛。此次战斗，陆战队连附林松生及军士数名受伤。日军在福斗岛没有得逞，乃改犯嘉登岛。4日，日军兵分三路猛扑嘉登岛，日舰同时炮击长门，张其声势。海军陆战队在吴村一带与之相持，日军久攻不下，锐气渐减，陆战队乘势反攻，日军遂退出嘉登岛。此战日军伤亡颇重，陆战队也失踪列兵数名。

福州保卫战

1944年1月，又有日艇炮轰福斗岛，均被海军陆战队击退。7月29日，川石岛之日军猛扑壶江岛，在日舰猛烈炮火掩护下，在上下岐海滩强行登陆，陆战队被迫后退，列兵郎卓俤、柯化思等阵亡。翌日，陆战队后援赶到，向日军发起反攻，驱走日军，又将壶江岛夺回。

9月，福建沿海局势骤然紧张，日军暴露出再夺福州的企图。此时负责福州地区防御的中国军队是陆军第八十师以及保安团队、宪兵等地方武装部队和海军闽江江防司令部所属部队，以第八十师师长李良荣为指挥官。李良荣拟定的防御作战方案是：以一线配备，右自闽江左岸的鼓山，亘大小北岭，为第八十师主阵地，以闽侯的降虎和连江的潘渡（距降虎约十五里）、浦口、东岱等地区为前沿阵地。如果日军发动进攻，以上述地方武装部队负责福州城内治安，以闽江江防司令李世甲辖下海军陆战队第二独立旅第四团据守马尾、鼓山一带。第八十师所辖三个团部署如下：

第二四〇团（团长刘化之）以一营戍守连江海防一线，另两个营与团直属部队随师部驻福州北郊的战坂（距福州市区约十二里），尔后视战情发展，占领大北岭阵地，右衔鼓山，与海军陆战队切取联系。

第二三九团（团长萧兆庚），附山炮两门，以小北岭为阵地，右衔大北岭，与第二四〇团切取联系。炮兵阵地即设于小北岭，山炮射程可达汤岭、降虎等处，并以各该地为预定的射击目标。

第二三八团（团长罗达时）驻大小北岭之间，为师预备队，尔后视战情发展，进出于大小北岭，相机策应。[1]

9月27日，日陆军乙支队在日海军厦门方面特别根据地队密切协同下发起进攻，先以舰炮轰击福斗、梅花、川石及大小奥，随后，日大批舰艇在厦门方面特别根据地司令官原田清一中将指挥下，护卫运兵船进至梅花、川石、大小奥等地。当晚，日军兵分两路，一路在连江、琯头岭登陆，一路进占浦口、小埕等地。位于长门的海军监视哨于当日即发现泊于南竿塘海面的日运输舰四艘和小型军舰两艘企图向连江登陆，闽江江防司令李世甲一面令海军陆战队第四团做好战斗准备，一面向第七十军军部和第八十师师部报告情况。此时第七十军军部设在南平下道，第八十师师部设在北门外新店。第八十师师长李良荣认为，根据惯例，日军在任何沿海地区登陆，必先以飞机侦察、轰炸，继之以大炮轰击，今则两者俱无，判断来犯之敌绝非日军，而是盘踞于马祖列岛的伪军，系为抢掠粮食而来，限令予以全部驱逐。[2]并且还告诉李世甲，第八十师第二四〇团的一个营驻防连江、浦口，不足为虑。然而，战局的发展出乎李良荣的意料之外，日军果然在连江登陆，李良荣慌忙命令李世甲率陆战队进入战

---

〔1〕刘汉文：《连江御敌记》，全国政协文史和学习委员会编：《闽浙赣抗战：原国民党将领抗日战争亲历记》，中国文史出版社1995年版，第69—70页。

〔2〕同上，第71页。

斗位置。李世甲遂令海军陆战队第二独立旅参谋长何志兴率第四团两个营留守马尾,自己则率领第三营(营长王传修)及军士教导队(队长杨松藩)前往迎击连江登陆之敌。29日,日军占领连江县城,继以一部兵力绕后路向瑁头岭进犯,李世甲率闽江江防司令部驻岭头门指挥战斗,驻守瑁头岭的海军陆战队与敌展开激战,曾一度使日军不得前进。然而,日军增援部队源源开到,战况甚烈,陆战队援应断绝,陷入苦战,列兵林天福、钱金亮、林金木、郑寿明、柳朝兴等阵亡,伤者甚多。30日,日海陆军协同进攻长门,驻守长门的陆战队仅有一连兵力,在日军围攻下终难相持,列兵陈时镇、韩子由、林海官、郑扁嘴、李益筹、陈道官、郑亦围、刘菊俤、谢维光等均死战殉职,伤者尤众,被迫退守闽安镇。率领陆战队第三营驻守岭头门的李世甲将指挥所设在恩顶村,以一个连的兵力留守鼓岭,作为岭头门右侧卫,以教导队占领一个山口,作为岭头门左侧卫,30日拂晓即与日军全线发生战斗。岭头门地势险要,日军连续几度进攻,均没有得逞,陆战队第三营第九连连长陈崇智等负重伤,官兵亦有伤亡。10月1日,战斗仍在持续,陆军各守军经过激战后相继后撤,福州市各军政机关也纷纷撤离。2日,进攻岭头门的日军终被击退,战况稍见稳定。当日中午,日军向闽安镇发起进攻,驻守该地的海军陆战队与敌激战一时许,被迫后撤,日军攻入闽安镇,不久陆战队援军赶到,向日军发起反攻,经一夜战斗,于3日凌晨击败日军,将闽安镇克复。然而,也正是在这一天,日军主力由北岭进抵福州城,陆军第八十师师部退至市郊,此时岭头门战况也突然紧张,李世甲令陆战队第四团团长戴锡余率陆战队第二营(营长陈昌同)增援岭头门,以第一营的两个连分守闽安镇和马尾,旅司令部直属部队和第一营的两个连转移至福州东北郊待命。

连日激烈的战斗中,中国守军表现英勇,损失也颇大。第八十师三个团均与日军交战,第二三八团副团长许祖义在大北岭负伤,第二三九团一名营长阵亡,第二四〇团一位营长因擅自放弃阵地被就地枪决。3日,李良荣在第八十师师部主持举行了战况汇报会,他根据各部队部署情况,询问李世甲能否派出一支陆战队由闽安镇趋向南阳,在敌后发动攻势,李世甲毫不犹豫接受了任务。会后,他派出海军陆战队第一营营长林苍率领所部两个连,由福州台江轮运去马尾,配合驻守在马尾和闽安镇的两个陆战队连迳趋南阳,攻击日军侧后。不料在当日11时许，福州市警察局局长谢桂成特来向李世甲报告，说第八十师已准备全线后撤，弃守福州。不多时李世甲即接到李良荣电话命令，令其率部后撤，在桐口至大目埕之线布防，并对江警戒。17时，闽江江防司令部和海军陆战队第二独立旅直属部队离开洪山桥，轮运至大目埕，随后向桐口、甘蔗、白沙各地布防，将白沙、甘蔗各水道布雷阻塞，第四团团部驻白沙，陆战队第三营继续留驻岭头门扼守。撤退之前，李世甲派人化装进入福州城，向在黄花岗中学暂充军训教官的海军陆战队第二独立旅旅部上尉参谋陈魁梧传令，由其负责收容陆战队官兵，组成游击队，在敌后展开斗争活动。陈魁梧接受任务后，组织海军游击总队部于鼓山，在福马地区袭击日军，有所斩获。第三营在岭头门经重新部署后，开始向日军反攻，陆战队官兵冒死前进，夺得日军阵地，并虏获日军作战报告及军用地图等文件，双方死伤均甚惨重，陆战队列兵李光宗、陈嘉桐、吴纪、毛祚瑞、林国铸、林迪端、宋伊金、蒋文灿、钟祖燕、邱玉寻、刘木官、林草草、潘贤钗、谢金赐、林狄振、卞显仔、陈炳生、倪祥生、郑立书、李元贵、潘依祥等阵亡。而后日军不断增兵，向陆战队阵地冲击，陆战队孤立无援，陷入不利境地。4日，日军进兵桐口，陆战队死力奋战，日军退却，陆战队挺进小桥。6日，陆战队向洪山搜索，猝与日军遭遇，寡不敌众，列兵廖玉光、金玉兴战死。自此以后，陆战队与日军周旋于各地，日军屡次派艇由洪山桥上驶，均被击退。陆战队数度向洪山桥、大夫岭各处进攻，亦难得手，旋复分派队伍向大腹山围攻，因日军工事坚固，无法击破，遂成对峙之势。10月27日，日军由浦里进袭桐口，另有一部沿奶奶山麓，附带大炮，同时向陆战队包围，当即发生激战。日军攻势甚猛，陆战队退扼中房苦战，溪尾陆战队阵地也遭日军猛烈袭击，双方相持于甘蔗一带，互有伤亡，至29日，日军攻势减退，陆战队猛烈反攻，日军向福州撤退，陆战队收复桐口。11月8日，陆战队向前搜索，发现日船八艘上驶，立即予以击退。同日，日汽艇九艘，满载日兵侵入侯官市。小桥方面，亦有日军窥伺，被陆战队击退。唯侯官市日锋甚锐，当晚复向左岸之古山洲、螃蜞洲两处登陆，日船活动尤力，迫近连头。9日，日军向甘蔗进犯，陆战队极力阻击，击伤日艇及其拖带之民船各一艘，日军势头稍挫，遂改攻山前山。另有一股迫入甘蔗，猛扑陆战队土地堂阵地，战况尤为激烈，陆战队死守阵地。苦战延续至10日晨，日军进攻气焰渐弱，陆战队乘势反击，日艇相率下逃，陆战队收复甘蔗。11日，甘蔗撤退之日军在小桥登陆，复犯桐口，大腹山日军以大炮掩护，火力极为猛烈，陆战队因缺乏重兵器，激战数小时后伤亡甚重，乃向关源里撤退，重新部署。12日，陆战队向桐口反攻，攻势甚锐，日军溃逃，桐口再度收复。12月7日，日军第三次进攻桐口，日艇从洪山桥开来，于妙峰山架炮，战况激烈。同时，小桥、浦里各地均有日军登陆，剽窃物资，陆战队分别将其击退。闽江江防司令部鉴于日军屡犯各地，乃谋划牵制日军之策，希望向敌后方发展，由被动转为主动，便召集志士组设游击队，潜伏于鼓山一带，迭次向日军潜袭，收到一定战果。在海军游击队的压力下，日军于12日分由福州、马尾兵分两路向鼓山厩院游击队出没的地方实施搜索，当即与游击队发生激战。游击队势单力薄，损失颇重，不得不分散活动。但游击队并未放弃攻势，分出一部兵力由下岐经平楚庵向日军反包围，另派队伍由牛田后山抄出绝顶峰麓，向日军侧翼出击。经内外两线合力反击，日军陷于劣势，逐渐后撤。13日，日军又来搜索，海军游击队早有准备，疏散匿伏于深山之中，日军搜索没有结果。当天晚上，游击队声东击西，对日军实施袭扰，一时枪声大作，日军疑惧，仓皇引遁。此后，仍有小股日军时常向小桥、桐口各地窥伺，但均被游击队击退。

第二次收复福州

1945年1月12日，洪山桥方面日军又大举向小桥、浦里山进犯桐口，与中国守军发生激战，海军陆战队支持至是日薄暮，日军退却。15日和17日，洪山桥日军会合古山洲、浦里等地日军，先后进犯小桥，遭到陆战队阻击而退回。恰在此时间前后，海军人事出现重大变动：海军总司令部参谋长兼第一舰队司令陈季良因病出缺，第二舰队司令曾以鼎接任第一舰队司令，宜巴要塞区海军第一总台长方莹接任海军总司令部参谋长，闽江江防司令李世甲接任第二舰队司令，海军第二布雷总队长刘德浦升任闽江江防司令，海军陆战队第二独立旅参谋长何志兴代理该旅旅长。当时，海军第二舰队驻防川江，西犯日军已占领贵州独山、都匀，那里的交通已经阻断，李世甲在南平、永安等地等候陈纳德第十四航空队的飞机前往接任，经月未能成行。4月27日，海军陆战队在小桥的阵地遭日军猛袭，工事一部被毁，陆战队死守原线，日军没有得逞。5

月上旬，侵占福州、长乐的日军已露出撤退迹象，海军总司令陈绍宽令李世甲暂不接任新职，协同新任闽江江防司令刘德浦率海军陆战队第四团收复马长地区。陆军第七十军军部令第八十师、福建保安纵队及闽江江防司令部等，对敌实施威力接触，相机收复福建、长乐。刘德浦、李世甲奉令后，先率一部分人员沿江东下，部署收复马长事宜，一面于5月6日以海军陆战队第四团第二营进据浦里山、小桥一线，与日军保持接触，主力推进至桐口、白沙一线。9日午夜，陆战队第四团第二营第六连开始向大腹山日军进攻，迫近日军炮兵阵地，日军从洪山桥调动援军，阻止陆战队进攻，双方激战一小时，陆战队退回浦里山与敌对峙。12日，陆战队顽强推进，与日军激战两小时，左翼得以进展，占领日军部分阵地，但由于地形不利，当晚退守浦里山。13日，陆战队又以全力进攻大腹山，仍未得手。为使攻势得到有效突破，闽江江防司令部从陆战队挑选勇敢官兵编成突击队，包括步兵四个排，重机枪、迫击炮各一个排，驻于桐口附近，向洪山桥、浦里山方向进击；另以陆战队第四团第三营向杨家村、桐口附近推进，第四团团部及第一营向甘蔗推进，陆战队第二独立旅旅部进驻白沙。14日，闽江江防司令部派先遣队潜入南台及闽江一带侦察敌情，并作内应。17日，刘德浦、李世甲获得信息，长乐日军大部分已经出海，福州城区及南台、仓前山一带已无敌踪，福州伪警察队已经解散，长乐所属东渡、尚干等地尚有日军百余，福州东、西、北郊各据点约有日军七八百人，似为掩护部队。第七十军军部遂向各部下达全线反攻命令，其中令闽江江防司令部以海军陆战队迅速击破福州西郊之敌，然后沿洪山桥、南台道路跟踪追击，向马尾、闽安镇进击，尔后行动由第八十师师长李良荣依状况指示。当日，大腹山日军在海军陆战队攻击下后撤，陆战队取得日军阵地后，随即向洪山桥、祭酒岭搜索前进。同一天的厥院方面，陆战队与日军发生遭遇战，双方交战猛烈，随后陆战队援军赶到，日军不支向后逃遁，陆战队向马尾节节追击，日军集合残余部队，于马尾各高地继续抵抗。然而陆战队不断进迫，迫使日军向闽安方向败逃，马尾战场留下日军多具尸体，其马尾警备司令堀登一大尉被陆战队击伤，在逃离上船时毙命。18日晨，陆战队第三营占领洪山桥，午时到达南台，继续向溃敌追击，第四团主力推进至福州城区附近。上午10时左右，在陆军第八十师和海军陆战队第四团的合力反击下，城区残敌悉被肃清，福州遂完全克复。19日午时，陆战队第四团主力进抵魁岐，一部追至马尾，旋向马尾对江营前、螺洲江面之敌截击。20日，陆战队继续向闽安迫近，日军试图乘民船逃遁，陆战队驾船尾追，毙敌数名，俘获一名，并缴获军用品多件。逃跑的日军在瑁头岭架炮顽抗，陆战队攻势不减，迫使日军再次逃遁。21日中午，陆战队进至亭头，当晚抵达东岐。22日晨，陆战队进入瑁头岭，15时收复长门。

进入1945年7月，日军进一步显出败势。7月15日午后，盘踞在闽江口外磐石的日军，分乘汽艇、民船至土地尾登陆，以部分兵力循金沙向吴村进逼，主力则从牛鼻孔向龙台进犯，并于黄昏时占领龙台，继而又攻破海军陆战队把守的南山，陆战队被迫撤退。16日拂晓前，陆战队反攻南山，日军不支回窜。陆战队展开追击，追至龙山遭遇由金沙窜来的日军，双方相持终夜，日军退至土地尾渡江逃逸。8月13日晚，驻马长的海军陆战队发现闽江口外川石岛之日军正在撤离，随即乘民船前往追击，但为时已晚，日军已悉数乘船逃走，陆战队遂将川石岛收复。至此，中国海军在福建的作战宣告结束。[1]

---

〔1〕1944年以后的海军作战见《海军总司令部报告福斗岛沦陷及闽口作战情况有关文电（1941年4—5月）》，中国第二历史档案馆编：《抗日战争正面战场》(下)，凤凰出版社2005年版，第1775页；李世甲：《我在旧海军亲历记（续）》，《福建文史资料》第八辑，福建人民出版社1984年版，第36—38页；《陈绍宽致军事委员会电》《陈绍宽电报本军陆战队收复闽江口川石岛情形》，柳永琦：《海军抗日战史》下册，台湾"海军总司令部"1994年版，第342—346页。

两广篇

自创办以来，广东海军虽然在一个很长的时期内名义上受中央管辖，但始终是一支地方性质的海军，受财力限制以及地方军阀混战的影响，时强时弱。抗日战争爆发后，日军对东南沿海实行了严密的封锁政策，特别是发动华南各战役后，连占数地，给中国守军增加了巨大压力。广东海军虽然无力在沿海与日本海军进行大规模的海战，只能退守海口和内河，但他们不屈不挠，以舰艇袭击战、布雷封锁战、布雷游击战等多种战法，与日军展开战斗，配合陆军的防御作战。先后在广州保卫战、粤桂作战等战役中付出了巨大牺牲，一直战斗到抗日战争结束，体现了中国海军的顽强抗敌精神。广东海军著名将领陈策在香港养病和开展工作期间，正值日军占领香港，他以无畏的精神成功率领英军官兵突围。此外，在维护和保卫南海主权的过程中，也时常看到广东海军的身影，这些都值得颂扬和铭记。

抗战前的广东海军

广东海军的创设，可追溯到晚清时期。鸦片战争前，广东省原有旧式水师一支，分为内河和外洋两队，拥有旧式炮船180余艘，官兵2万余人，由广东水师提督统辖。鸦片战争后，由于战损和年久失修，广东水师舰船基本上已经朽失殆尽。洋务运动兴起后，广东省地方政府为增强海防实力，既谋求旧式兵船的建造，又谋求新式兵船的购置，两广总督瑞麟于1866年和1867年向英国购买了"飞龙""安澜""镇涛"等三艘新式兵船，向法国购买了"镇海""澄清""绥靖""恬波"等四艘新式兵船，用于巡海、缉私、捕盗。这些战船虽然规模很小，但较之旧式战船，巡缉能力已经有了很大提高。1874年，发生日本侵台事件，中国东南沿海海防建设成为燃眉之急，清政府上下都投入了很大精力，谋划南、北两洋以及福建、广东水师的建设，但建设水师初期，由于清政府的重心在北不在南，广东水师的发展举步维艰。不过从1875年开始，历任广东督抚都谋求独立建设海军，使得广东海军建设得以向前推进。1875年9月，刘坤一出任两广总督，他在建造"海长清""执中""镇东""缉西"等四艘小型兵船的同时，还计划添置三四艘大型兵船。1879年12月，刘坤一调离两广，广东巡抚裕宽委托李鸿章从英国代购炮艇一艘，命名为"海镜清"，筹资仿造木壳炮艇一艘，命名为"海东雄"。1879年12月，张树声出任两广总督，他对广东水师建设尤为重视，到任不久，即在广东舰艇中挑选12艘，参用西法，并酌照福建轮船出洋训练章程，咨请署理广东水师提督吴全美按月督率合操，并主张先在广东置铁甲巡洋舰两艘、大炮艇两艘、铁甲大炮船四艘，建成一支水师。然而不久，张树声调离两广，建设水师的计划随之落空。1882年5月，曾国荃署两广总督，在广东水师建设方面建树不多，仅造成浅水兵船两艘，从德国购进鱼雷艇"雷龙""雷虎""雷中"三艘。张树声于1883年7月第二次出任两广总督，又购进德国造鱼雷艇"雷乾""雷坤""雷离""雷坎""雷震""雷艮""雷巽""雷兑"等八艘。1884年5月，张之洞出任两广总督，他筹集资金开设了黄埔船局，试制铁胁木壳炮艇四艘，定名为"广元""广亨""广利""广贞"，排水量各200多吨。1885年，张之洞向朝廷提出创设北洋、南洋、闽洋、粤洋四支海军的建议，并对广东海军进行了初步规划，请求清政府每年从洋药税厘中拨出专项经费80万两，五年内成军。但此时清政府已经决定先练成北洋一军，故张之洞的计划未能实现。1886年8月，张之洞筹资80万两，建造浅水兵轮十艘，又因浅水炮舰不能行驶大洋，故在自造两艘浅水炮舰的同时，委托福建船政局协造排水量在1000吨以上的巡洋舰四艘、炮舰四艘，后因经费不足仅造成三艘巡洋舰即"广甲""广乙""广丙"和一艘炮艇即"广庚"。1886年至1887年，张之洞又先后建造完成"广己""广戊""广金""广玉"等四艘炮艇。1889年8月，张之洞调任湖广总督，由李翰章接任两广总督。李翰章对地方筹资建设海军的方式不感兴趣，遂终止了军舰的建造。

1894年，甲午战争爆发，战前参加北洋会操的广东水师"广甲""广乙""广丙"三舰参加了海战，先后损失。此时广东水师尚有数百吨炮舰20余艘，"雷"字号鱼雷艇11艘，但多已老朽不堪，仅供巡缉之用，因此在此后清政府筹划南北洋海军统一的过程中，并未对广东水师加以考虑。

辛亥革命后，广东军政府接管了晚清时期设置的广东水师提督行营，设海军司。1913年2月，广东都督设海防办事处，将海军划分为海防和江防两部分，海防帮办由李和担任，统率"广海""广金""广玉""宝璧""保民""广庚"等炮舰；江防则设水上警察厅，由李景华担任厅长，统率"江大""江清""江固""江巩""广元""广贞""广利""广亨""东江""北江""龙骧""广安""雷龙""雷虎""雷中""雷乾""雷坤""雷坎""雷离""雷震""雷艮""雷巽""雷兑"等大小舰艇百余艘。二次革命失败后，袁世凯亲信龙济光率军入粤，夺取了广东军政大权，改派黄伦苏为海防帮办，蔡春恒为水上警察厅厅长。1916年袁世凯复辟帝制后，广东的部分舰艇在革命党人的策动下，参加了粤桂两省组织的护国运动，合力讨伐龙济光。1917年7月，孙中山联合滇桂军阀发起护法运动，此时北京政府的"海圻""飞鹰""同安""永丰""豫章""舞凤""福安"等七艘军舰，在海军总长程璧光、第一舰队司令林葆怿的率领下南下护法，于8月5日驶抵广州，与已在粤海的"海琛""永翔""楚豫"三舰会合，是为护法舰队。次年，驻泊福建的"肇和"舰也加入护法舰队。程璧光将护法舰队司令部设于黄埔公园，后设海珠岛，使广东海军实力大增。9月10日，孙中山在广州成立护法军政府，设立海军部，程璧光任海军总长，林葆怿任海军总司令。然而好景不长，由于孙中山所依靠的滇桂粤军阀之间发生争斗，致使两次护法均告失败，程璧光也在军阀的争斗中遇刺毙命。护法舰队失去了护法的热情，先是倒向桂系，后又发生分裂，其主力"海圻""海琛""肇和""永翔""楚豫""同安""豫章"等七舰在舰队司令温树德的率领下投向直系军阀（"豫章"舰在红湾海面因机械故障掉队，后被中央海军截获，编入第二舰队），六舰到达青岛后被编为渤海舰队，其余舰艇在广州被编为练习舰队，直属广东陆海军大元帅大本营，参加国民革命。从此广东海军自成一系，被称为粤系海军。

　　1924年3月，广东陆海军大元帅府成立广东海防司令部，任命林若时为司令，同年5月31日，成立海军练习舰队司令部，任命潘文治为司令。1925年7月1日，广东陆海军大元帅府改组为国民政府，同时设置军事委员会，管理全国海陆空兵力及军事制造机关，将各系军队统一改编为国民革命军。在军事委员会之下，设立海军局，统辖广东海军各舰艇。次年，军事委员会撤销海军局，设立海军处，依然统辖原有各舰艇。1926年12月，广东国民政府迁往武汉，其军事委员会无法直接管辖广东海军，于是在广东设立舰队司令部，由在广东主持军政的国民革命军第八路军总指挥李济深管辖。李济深掌握广东海军后，对这支微弱的海军力量进行了重新编组，设海防、江防、运输三个舰队，其中海防舰队辖"中山""飞鹰""广金""民生""自由""舞凤"6舰；江防舰队辖"江固"等大小舰艇23艘；运输舰队辖"福安"等舰艇19艘。1927年11月，张发奎夺取广东军政大权，撤销广东海军舰队司令部，成立广东军事委员会舰务处。广东海军部分官兵对此颇有异议，"飞鹰"舰为此出走汕头。不久，李济深重新执掌广东政务，于1928年1月复职，任命广东人陈策为广东海军司令。此时，广东海军拥有大小舰艇共60艘，总吨位8000余吨。1929年国军编遣会议后，广东海军被编为第四舰队，陈策担任舰队司令。然而，第四舰队的名称仅仅维持了两年。1931年夏，陈济棠接管广东，将第八路军总指挥部改为第一集团军总司令部，自任司令，将第四舰队司令部改为海军总司令部。一年以后，又将海军总司令部改为舰队司令部，归第一集团军总司令部节制，司令为张之英。1933年7月，东北海军的"海圻""海琛""肇和"三舰南投广东后，编成独立于第一集团军舰队之外的"西南政务委员会粤海舰队"，司令为姜西园。1935年4月，陈济棠撤销粤海舰队，试图将三舰并入第一集团军舰队，引起三舰官兵的强烈不满，"海圻""海琛"两舰出走，投奔中央海军，归属军政部管辖。6月10日，粤海舰队正式并入第一集团军舰队。1936年7月，陈济棠垮台，余汉谋主持广东军政，第一集团军舰队随之改为广东省江防司令部，司令依然为张之英。是年11月，张之英辞职，冯焯勋奉派接任司令。到1937年2月，江防司令部所辖军舰有巡洋舰"肇和"号（排水量2600吨），运输舰"福安"号（排水量1700吨）、"永福"号（排水量2330吨），浅水炮舰"海瑞"号（排水量1200吨）、"海虎"号（排水量680吨）、"广金"号（排水量457吨）、"舞凤"号（排水量200吨）、"江大"号（排水量274吨）、"江巩"号（排水量344吨）、"坚如"号（排水量225吨）、"执信"号（排水量222.5吨）、"安北"号（排水量316吨）、"仲元"号（排水量60吨）、"仲恺"号（排水量60吨）、"飞鹏"号（排水量98吨）、"平西"号（排水量89吨）、"广安"号（排水量83吨）、"光华"号（排水量113吨）、"湖山"号（排水量130吨）、"淞江"号（排水量68吨）、"珠江"号（排水量62吨）、"金马"号（排水量100吨）、"智利"号（排水量104吨）、"江澄"号（排水量90吨）、"利琛"号（排水量80吨）、"江平"号（排水量90吨）、"海鸥"号（排水量69吨）、"绥江"号（排水量70吨）、"西兴"号（排水量61吨）、"安东"号（排水量65吨）、"海强"号（排水量200吨）等，另有鱼雷快艇四艘，第一号（排水量12.5吨）、第二号（排水量12.5吨）、第三号（排水量18吨）、第四号（排水量18吨）。抗战爆发后，"肇和"舰奉拨广东省江防司令部指挥，"福安""海瑞""广金""江澄""利琛""智利"等舰先后裁撤，同时两广盐运署及粤缉私处之"海周""海维""海武""广源""靖东"等舰，及中央派到广东的"公胜"测量舰，也拨归江防司令部指挥，其原

广东海军从英国进口的第一号鱼雷快艇

广东海军从意大利进口的第三号鱼雷快艇

属水鱼雷队下设水雷分队三队。1937年11月，黄文田接任江防司令。1938年，因抗战需要，增设水雷队11组，招募在野之海军士兵组成，施以短期训练，分派工作。是年10月，中央复将鱼雷快艇10艘运粤，归江防司令部指挥。[1]

　　至抗战爆发前后，广东省江防司令部所辖大小舰艇计有20余艘，排水量多在千吨以下，甚至百吨以下，有些舰艇名为"舰"，实为"艇"，作战能力很弱。除舰艇外，江防司令部还辖有陆战队、海军学校、练营、水鱼雷队、特务营等。这便是广东海军参加抗战的全部家当。

---

〔1〕《粤桂区海军抗战纪实（1946年）》，中国第二历史档案馆编：《抗日战争正面战场》（下），凤凰出版社2005年版，第1809页。

日军攻略广东计划

　　早在抗战爆发之前，日军就对广州的战略价值做了判断，他们清楚地知道，广州是华南最大的城市，它不仅是广东省的省府所在地，也是华南的政治、经济、军事、交通、文化中心。战争爆发后，事实上广州已经成为国民政府与海外联络的要地，在培养抗战力量上占有非常重要的地位。特别是在日军占据华北、华中要域并切断海上交通之后，它成为利用广九、粤汉两铁路援助中国军队的重要中转站，这条线路的补给量占总量的80%。[1]因此，全面抗战爆发初期，日军就开始部署在华南的作战力量。海军方面，1937年8月8日，日第三舰队任命第九战队司令官小林宗之助少将为海军华南部队指挥官。11日明确了海军华南部队的作战序列：主队（华南部队指挥官直辖）为第九战队；根据地部队（指挥官为第十二战队司令官）包括第十二战队、"白鹰"、第一防备队、第一扫雷队、第十一扫雷队、第二十二航空队、"鹤见"、"隐户"；监视部队（指挥官为第五水雷战队司令官）辖第五水雷战队（欠第十六陆逐队）、"嵯峨"。与此同时，撤侨行动也在实施。16日，"唐山丸"号载运日本侨民，在"早苗"号的护卫下，由广州出发，经虎门、珠江口，驶往香港。日本驻广州总领事等人员也于当夜乘英国轮船撤离完毕。[2]

---

〔1〕日本防卫厅防卫研究所战史室：《日本海军在中国作战》，中华书局1979年版，第309页。

〔2〕同上，第240、242页。

1937年10月初，日军参谋本部就对华作战总体情况做出判断，提出"为了切断敌之主要补给路线，应进行广州作战"。但随后，因日军主要兵力在华北和华中，抽不出发动广州作战所需最低限度的三个师团，遂暂时搁置了攻略广州的计划。11月初，参谋本部制定了《作战要领》，内容包括："以约一个独立师团的兵力占领平海半岛（香港东面约80公里），建立航空基地，依靠航空部队对粤汉及广九铁路、珠江及其沿岸的交通要冲进行轰炸，阻止敌人的补给。"11月17日，日本成立了战时大本营。24日，大本营召开御前会议，制定作战计划，规定在华南方面，情况允许时，以一部分航空兵力与海军同时争取切断粤汉、广九铁路。为使这一行动顺利进行，将从上海方面抽出一个师团的兵力，派到上述目的地附近，使之占领适当地点。会后，日军第十一师团（缺步兵第十旅团）和重藤支队被确定为登陆广州的主力。12月3日，大本营发布了大陆指第10号令，要求登陆部队从华中转进。12月7日，又发布了大陆命第18号令，下达了第五军战斗序列及第四飞行团的编组命令（第五军司令部于12月7日临时动员完毕），第五军所属各部队依次从华北、华中及日本国内向台湾集中。大本营给第五军司令官（台湾军司令官古庄干郎中将兼任）的任务是："协同海军占领华南沿海及其附近岛屿，依靠航空作战阻止敌在广东方面的补给。"作战代号为"A作战"。

1937年12月20日夜，海军军令部根据中国方面舰队司令长官长谷川的建议，向参谋本部提出，鉴于在芜湖、南京附近发生了击沉美舰和轰炸英舰事件，再去刺激英美实非上策，所以希望正在准备中的平海半岛作战暂时延期。参谋本部经与军令部交涉，决定将"A作战"做暂时中止或延期处理。22日，按照大本营大陆命第36号，第五军所属各部队在台湾登陆待机，但任务和战斗序列并没有撤销。担任广州登陆主力的第十一师团和重藤支队，也在台湾屏东以南的平原地区训练待机。

不久，日军击沉美舰、轰炸英舰事件得以初步解决，然而大本营对英美海军的顾虑并未消除，遂决定将第十一师团调回日本国内（后移驻东北），重藤支队编入华中派遣军，暂时取消了"A作战"计划。1938年2月15日，大本营下达大陆命第67号，正式撤销了第五军的战斗序列和第四飞行团的编制，将第四飞行团司令部并入华北方面军临时航空团，命令第十一师团于2月28日回国，从而中止了华南作战。[1]

1938年5月底，日军决定攻占汉口，大本营曾一度打算同时攻占广州，但由于海路运送物资准备不足，且汉口作战还需要预备兵团，遂再次搁置广州作战。然而两个月后，广州作战所需物资已经准备充足，大本营陆军部决心同时实施广州作战。这次陆军吸取了1937年底广州作战计划被海军否决的教训，事先不仅和海军统帅部，而且和陆海军省以及外务省都进行了协商。海军省提出了同时攻占海南岛的方案，但陆军部认为兵力难以调配，表示反对。1938年9月7日，大本营召开御前会议，做出了攻占广州的决定，会上根据海军的意见，附加了为将来攻占海南岛做准备的内容。9月16日，专门负责实施广州作战的第二十一军（简称"波集团"）组建完成，司令官由台湾军司令官古庄干郎中将担任，儿玉友雄中将接任台湾军司令官职务。第二十一军编制序列包括第五师团、第十八师团、第一〇四师团和第四飞行团。9月19日，大本营颁布了大陆命第201号和大陆指第273号，前者规定："为夺取敌在华南的重要根据地，切断其主要对外联络补给路线，大本营企图在攻占汉口的前后，占领广州附近要地。""第二十一军司令官应与海军协同攻占广州附近要地。""台湾军司令官应对第二十一军的兵站给以援助。"后者规定："第二十一军的输送及登陆暂定如下：第一运送船团（约40万吨），10月中旬前后，大亚湾海岸；第二运送船团（约20万吨），紧跟第一运送船团；第三运送船团（约20万吨），10月下旬前后，珠江沿岸（要以主力首先迅速夺取要塞）。继之到达的船团的登陆地点，根据情况在大亚湾海岸或珠江沿岸。""有关与海军协同作战问题，应以附件《广州作战陆海军中央协定》为准则，有关细节可与第五舰队司令长官协商之。""攻占广州后的占据地区，按计划限定为以广州、虎门为中心，切断广九和粤汉铁路，以及珠江水路所必要的范围内。"《广州作战要领》指出，10月中旬以第十八师团，如可能再以第五师团之一部及第一〇四师团之一部为基干部队，在大亚湾登陆，迅速建立登陆根据地，准备从惠州方面开始下一步的前进攻势。应根据情况，迅速占领惠州方面东江的渡河点。10月下旬，可令第

〔1〕日本防卫厅防卫研究所战史室：《中国事变陆军作战史》第三卷第二分册，中华书局1983年版，第104—105、124—125页。

五师团的主力向珠江方向挺进，夺取虎门要塞，然后继续沿东江地区或根据情况沿珠江地区前进，策应主力作战。军主力在珠江作战开始时（根据情况可在此前），即为攻势开始。大概沿大亚湾海岸—惠州—增城—广州公路地区攻占广州。预期在东江江畔和中国野战军进行主力决战。攻占广州后，将主力配备在广州附近，各以一部配备在三水、江村及虎门、石龙，必要时配备在大亚湾海岸及珠江西岸地区，以求持久。对中国军队之集中攻击，要给以适当反击将其消灭。在广州附近要建设完善的航空基地，陆海协同对华南方面内陆地区连续进行航空作战。《广州作战陆海军中央协定》规定的海军作战兵力为第五舰队（司令长官为盐泽幸一中将，参谋长为田结让少将），下辖第九战队（辖"直率""妙高""多摩"）、第十战队（辖"天龙""龙田"）、第八战队（"鬼怒""由良""那珂"）、第二水雷战队（"神通"及第八、第十二驱逐队）、第五水雷战队（辖"长良"及第十六、第二十三驱逐队）、第一航空战队（拥有飞机约40架，辖"加贺"及第二十九驱逐队）、第二航空战队（拥有飞机约70架，辖"龙骧""苍龙"及第三十驱逐队）、第二根据地队（辖"迅鲸""嵯峨"及第十一扫海队、第四炮舰队、港部等）、第十四航空队（拥有飞机约40架，驻防三鳖岛）、高雄航空队（拥有飞机12架）、"千岁"（水上飞机母舰，拥有飞机约8架）、"神川丸"（水上飞机母舰，拥有飞机约8架）、第三驱逐队、第一炮舰队等。

攻略广州的作战分为甲、乙两大作战，甲作战即陆军主力部队在大亚湾的登陆作战，预定10月12日开始实施；乙作战即陆军部队之一部在珠江沿岸登陆，控制广州正面，预定10月27日开始实施。为运送陆军部队登陆，日军调动了超过100艘运输船，给海军规定的作战行动是：一、以海上部队之一部，直接护卫运输船队，登陆时以全力协助登陆部队；二、航空兵力以全力掩护登陆，直接协助陆战，阻止敌兵力集中，破坏敌军设施及交通机关，并击破后方战略要点；三、为将敌人牵制在汕头方面，实行一部佯动作战。[1]

实际上在第二十一军组建之前，大本营陆军部就已开始着手进行攻占广州

---

〔1〕日本防卫厅防卫研究所战史室：《日本海军在中国作战》，中华书局1979年版，第311页。

的准备。第五师团根据大本营陆军部的指示，从8月下旬至9月下旬陆续集结于青岛，进行登陆战斗和攻占虎门要塞的战术训练。另外，根据作战需要将部队加以临时改编并重新装备。7月初，第十八师团从杭州转移到上海，在担任警备的同时，为广州作战进行了登陆战斗训练，并于9月下旬在上海北部集结。第一〇四师团根据9月7日的大陆命，主力于9月下旬集结于大连，利用登陆前的等待时间，进行了登陆战斗训练。[1]

---

〔1〕日本防卫厅防卫研究所战史室：《中国事变陆军作战史》第二卷第二分册，中华书局1979年版，第1—8页。

国民政府在两广的防御计划

在1933年制定的《国防作战计划》中，国民政府并未在两广划定抵抗线，这不是因为国民政府没有认识到两广沿海的重要性，而是因为此时广东海岸"在敌海军封锁线之外"。国民政府对广东沿海的防卫相当重视，计划中明确指出："广东海岸在敌海军封锁线之外，在战时为全国向外交通之唯一海口，将来国军长期作战之补给全以广东是赖，故广东之防卫特须注意。"在同时划定的抗战区中，就设有广东防卫区，并明确规定，广东防卫区的防卫任务，由驻粤绥靖公署所辖之部队担任，在"汕头、徐闻、北海及粤江口之三角洲等处，各配置海岸守备部队，以防止敌之上陆"。战时以驻粤绥靖公署所辖之部队一部布置于潮汕、海丰、阳江、徐闻、合浦、琼州等处，协同海岸警备队防止敌之登陆，另以主力布置于广州、惠州，担任本省各地区之增援，并相机应援福建。以预备区之广西驻军增援广东。广东防卫区的统帅机关是广东防卫区司令部（平时为驻粤绥靖公署）。同时还特别指出，"广东驻在舰队维持广东海岸之交通及珠江口之防务"[1]。从这一点看，国民政府明显把广东的战略地位看得高于其他沿海省区。

在《国防作战计划纲要草案》中，国民政府又特划广东防卫区，作为抗战区六个防卫区之一。1936年底，国民政府在参谋本部拟定的《民国廿六年度国防作战计划》甲案中对敌情做了初步判断："杭州湾迤南沿海岸各要地，预料只有局部之攻击，以达其扰乱之目的；唯福建—厦门—广东之汕头等地可与

---

〔1〕《1933年国防作战计划》，《民国档案》2006年第4期，第18—26页。

台湾—琉球亘日本三岛，构成一中国海之防御线，敌将有占领之企图。"为此，该计划规定的作战指导要领是："闽粤方面之国军，应直接阻止敌之上陆，不得已时，应固守龙岩—延平—广州制之线，以确保我东南资源之地。"在兵力部署方面，计划以第五方面军之第十一集团军，"开展之初期，以主力进出潮安—陆丰—番禺—台山沿海岸，直接拒止敌之登陆，以固守我沿海资源"〔1〕。在乙案中，国民政府又做了补充，第五方面军所辖第十一集团军之"驻粤部队于开战初期，应迅速将汕头—广州之敌浪人并根据地搜荡而扑灭之，尔后则直接沿海岸拒止敌之登陆，并将主力集中于惠阳—广州—开平—阳春一带地区，随时能策应沿海岸部队，阻止挫折敌之登陆企图"。同时要求海岸要塞"镇海—乍浦、澉浦—虎门—海州各区要塞，各受各该方面军野战军之指挥，任各海岸之防守，协同陆、海、空军协力奇袭敌舰而扑灭之，尔后则封锁长江，阻止敌舰之侵入，并协同野战军之作战"〔2〕。

　　1937年8月20日，国民政府大本营颁发了《国军战争指导方案》，进一步明确了战区的划分和各战区作战地域，以第四战区（司令长官何应钦，副司令长官余汉谋）负责闽粤作战。在同时发布的《国军作战指导计划》中做出的敌情判断是："闽、粤方面，敌军以海空军扰乱，或在所难免，如用陆军实行真面目之作战，则无此能力。"为此，在《指导方案》中仅对第四战区的任务做了原则性规定："除对敌海、陆、空之扰乱，完成战备态势外，应充分准备参加第二期之作战。"〔3〕均未对防备闽粤沿海做出海军方面的部署，海军只能就各地现有力量，根据情势的发展做出抗战决策，以配合陆军的作战行动。据8月29日香港媒体的报道："上海方面形势渐不利，广东第四陆军首脑部，连日开紧急会议协议。28日，总司令余汉谋严令一切麾下海陆军，警备自汕头厦门南至广东省之海岸，保护中国船舶，一旦发现飞机军舰向中国领海前进时，即加反击，尤其委李汉魂广东省东部防卫之指挥全权。……虎门炮台司令陈策28

〔1〕《国民党政府1937年度国防作战计划（甲案）》，《民国档案》1987年第4期，第43、48页。

〔2〕《国民党政府1937年度国防作战计划（乙案）》，《民国档案》1988年第1期，第38、39页。

〔3〕《南京国民政府大本营关于全面抗战作战指导方案等训令四件》，《民国档案》1987年第1期，第26、23页。

日到虎门自任防备指挥。"[1]

9月初，军事委员会电令第十二集团军总司令余汉谋，加强广东沿海及海南岛的防御。1938年5月厦门失守后，军事委员会判断，日军的下一个攻击目标必定是广州，故电令余汉谋妥为部署，尽快完成作战准备。可是余汉谋指挥的第十二集团军只有七个师、两个旅，防守广东全部海岸线显然不足，只能就现有兵力进行部署：一个师驻守宝安至虎门要塞一线，一个师驻守惠阳，一个师驻守潮汕地区及大亚湾附近，三个师分驻增城、从化及广州东郊一带，一个师分驻海南岛及广州城内，独立旅驻守广九铁路。除了余汉谋指挥的第十二集团军外，参与广州防守的还有虎门要塞司令部及广东江防司令部所辖部队，他们也奉命做了相应的部署。

纵观国民政府在战前对广东沿海的防御筹划，虽然已经充分认识到广东将是战争爆发后获得海外补给的重要通道，但由于对日军作战能力和战略意图的判断失误，依然没有调动足够的兵力做出周密筹划，与日军发动广州作战的计划相比，有非常大的差距，这就使第二期作战陷入了被动。

---

[1]《沪上情势渐见不利　广东当局亦冲动　令陆海空军严为警备》，季啸风、沈友益主编：《中华民国史史料外编》第六十三册，广东师范大学出版社1996年版，第50页。

广东省江防司令部的防御部署

广东省内水系发达，由西江、北江、东江及珠江三角洲诸河汇集的复合水系，通过虎门、蕉门、洪奇门、横门、磨刀门、鸡鸣门、虎跳门和崖门等八个口门注入南海，形成了由外海通往内陆的多条水道，给广东沿海的防务带来了极大困难。广东省江防司令部依然采取沉船阻塞航道、布雷封锁水域和舰艇分区布防等老办法，配合陆军作战。

沉船阻塞航道。中国海军总司令部为防止日军从海口进入内地，令广东省江防司令部沉船阻塞各口及航道。广东省江防司令部奉命后，从1937年8月开始，将一批废旧舰船沉入相应口门和航道，具体沉塞位置及舰船数量为：在虎门内淡水河航道建阻塞线1道，沉塞废舰7艘、废商轮5艘、大木船65艘；在大刀沙航道建阻塞线1道，沉塞废舰2艘、大木船17艘，中间留一缺口，以为广州与香港、澳门交通仅存之出入口门道；横门建阻塞线2道，共沉塞废舰2艘、废商轮1艘、大木船15艘；磨刀门建阻塞线1道，沉塞废商轮1艘、大木船18艘；崖门及虎跳门口外建阻塞线1道，沉塞废舰1艘、废商轮3艘、大木船11艘；潭州口建阻塞线1道，沉塞废商轮1艘、大木船9艘。沉船工作于10月完成，当年12月再加募船只，分别补塞。所余大刀沙封锁之缺口，由广东省江防司令部组织领港队引导商轮出入，此缺口在日军登陆大亚湾后两天，即10月14日，实施了完全封锁。[1]

---

〔1〕《粤桂区海军抗战纪实（1946年）》，中国第二历史档案馆编：《抗日战争正面战场》（下），凤凰出版社2005年版，第1812页。

布雷封锁水域。抗战开始时，广东方面仅有少量年久失修的英式、德式电气视发水雷，及少量意式新造电气视发水雷，数量既少，重量又过大，且所配电缆尚未运到，不适合用于封锁水道。向外国购买新雷，不仅价格昂贵，而且缓不济急。广东省江防司令部遂决定将原有旧式视发水雷加以修配改装，并以简单省费并易于运用为原则，自行制造水雷。广东海军原先并无制造水雷的设备，而广州各机器厂又无制造水雷的经验，在这种情况下，广东省江防司令部派出技术人员，携带图样，监督机器厂按照图样制造。所造水雷有60磅TNT炸药化学式触发系碇水雷、30磅炸药小型机械式漂碰水雷、30磅炸药时间式漂碰水雷等，均力求适应当时的抗战需求。水雷制造工作从1938年春开始，因制造场所规模不大，又经常遭到日军飞机轰炸，所以产量并不多，至当年10月广州失陷，共制造水雷2000多具。[1]

利用这些水雷，江防司令部在虎门、横门、崖门、狮子洋及汕头之马屿口等五处建立了雷区，由水雷队分别派队员负责监护敷布。随着自制水雷的增加，至1938年春，原有的三个水雷队员兵过少，不敷分配，乃决定增编水雷组至11组，每组12人，经常雇用小火轮及民船为运送雷具及调遣布雷人员之用。日军在发动对广东的全面进攻之前，就经常派出飞机对中国守军实施轰炸和扫射，使布雷工作异常艰难。布雷队员为避免暴露目标，多在夜间行动。除在虎门、横门、崖门等三条封锁线上加布系碇触发水雷外，还在虎跳门、坭湾门、磨刀门、大刀沙、淡水河口、小虎山、三虎山、潭州、外海等处封锁线，敷布大量系碇触发水雷，每条封锁线敷布水雷达十重。此外在大亚湾之虎门头等处亦布设少量水雷。此项工作于1938年10月20日完成。除敷布触发碇雷外，海军布雷队还控制时间式漂雷，相机袭炸驶近沿岸之日舰，曾先后在三灶岛及横门等处，以此种漂雷袭击日舰艇，给日军造成极大威胁。23日晨，水雷第十一组在淡水河口阻塞线布放漂雷袭击虎门日舰艇时，所乘布雷艇为日机炸中，组长刘权求及该组员兵全体牺牲。

舰艇分区布防。广东省江防司令部所属舰艇，除"肇和"舰外，都是小型

---

〔1〕《粤桂区海军抗战纪实（1946年）》，中国第二历史档案馆编：《抗日战争正面战场》（下），凤凰出版社2005年版，第1816页。

舰艇，根本没有出海与日军作战的能力，只能选择适当区域进行机动防御，完成巡弋警戒、对空监视等任务。战争初期，各舰艇的部署是：以"肇和""海周""海虎""海武""海鸥"等舰防守伶仃洋至虎门一带；以"坚如""湖山""广澄"等舰防守潭州口一带；以"江大""飞鹏""光华""江平"等舰防守横门一带；以"江巩""舞凤""广安""广源"等舰防守磨刀门一带；以"安北""海维""平西""靖东"等舰防守崖门一带；以四艘鱼雷快艇驻守横门口，相机袭击日舰。[1]

虎门要塞防御。虎门要塞是广东省最重要的门户，也是广东省江防司令部海岸防御的核心。早在鸦片战争时期，为防御英军的进攻，广东地方政府就在虎门建立了要塞。鸦片战争后，虎门要塞遭到严重破坏。光绪年间，两广总督张之洞，钦差大臣、兵部尚书彭玉麟先后奏陈修建虎门、长洲两处新式炮台。新式炮台建成后，在广东水师提督的统辖下编为三个总台。即第一线的沙角总台，领上游、下游、大角三个分台，共配备各种口径大炮37门，官兵约1000人；第二线的威远总台，领威远、上横档、下横档三个分台，共配备各种口径大炮35门，官兵约1000人；第三线的长洲总台，领长洲、沙潞、鱼珠、牛山四个分台，配备各种口径大炮35门，官兵约1000人。此外，中流砥柱和南石头两个堡垒，也各配备大炮3门，官兵各五六十人。另配属守备部队十多营，共约1万人。

九一八事变后，为防止日本势力南下，广东地方当局对虎门要塞进行了整顿和改进，重新理顺了关系。虎门要塞司令所辖三个总台一仍其旧，另有水雷队、通讯排、无线电站，及差遣舰两艘等，除守备部队外合计兵力约2000人。此外，在虎门寨沙角新建了足以驻守一个步兵营的营房，和一个20张病床的医务所，并沿虎门寨至北栅一线，构筑了可容纳一个步兵团和两个炮兵营的陆地正面永久防御工事，以及各总、分台的临时防空洞，还在沙角下游分台新建了2.5万支烛光的探照灯一座。[2]抗战爆发后，广东海军在原有炮台的基础上，依然维持了三道防线：第一道防线设于沙角炮台，下辖上游、下游、大角三座分

〔1〕《粤桂区海军抗战纪实（1946年）》，中国第二历史档案馆编：《抗日战争正面战场》（下），凤凰出版社2005年版，第1813页。
〔2〕李洁之：《虎门要塞史略》，《广东文史资料》第七辑，第50—61页

台，火炮30门，官兵600余人；第二道防线设于长洲，下设长沙路、牛山、鱼珠三座分台，火炮30门，官兵600余人；第三道防线设于威远，下设威远、上横档、下横档三座分台，火炮30门，官兵600余人。海军守备部队为一个团和水雷队一队，配备视发水雷100具，官兵60人，由陆军第六十三军第一五三师协防。鉴于虎门要塞的火炮陈旧，性能落后，海军派出的守备兵力也不足，一改过去将大口径火炮部署在后，小炮部署在前的战术，把口径最大的150毫米的维克斯炮部署于最前端的大角，平时以浮标设定射击距离，以便尽可能远距离攻击通过要塞正面的日舰。而后面两层炮台只安装轻型火炮，用于打击绕到沙角背后的日舰。由于防空力量不强，虎门要塞司令陈策又积极筹措，增调来两个高射炮连，并联络空军进行协防。

广州作战

日军进攻广州前的战斗

日军在发动对广东的进攻之前，就有计划地派出飞机和舰艇，对广东沿海中国军队的重要防御目标进行攻击，双方海军均处于高度戒备状态。1937年8月8日，日军飞机低飞侦察虎门要塞，中国守军用高射炮射击，迫使日机退去。随后，日机开始轰炸虎门要塞和周围阵地，由此拉开了虎门之战的序幕。从8月中旬开始，日军不断派出军舰炮击沙角炮台，并以飞机集中轰炸要塞。最初，日军的试探性进攻并不顺利，虎门要塞各炮与机动游弋的"肇和"舰、"海周"舰岸舰配合，对靠近要塞的日机实施交叉火力还击，使日机屡屡受挫。9月1日，一架闯入虎门炮台高炮火力范围的日机被击落于黄潭，两名飞行员毙命。为尽快获得战果，日军还收买汉奸侦察沿海水道情况，也被挫败，汉奸当日就被枪决。日军与中国守军对峙月余，毫无进展，遂在周围岛屿寻找新的攻击目标。

9月3日晨，日巡洋舰"夕张"号、驱逐舰"朝颜"号进抵东沙群岛主岛东沙岛，发炮轰击守军阵地，随即派出汽艇3艘，载兵60余人登陆，守备东沙岛的中国海军陆战队在海岸巡防处江宝容中校指挥下固守阵地，技士黄凤岩、台员涂吉奇中尉等表现英勇。但终因兵力悬殊，战至4日中午，东沙岛失守。日军占领无线电台及水产公司办事处，台长李景杭等28名官兵被拘两日，于5日晨强令登上日舰"朝颜"，带至台湾花莲港，至12日始由日舰放归广东。东沙岛上修筑有双层气象大楼、无线电台及淡水制造厂房等设施，对东南沿海的气象预报及舰岸通讯、航道安全等都有极重要的意义。它的陷落，无疑是一个重大损失。9月6日，日军炮轰珠江口的赤湾，随即攻占大铲岛、三灶岛，控制了虎门周边的万山群岛。8日，日舰四艘驶进赤湾海面停泊，18时，又来巡洋舰一艘，仍泊赤湾海面，伶仃岛上居民纷纷迁逃，伶仃岛被日军占据。9日晨6时，日舰两艘直向虎门要塞前进，进入中国守军火力圈时即退去。连续数日，日舰在伶仃洋海面飘忽无定，企图执行封锁，检查船舶。[1]13日，大鹏湾也遭到日军炮击。

9月14日晨5时56分，日以轻巡洋舰"夕张"号为旗舰，率领"追风""疾风"等四艘驱逐舰，以并列横队形向虎门发动进攻。虎门要塞司令陈策已事先获得情报，于前一天令各舰与要塞炮台彻夜戒备。14日凌晨，驻守虎门的"海周""肇和"两舰奉命由大虎山开出，搜索前进，进行每天一次的例行巡逻，"海周"在前，"肇和"在后，计划先航至大角炮台，然后左转至沙角炮台，再左转至威远炮台，最后返回大虎山。当两舰航至沙角炮台正横，曙光初显，"海周"舰发现日舰黑影，急以信号报告陈策及"肇和"舰。3分钟后，日舰向"海周"舰发炮，"海周"舰当即展开反击，"肇和"舰接到要塞信号即加速前进，向日舰攻击，经三次修正弹着点，于距日舰11000米时命中日舰。其时双方炮战逐渐增强，虎门要塞炮也加入攻击。20分钟后，日舰队形出现紊乱，开始撤退。"肇和"舰舰长方念祖果断下令横船，使舰首尾及傍炮一齐集中射击。[2]"海周"舰在作战中首当其冲，被击中三弹，一弹中机舱，一弹中后舱，一弹中驾驶室，造成六人牺牲，多人受伤，舵链也被击断，军舰以惯性向外冲出。此时中国空军也及时赶到助战，向日机投弹轰炸，迫使日舰首先退出战斗，相率外逃。[3]此次战斗，历时35分钟，虎门要塞炮台均有损失，但并不严重。战果据陈策说，"敌'夕张'号被毁，逃约十海里后沉没，尚有二艘负伤"，"闻敌指挥官阵亡，惟未能查出姓名"。[4]关于"肇和"舰在此次战斗中的表现，陈策的说法与事实出入很大。据目击者说，正当"海周"舰遭到攻

〔1〕《抗战初期粤海军虎门作战史料》，《民国档案》2007年第3期，第35页。

〔2〕同上，第39页。

〔3〕《抗战初期粤海军虎门作战史料》，《民国档案》2007年第3期，第35页；黄里：《广东抗日第一次海战的海周舰》，全国政协文史和学习委员会编：《闽浙赣抗战：原国民党将领抗日战争亲历记》，中国文史出版社1995年版，第164—165页。

〔4〕《抗战初期粤海军虎门作战史料》，《民国档案》2007年第3期，第39页。

"海周"舰

"肇和"舰

击时，"肇和"舰退避不前。事实上，战后"肇和"舰舰长方念祖被以临阵退缩罪，于11月9日褫职查办，说明陈策报告的并非事实。还有一种说法认为，"肇和"舰在"海周"舰报废后，经过抽水堵漏恢复了部分动力，退回黄埔河面锚泊，日机常来轰炸。当时国民政府军事委员会行营一部设在黄埔的长洲岛，行营认为此举会影响行营安全，曾与舰长方念祖商议，让其撤离黄埔，但方置之不理。后"肇和"舰被日机炸沉，联想到虎门战斗前方常常声称日舰炮火如何利害，航速如何快，中国军舰各方面均落后等情况，行营于11月15日将方念祖免职，随即以"临阵退缩、抗战不力"的罪名将其枪毙。至于"海周"舰，则因受伤过重，由小火轮拖至沙角炮台河面，将舰上前后主炮拆卸，搬上沙角炮台，重新择地安装以加强要塞火力；舰体则由"海虎"舰拖到新洲尾处理，留下二副黄里和水兵数人看管。

就在"海周""肇和"两舰与日舰苦战时，另一场战斗也在进行中。进攻虎门的日舰除五艘军舰外，还有一艘运输船"甘丸"号，搭载海军陆战队1000余人停泊在珠江口外待机，"海周""肇和"两舰的火力被压制后，"甘丸"号上的陆战队员立即换乘小艇向虎门炮台正面扑来，试图登陆。此时，虎门要塞突然开火，由于事先标定了射程，炮弹准确地落在了"甘丸"号周围。一枚150毫米的炮弹首先命中"甘丸"号船头，接着轮机舱也被击中。"甘丸"号舰长顾不上尚未撤回的陆战队员，急忙斩断锚链，逃向珠江口外。此时，一直在虎门海域待机歼敌的广东海军四艘鱼雷快艇，在队长梁康年中校的率领下高速冲向"甘丸"号。攻击"海周"舰的日舰迅速调转炮口，"夕张"舰全力压制炮台火力，"追风"舰和"疾风"舰则掉头阻击鱼雷快艇的攻击。四艘鱼雷快艇不等日舰炮火抵达，便朝着"甘丸"号方向发射了四枚鱼雷，随即高速返航。遗憾的是，鱼雷快艇采用的是无发射管的抛掷式发射法，命中率很低，四枚鱼雷均未命中，"甘丸"号逃过一劫。"甘丸"号虽然没有被击沉，但日军的登陆意图却被挫败，陆战队也遭受了重大损失。

"海周"舰与日舰的战斗，是一场双方舰艇的遭遇战，日军此时攻击的主要目标，并不是中国海军的几艘舰艇。1937年9月15日，驻台湾台北机场的日海军鹿屋航空队以6架飞机轰炸了广州市区，次日，又以3架飞机轰炸了揭阳、潮州以及广州的天河机场。9月20日，原驻上海的日本海军第三舰队第一航空队，随航空母舰"凤翔""龙骧"驶抵广东海面，从21日开始，与在台湾的鹿屋航空队、木更津航空队配合，对广州地区进行了连续轰炸，其中虎门要塞是主要攻击目标之一。陈策先后向余汉谋、蒋介石等报告了自1937年9月14日至1938年3月3日虎门要塞遭受日军海空袭击的情况。

9月25日中午，日机4架飞临虎门要塞上空，1架向东莞白沙机场投弹1枚，未命中。10月1日，日机经要塞上空进出八九次，每次1架至5架不等，2次向白沙机场投弹，2次在西区盘旋，中国守军以高射炮射击。8日1时35分，日机2架从西南方向飞临虎门要塞，中国守军以机枪射击，约20分钟，该机先后向沙角司令部守备营兵房、沙角飞机场投弹6枚，炸毁房屋2座，炸死卫兵郭得标、李华全2名，伤兵役何海等4名，随后日机从西南方向逸去。9日9时30分，日机2架空袭虎门要塞，历时20分钟；12时40分，又有2架日机来袭，历时15分钟，2次空袭共计投弹12枚，落沙角司令部、各台兵房及要塞指挥台、旗台、码头附近，司令部房屋一部分及兵房2座被炸毁，伤士兵7名；14时40分，又有日机18架复经要塞上空，袭击别处。12日9时25分，日机2架空袭虎门要塞，历时20分钟，投弹2枚，落于海面及沙角飞机场，又向太平镇投弹2枚，并用机枪向民众扫射；12时15分，日机3架2次向虎门要塞及太平墟投弹6枚，水雷库被炸毁。14日13时30分，日机9架在广九路石龙铁桥投弹7枚，弹重约500磅，一部分路轨被炸毁。15日11时50分，日机16架经虎门要塞上空，分向石龙、横沥、车站、铁桥投弹20余枚，路基略毁，1架日机被中国守军击落。19日中午，日机4架在虎门要塞上空盘旋数周后，向石龙投弹8枚，落铁桥附近，炸毁茅房2间，死伤百姓各1名，日机旋经要塞飞出。期间数日，日机轰炸广九路。1938年2月4日，日机6架3次空袭虎门要塞，第一次和第二次投弹6枚，凤凰山兵房略受损坏，第三次在滨沙村附近投弹2枚，士兵死4名，伤2名；日机还在白沙机场投弹20余枚，1弹命中机场，其余落于附近山脚。22日晨6时50分，日机1架在大角分台投弹2枚。空袭中，中国海军的作战舰艇也是重要目标。由于广东省江防司令部所属舰艇防空能力都很弱，在日机的轰炸面前，基本无还手之力，因而遭了严重损失。在空袭的同时，日军还派出军舰实施水面配合。9月23日，日舰3艘在赤湾伶仃海面梭巡；27日6时10分，又有日舰2艘向虎门要塞开炮，各台当即迎击，至6时35分，1舰被要塞炮击中尾部，各舰相率遁去。要塞炮台官兵被伤数名。为防止日舰进入水道逼近广州，要塞官兵于9月30日将广州出海水道全部堵塞，所有进口船舶饬令折回。10月14日，日舰2艘出没于灌湾海面。此间数日，虎门外常有日舰2艘徘徊，沿海口岸均有日舰出没，日航空母舰常寄走溪及短山嘴海面。23日，日舰1艘向虎门要塞发炮10余发，另有日舰2艘游弋于大铲附近。1938年2月1日，日舰2艘向虎门要塞进袭，炮台开炮迎击，双方激战约半小时，日舰即逃向外海。4日6时15分日舰3艘、10时25分日舰5艘先后袭击虎门要塞，2次共发射炮弹60余发，未造成太大损失。20日中午12时30分，停泊于茅洲口的日舰4艘向南驶去，14时28分，3艘折回，向虎门要塞开炮，要塞炮台还击，双方互战20多分钟，日舰3艘均受伤，1艘舰尾连中2弹，旋向外洲方面退去。22日11时50分，日舰3艘、日机1架攻击虎门要塞，双方激战1小时，日舰退回孖洲海面，要塞旗楼厨房中1弹，司令部附近落2弹，均无损失。23日6时45分，日舰驶近虎门要塞，向炮台开炮30余发，旋即回泊孖洲海面。3月3日10

停泊于广东珠江口虎门海外的日本海军潜水艇母舰"迅鲸"号

时35分，日舰1艘向虎门要塞炮击10余发，即回孖洲海面。[1]

在日海空攻击之下，"肇和""海周""海虎"三舰被击沉于虎门至黄埔一线。"肇和"舰是甲午战争后清政府重振海军时从英国订购的巡洋舰，始建于1910年，为英国阿姆斯特朗埃尔斯维克船厂建造，长105.5米，宽12.8米，吃水4.3米，排水量2600吨，装备有6吋阿姆斯特朗炮2门，4吋阿姆斯特朗炮4门，3吋阿姆斯特朗炮2门，47毫米哈乞开斯机关炮6门，37毫米马克沁机关炮2门，18吋鱼雷发射管2具；航速22.2节。"肇和"舰经历了民国海军的大部分历史，到被难时已经服役30多年，其舰体和武备都已老旧，于1937年9月25日被日机炸沉。"海周"舰是1935年从香港购买的商船，建于第一次世界大战后期，原为炮舰，购买时已退役，排水量1600吨，航速16节，装备有英国阿姆斯特朗厂购买配置的120毫米炮1门，另有一些轻武器。1937年10月13日，"海周"舰被炸沉，在这之前，虎门要塞为增加火力，已将舰上12生炮（射程2150米）及6磅炮（射程8000米）各1门卸下，安装于炮台。[2]"海虎"舰排水量680吨。

"江大"舰被炸沉于横门。"江大"舰是浅水炮舰，长43.99米，宽5.96米，吃水2.28米，排水量274吨，航速14节，装备有75毫米克虏伯炮1门，40毫米克虏伯炮4门，马克沁机枪4挺，麦德森机枪4挺。1907年，两广总督张人骏为加强广东内河巡防力量，命广东水师提督李准向香港一家英商船厂订造4艘浅水炮舰，命名为"江大""江清""江巩""江固"，有"大清巩固"之意。建成交付后，编入广东水师，被派在西江流域执行巡防任务。清末统编全国海军时，4舰仍属于广东地方海军。民国成立后，4舰作为水警船，被编入广东水上警察厅，其中"江清"改名"江汉"。随后便卷入军阀混战。抗日战争爆发后，4舰隶属于广东省江防司令部，"江汉""江固"两舰被作为陈旧舰船自沉于阻塞线，"江大"舰于1937年9月被日机炸沉于珠江口横门一带。

"舞凤"舰被炸沉于磨刀门。"舞凤"舰是晚清时期清政府从德国订造的炮舰，长37.79米，宽6.09米，吃水2.13米，排水量200吨，航速15节，装备有49毫米炮4门。

---

[1]《抗战初期粤海军虎门作战史料》，《民国档案》2007年第3期，第35—37页。
[2]同上，第37页。

"坚如"舰

"海维"舰被炸沉于崖门。"海维"原为缉私舰，后改为浅水炮舰，1935年左右建造于广州广南造船厂，排水量约200吨。

"坚如"舰被炸沉于潭州。"坚如"舰以辛亥革命烈士史坚如的名字命名，1929年订购于香港船厂，排水量225吨，装备有57毫米炮1门、40毫米高射炮1门、机关枪2挺。后绞起修复。

舰艇的损失削弱了各口的防守力量，广东省江防司令部重新划分了剩余各舰艇的巡弋警戒地段，"公胜""江巩""湖山"等舰在广州至虎门一线，"仲恺""平西"等舰在潭州至板沙尾一线，"仲元""飞鹏"等舰在横门、小榄、莺哥咀一线；"执信""安东"等舰在江门、外海、叠石至虎坑口一线；四艘鱼雷快艇在虎门沙角炮台，伺机出动。

日军攻略广州的甲、乙作战

1938年9月29日，日军第二十一军司令部从日本门司港出发，10月2日到达澎湖群岛的马公。参加广州作战的各师团分别从上海、青岛、大连等港口登船，于10月7日秘密在马公集结，护卫舰队也于此前抵达。大亚湾位于广东东南部，湾内可泊万吨巨舰，海面宽广，便于舰艇集结；陆路有通往淡水、惠州的公路，便于登陆部队向纵深推进，因此是理想的登陆地点。日军登陆前做了周密的准备工作，首先对中国空军的机场和大亚湾海域进行了侦察，然后对机场进行轰炸，试图使中国空军在短期内无法对其登陆部队构成威胁。

1938年10月9日，日军调动106艘运输船，组成大船团，满载3个师团的兵力以及武器、军需品，在海军舰队20余艘舰艇的护卫下，作为第一波次，从马公出发，向大亚湾航进，11日傍晚抵达大亚湾口。日驱逐舰迅速施放烟幕，掩护运输船团进入湾口，各船于夜间23时30分逐次进入预定锚地碇泊，12日凌晨3时30分开始登陆。

中国守军对日军的突然登陆并没有足够的警惕，时任第一八六师师长李振追述说：

> 10月10日，我海防部队在大亚湾海面发现有三四艘日舰游弋。因为长期以来日军为了封锁我海上交通，有日舰出没是经常的事，不认为有登陆企图。至当日下午，敌舰增至十七八艘。八十三军军长兼一五一师师长莫希德判断敌有登陆企图，遂即以电话报告第四路军总司令部……我于11日零时到达惠州军部，与莫军长研究结果，认为日军确有登陆企图，主张变更部署，加强第一线兵力，当即向总部建议：将深圳防务交一五三师，大鹏湾一带留少数部队警戒；以何联芳旅任平山、下冲之守备，温淑海旅任澳头守备，师部及直属部队推进淡水；惠州防务请总部另派得力部队接替。当日黄昏前，日舰船增至四五十艘，前有航空母舰一艘，判断敌人总兵力有4万人左右。莫军长将此情况报告总部，并要求按我们所提建议，迅速变更部署，加强第一线，准备迎击敌人。但总部参谋长王俊指示：敌人不会在澳头登陆，勿为敌人佯动所迷惑，部队非有命令不准移动。[1]

在这样的判断下，中国军队无论在精神上还是物质上都未做好抗击日军登

---

〔1〕李振：《广州失守的追述》，何邦泰主编：《广州抗战纪实》，广东人民出版社1995年版，第115—116页。

陆的准备，在日军登陆的滩头仅有新编成之特务营，遭受奇袭后即告溃退。

登陆日军分三路向岸上推进，右路是第一〇四师团和第九旅团，该路兵分两支，一支在平海的碧甲沿海沙滩登陆，到稔山后沿西北方向继续进攻平山，沿途未遇到中国军队的抵抗；另一支在霞涌圩以东登陆，霞涌驻有中国海军陆战队一个营，在沙公坳略做抵抗，即向盐灶背方向溃退。右路日军在天黑前进抵平山。中路和左路的日军是第十八师团，左路在澳头圩西南约5公里的倒装湾小桂登陆，然后在汉奸引导下，绕过澳淡公路沿线工事，于当日下午占领淡水镇。淡水一带原驻有莫希德师第四五一旅旅部和罗懋勋团团部及两个营，但在日军尚未接近时，便弃城向惠州溃退。中路是日军的主攻部队，登陆地点在澳头圩以东5公里官溪的马涌至霞涌以西的桂米涌，这是一片长达七八公里的沙滩。中路日军登陆后经新桥、芬墩，出大径与左路配合占领了淡水镇。在此后的战斗中，日军虽然遭遇部分中国守军的顽强抵抗，但依然连下惠州、增城等要地，直逼广州，于21日攻占广州。

日军攻占广州后，进行了周密部署：第一〇四师团部署于广州东北的从化及以北的源潭墟地区；第十八师团部署于广州以东的增城及东南的石龙地区；第五师团部署于广州西南的佛山及以西的三水地区。日军占领广州的主要目的，是切断中国从香港进口作战物资的通道，为此，第十八师团派出部分兵力占领了深圳及其附近地区，海军则封锁了香港东、西附近海岸及珠江口。

从大亚湾登陆到攻陷广州，日军仅用10天时间就实现了战略意图。由于甲作战进展顺利，日军决定将原计划于10月27日发动的溯珠江进攻广州的乙作战提前到22日。21日夜，在大亚湾待机的日军第五师团及乙作战部队至伶仃岛锚地碇泊，22日晨开始溯珠江而上。

珠江口有著名的虎门要塞，这一带水路辐辏，是实施水雷攻击的好地方。在日军进攻广州之前，广东省江防司令部各布雷队充分利用地形，已在各道阻塞线上加布了多重系碰触发水雷，又先后两次调整舰艇布防。日军在溯江作战中对此也表现得十分忌惮，首先派出飞机对虎门、潭州等雷区实施轰炸，接着又以汽艇分别载兵登陆及扫除水雷，共扫除水雷303具。[1] 在日军的轰炸中，水

---

〔1〕日本防卫厅防卫研究所战史室：《日本海军在中国作战》，中华书局1979年版，第312页。

鱼雷队第十一组24名员兵全部殉国。[1]尽管如此，日军还是付出了代价。22日，敌汽艇三艘在潭州河沉没，24日在虎门沙角炮台登陆时，又有满载日军的两艘渔船触雷沉没。除此之外，还有十余艘小型扫雷艇与登陆艇被炸毁，迫使日舰队至11月2日才完成扫海工作，进驻黄埔。

在日军飞机轰炸虎门等目标时，协助防守这些要地的中国海军舰艇也遭受了损失。10月23日晨，日机群向各鱼雷快艇扫射并投弹，第二号快艇被击中，油箱燃烧；第一号及第四号快艇也被炸沉没，艇员王可国阵亡。只有第三号快艇走脱，但于25日在狮子洋遭日机追击，且战且退，最终中弹燃烧沉没。

广州陷落后，各段警戒舰艇按照原先制定的"至不得已时向西江上游活动警戒"之计划，分别驶赴西江集中待命。"江巩"舰在集中途中驶至番禺县属紫坭河面时与日机相遇，日机出动4批次30余架，"江巩"舰对空作战2个多小时，击伤日机2架，终力战不敌沉没。在"江巩"舰被炸沉没之前，临时归广东省江防司令部指挥的"公胜"号测量艇，也在顺德县容奇河面与数十架日机激战后沉没。"公胜"测量艇排水量280吨，航速10节，装备有75毫米克虏伯速射炮1门、37毫米斯乃得速射炮2门、7.9毫米水机关枪2挺，编制军官10人、士兵36人。关于"公胜"艇的作战及沉没情况，有艇长何传永给李世甲的详细报告，其中写道：

> 窃职艇测量珠江，自七七事变发生以来，一年有余。粤省沿海各处，迭遭敌舰封锁，而敌机在广州城市各地恣意轰炸亦最烈，肇和、海周诸舰，相继被炸，职艇当日险遭敌毒手者再，幸艇中员兵同心协力，捍卫得免。迨至去冬奉令暂归广东省江防司令部指挥抗战后，以为从此一切抗敌动作，有所遵循，乃江防司令部于本年二月颁发作战计划中，竟以本艇为前队先锋。夫以本艇武力与敌相较，奚啻霄壤，殊为骇异。职辞既不能，旋以份属军人，责在服从，惟有率同员兵夙夜奋励，本誓死为国之精神，以捍卫国家，俾副总座勉为海军争光荣殷殷嘱企之至意。殊料十月十一日，忽传敌军在大亚湾登陆，惠阳、博罗相继失陷，职艇即

---

〔1〕《抗战初期粤海军虎门作战史料》，《民国档案》2007年第3期，第39页。

严为戒备，并日赴江防司令部探查消息，请示计划。孰知司令部均无情报以及计划通报，迨至十九日下午起，忽令本艇于每日暮夜开往淡水河大刀沙一带封锁线巡弋严防，翌晨仍回泊南石头。职于二十一日晨，复赴司令部探查情形，始识江防全部已撤向西江。未几，省城炮声严密，而大队敌机复分批轮流轰炸，情势危迫万分。本艇立时赶即严备，一面驶离省河开往淡水一带巡视。中途敌机在本艇上空盘旋侦察数匝而去，职即电禀江防司令部请示办法，亦未见覆，随于当夜巡视淡水河后，即向西江开驶，以企避免敌机目标。翌晨将达容奇时，复有敌机多架飞翔上空，向本艇低飞侦察，旋绕数周而去。职艇当即严备，不料至十一时许，敌机果有十余架，复分批直向本艇来袭，当以机枪拼力抵抗。敌机投弹多枚，其时艇尾左旁及中舱右旁锅炉三处先后各被投中一弹，随即炸沉于容奇西北方，全艇员兵多由汽艇逃避，间有不及者多人，亦投水泅岸暂避。当时敌机亦被我击伤一架，见其颠簸而去，乃敌因此老羞成怒，竟复多架分批向汽艇靠岸附近岸堤草木树丛中，轮流低飞，以机枪猛烈扫射，至黄昏方止。全艇员兵，薄暮始次第归队齐集，除三等兵张浩源失踪外，余均安全。是晚一面由仲元舰电陈江防部，随即率同全艇官佐士兵前往容奇，搭轮赴肇庆暂住。二十二日下午，谒见江防黄司令，并将步枪十二枝、炮闩两个、汽艇一艘、水机枪一挺，寄交江防部收存。因肇庆电报不通，辗转设法第四路军电纸，始于二十四日下午，将一切情形电禀总座在案。但肇庆情形，因前方军警以及伤兵，均纷纷退集该地，三水复有失陷之说，以致地方秩序，亦呈不稳之势，遂至银行邮电均告停顿，交通阻塞，职深恐逗留时日，危险殊多，本拟取道梧州，赴汉报到，奈身轮阻滞，事与愿违。嗣查仅有肇庆至江门轮渡，尚可暂时通行，职即率同员兵于二十四晚搭轮渡，翌晨抵江门，当晚复乘船至石岐，次日搭车至澳门转香港，途次周折，困难殊多，业于二十七日上午抵香港，暂住泰来旅馆，一切情形当由周参谋应聪电禀总座。三十一日奉令率各员兵往闽部报到。十一月二日下午趁丰庆轮船来闽，三晨启轮，五晨抵闽口，改搭汽船，下午达马江来部报到。缘此次本艇不幸被炸，而全艇员兵，均能各本爱国精神，誓死抗战，击伤敌机一架，虽仅身免，处困苦颠顿情形之下，而许身报国之志尚未馁也。[1]

何传永的报告，详细陈述了"公胜"-艇被炸沉没的经过，以及全艇员兵辗转来闽的过程，同时还表达了因"公胜"艇被炸沉没而对广东省江防司令部的不满。对于后者，有必要稍加评析。何传永首先指责该部将"公胜"艇作为"前队先锋"使用。"公胜"艇不过是一艘排水量280吨的测量艇，其作战能力可想而知，无论攻防，都不可能担当先锋重任。广东省江防司令部的安排的确让人有些费解，这其中是否有门户之见，不敢妄断。不过"公胜"艇在编制上隶属中央海军，广东省江防司令部对其只有暂时指挥权却是事实，很容易使人产生"门户之见"的联想。何传永还指责广东省江防司令部缺乏战争筹划。他先是赴该部探查消息，遭遇了"均无情报以及计划通报"的尴尬；后又"电禀江防司令部请示办法"，经历了"亦未见覆"的无奈，这说明在日军占领广州前后，广东省江防司令部在统筹舰艇作战方面，没有做出应有的努力，导致部分

"公胜"号测量艇

〔1〕《海军年报：民国二十八年夏　抗战二周年纪念》（上），殷梦霞、李强选编：《国家图书馆藏民国军事档案初编》第八册，国家图书馆出版社2009年版，第280—281页；《公胜测量艇作战报告》，台湾"国防部海军司令部"编：《纪念抗战胜利70周年：海军抗战期间作战经过汇编》附录31，2015年版。

舰艇处于各自为战的状态。"公胜"艇的沉没，广东省江防司令部是有责任的。

1938年10月上旬，海军总司令部调归广东省江防司令部的鱼雷快艇，由专列经粤汉铁路运抵广州。这批鱼雷快艇共10艘，即"岳253""岳371""文42""文88""文93""文171""颜53""颜92""颜161""颜164"。它们原属电雷学校快艇大队，1938年6月28日，军政部电雷学校校长欧阳格被治以贪污罪，该校奉军事委员会之令停办，校属鱼雷快艇移交海军总司令部。海军接收电雷学校移交的12艘鱼雷快艇后，即组建了快艇大队部，下辖三个中队：第一中队辖"文42""文88""文93""文171"等四艇；第二中队辖"岳22""岳253""岳371"等三艇；第三中队辖"颜53""颜92""颜161""颜164"等四艇；"史223"号艇直属大队部。鱼雷快艇大队的根据地设于湖北蕲春。同时，海军部对部分鱼雷快艇进行了紧急修理，以图尽快用于江上作战。7月15日，移交程序全部进行完毕。新的鱼雷快艇大队编成后，各鱼雷艇分别奉命开赴九江附近各处与日军作战。时任"史223"艇艇长的黎玉玺回忆说：

> 七月六日我调任史可法中队第二二三号鱼雷快艇上尉艇长。……我接掌史二二三快艇后，奉命同岳二五三艇立即开赴前线，先到九江驻泊。当时陆军已撤离九江，民众亦已疏散至乡间，少数未去者，亦闭门不出，一幅大战之前景象。似此情况，不宜久留，乃趁夜横江北航，进入一河口停泊，并向附近居民查询敌情。次日拂晓，敌机三、五架一批不断向上游方向飞去，并有敌机沿江低飞侦察，幸未被发现。[1]

7月9日，湖口江面发现日中型舰艇多艘。14日，海军总司令部密令"文93"艇向驻泊湖口江面的日舰实施偷袭。该艇奉命后冒着日军炮火，向日舰发射鱼雷，予以命中。被攻击的日舰为"鸥"号炮舰，标准排水量450吨，曾在日军攻陷马当、湖口的战斗中发挥过重要作用。据日方史料记载，"鸥"舰被击中后，当即炸成两截，机舱人员全部毙命。剧烈的爆炸将前后锚链扯断，舰

---

〔1〕《黎玉玺先生访问记录》，台湾"中央研究院"近代史研究所1991年6月版，第29—30页。

体迅速下沉搁浅。"文93"艇则冒着日军猛烈的炮火，以高速摆脱追射，带伤返回。7月17日，海军总司令部又派"史223"和"岳253"两艇，再度向湖口日舰夜袭，但中途因陆军辅助工程处所布的阻塞网从原位流出，"史223"艇误被缠绞，因而沉没，"岳253"艇也因此受轻伤。鱼雷快艇的连续出击，使日军感到了巨大威胁，决定实施报复。7月21日，日军空袭了蕲春附近的驻泊地，尽管炸弹未直接命中，但巨大的冲击使"文42"和"文88"两艇受损。1938年8月1日，中国海军获悉日舰数艘已越过九江，企图破坏武穴雷区，遂调派"岳22""颜161"两鱼雷快艇出击。正准备出发时，日机突然出现，猛烈轰炸两艇，"岳22"艇被炸沉，"颜161"艇受伤。

以鱼雷快艇袭击的方式在长江中与日舰作战，尽管可对日军构成威胁，但难以影响战局。因此，军事委员会决定将鱼雷快艇大队挪作他用。8月25日，海军总司令部奉令将鱼雷快艇移交第四战区副司令长官余汉谋接收，配属广东省江防司令部。9月初，全部鱼雷快艇和鱼雷工厂由火车载运前往广州。9月中旬，海军人员也乘专车自武汉出发，沿平汉路南下广州。黎玉玺亲身经历了这一过程，他说：

> 既然无法在长江中作战，就决定到广东，期能由珠江流域港汊出海袭敌。九月中旬，海军人员乘专车自武昌沿平汉路南下（快艇及全部鱼雷工场已由火车先行运往广州），专车走走停停，不时有飞往武汉之日机经过，但均未对我专车攻击；经两日后始抵长沙。我在长沙将艺文（黎玉玺之妻——引者）托付大嫂果淑君所认识的郭姓友人家暂住之后，即只身前往广州，于十月十一日到达，并向广东江防司令部报到。不期日军于十二日在大亚湾之澳头登陆，广州于廿一日遂告失陷。
>
> 广东江防司令部已先于十月一日发表我为文天祥分队第四二号快艇艇长，我于到达广州不数日，即因局势骤变，仓卒随广东江防司令部向西江方向撤退。先至三江口略停数日后，即撤往肇庆，再转往梧州。至此鱼雷快艇已完全不能发挥原有之作战效能。[1]

---

〔1〕《黎玉玺先生访问记录》，台湾"中央研究院"近代史研究所1991年版，第30—31页。

"颜92"号鱼雷快艇在三水一带被日军俘获

这批鱼雷快艇抵达广东时，日军已在大亚湾登陆，鱼雷快艇已不能继续在珠江口发挥作用，便随广东省江防司令部撤往肇庆。不幸的是，在撤退过程中，"颜92"动作稍迟，落在其他快艇之后，在三水一带被日军俘获。

广东省江防司令部退出广州，撤退至肇庆后，即于肇庆布防，电令各舰固守江门—九江—三水—肇庆之线。嗣因日军由广（州）三（水）铁路进陷三水，江防司令部恐各舰被切断于三水马口之外，乃复令各舰集中于三水之青岐至肇庆一线。旋据探报，有日军装甲艇潜伏于三水河口、思贤滘一带，意图西窥。江防司令部即令各舰严密搜索，加以防范。

10月29日，江防司令部接到报告，日军正在思贤滘东岸等处构筑炮兵阵地，有封锁西江之意图。江防司令部决计乘日军立足未稳，予以驱除。当天15时，江防司令部命令"执信""坚如""仲元""仲恺""飞鹏""湖山"等6舰，在"执信"舰舰长李锡熙率领下，向三水之思贤滘、马口等处搜索进攻。17时许，"执信"等舰驶至思贤滘附近，即与岸上日军发生炮战。开战之初，舰炮口径虽小，但都是加农炮，射程远，命中率高，在"执信"舰率领下，各舰即将日军4座炮垒击毁。日军乃改变战术，集中火力攻击6艘军舰中最大的"执信"舰，驻广州机场的日军飞机也赶来协同作战，13架飞机围绕着6艘军舰轮番攻击。"执信"舰中弹数枚，舰长李锡熙右腿被炸断，士兵要把他抬下去治疗，他却命人抬来一把椅子，坐在指挥台上忍痛继续指挥员兵进攻。不久，

188

"执信"舰被多发炮弹击中，整个舰身开始倾斜。有人劝李锡熙下令转舵返航，以保住军舰，李锡熙拒绝了，他决心以死殉国。战斗中上尉副长林春炘、枪炮员周昭杰、电信员张介眉、司书李桂芬等23人阵亡，中尉轮机长杨信光等15人受伤，舰上官兵能投入作战的剩下不到半数。李锡熙又下令将"执信"舰驶至距敌炮台500码处，用舰炮抵近射击。这时，又有两发炮弹直接命中"执信"舰的锅炉和轮机舱，引发剧烈爆炸，舰身几乎被炸断，并突然上翘，几分钟后沉没于思贤滘口，舰长李锡熙受伤后救治不及，刚送至德庆河面即在船中牺牲。"执信"舰以辛亥革命元老朱执信命名，排水量140吨，航速20节左右，安装有口径100毫米的前主炮。

"执信"舰既沉，其余各舰继续作战，日军改向"坚如"舰集中攻击，枪炮员招德培等7人重伤。战至日暮，各舰攻击力减弱，乃回航固守肇庆峡。

自10月30日起，日军每日派出飞机搜索中国舰艇施以轰炸，各舰虽加伪装，但因地形所限，不得已将一部分武器置于岸上山地，夹击来袭之日机，然而终难抵御日机的轮番轰炸，至12月底，除"平西"舰外，其余各舰先后被炸沉没。

此后不久，陆军部队开至肇庆以至青岐、贝水一带，与三水之敌对峙，此线保持至1944年9月，始行弃守。[1]

---

〔1〕《粤桂区海军抗战纪实（1946年）》，中国第二历史档案馆编：《抗日战争正面战场》（下），凤凰出版社2005年版，第1814—1815页。

粤桂之战

　　在广州战役中，广东省江防司令部所属舰艇损失殆尽，实力大减，乃奉海军总司令部之命，于1938年12月16日改编组成舰务处，隶属广东绥靖主任行署，以黄文田为处长，辖下之水鱼雷队仍保持原来编制，并将各沉舰员兵及武器组编为机炮队。1939年1月底，广东绥靖主任行署撤销，舰务处奉令暂时保留，移交桂林行营。4月1日，桂林行营接收舰务处，将其改编为桂林行营江防处，派徐祖善为处长，黄文田为副处长，下设梧州、桂平办事处，以及水雷总队（驻肇庆）、舰艇队（附设处内）、特务连（驻梧州）、补充队（驻封川）、雷械修造所（设柳州）、军械库（设桂平）、医务处（设肇庆）等单位。水雷总队下设2队，共辖16个分队；舰艇队辖"永福"（驻香港）、"平西"2舰，及巡艇2艘、快艇9艘、电船4艘。[1]

　　日军占领广州后，按大本营的要求，"第二十一军司令官应与海军司令官协同，占据大概虎门、石龙、广州、三水一线地区，切断沿粤汉线及珠江之敌的补给路线"。1938年10月下旬至11月上旬，日军又进行了新的部署：第一〇四师团确保广州北侧地区要地，按可对北面采取攻势的要求整顿，以一部（步、骑兵各一个大队为基干）配置在进和附近；第十八师团以一部（步兵三个大队为基干）确保石龙，特别要切断中国守军东江及广九铁路的联络线，主力集结在广州东侧地区，随时准备向第一〇四师团正面之中国军队左侧背发起攻

---

　　〔1〕《粤桂区海军抗战纪实（1946年）》，中国第二历史档案馆编：《抗日战争正面战场》（下），凤凰出版社2005年版，第1810页。

粤桂江防司令徐祖善（前排中）等与官兵合影

势；第五师团以一部（步兵三个大队为基干）配置在三水，切断西江及北江的水路，主力集结在广州西南地区，随时准备对第一〇四师团正面之中国守军的右侧背发起攻势。11月1日，及川支队返回广州，西进回归第五师团长指挥。除此之外，第一〇四师团余部（步兵第一〇八联队、步兵第一六一联队、骑兵第四大队、野炮兵第一〇四联队第二及第三大队等）于10月1日从延吉和庆源出发，在大连集结，10月8日至10日从大连上船，18日到达大亚湾，逐次登陆后于11月上旬赶到广州。第四飞行团的主力于10月28日从吴淞启航，30日到达大亚湾，一部在大亚湾登陆，其余向广州返航。[1]

　　抗战时期中国对外贸易和作战物资的运进，主要是通过香港、越南的海防、缅甸的仰光，以及由新疆至中亚地区这四条要道。1938年10月下旬，广州、武汉相继失陷，平汉、粤汉两条铁路交通线被切断，江南各地的对外联络线路也被梗阻，经香港进口的物资顿时减少。但令日军始料未及的是，在国际反法西斯力量的帮助下，从越南海防港登陆，由铁路运至昆明，或经镇南关运至广西的物资急剧增加。为此，日本大本营曾于1939年上半年提出进攻南宁的

---

　　〔1〕日本防卫厅防卫研究所战史室：《中国事变陆军作战史》第二卷第二分册，中华书局1979年版，第32—33页。

设想，以截断从越南、缅甸到中国的补给线。为实现这一设想，大本营认为，必须首先进一步提高空中作战能力，建立巩固的航空基地。当时日军的航空基地只有台湾和三灶岛两处，如能在海南岛建设新的航空基地，则航空作战可进一步延伸到缅甸。同时，从更大的战略范围来看，海南岛的战略价值更为重大，正如日人石丸籐泰所说："海南岛对于两广之位置，若以两广地方譬诸氢气球之气囊，则海南岛为其吊笼，在其中间之雷州半岛，为其气球之颈部，即等于吊笼纲，如气球之被吊笼操纵。若以海南岛为根据地，自能震动两广。此关系，则因海南岛无论对广东广西任何方面，军队之登陆，在所不论，即海上交通或贸易，得立于支配之立场。"[1]除此之外，抗战爆发前，日本官方及工商界即已非常关注海南岛的天然资源，日本海军也渴望得到海南岛的石油，以解决油料短缺的问题，随着战争的深入，这些资源越发重要。所以，占领海南岛便成为日军的下一个目标。

1938年6月4日，日舰曾活动于海南岛附近，袭击中国渔船，并做登陆试探。20日，曾与防守海口的中国守军炮台炮战。21日，日海军陆战队奇袭南澳岛，强行登陆。该岛孤悬海中，为潮汕的前卫，岭东的军事据点，一个纯渔业区，岛上居民3万余人，十之八九以捕鱼为业。该岛适在台湾对岸，日军攻占后，即建码头，筑机场，用作海军根据地。南澳岛后来曾由抗日自卫队第四大队洪之政部突击克复全岛，其后又被日军攻占。事实上此时日军已在为日后进攻海南岛做准备。1939年1月13日，日本御前会议做出了攻略海南岛的决定，19日，大本营分别对陆海军发布了攻略海南岛的命令，其中的大陆命第265号命令："大本营为建立对华南航空作战和封锁作战基地，企图攻略海南岛要冲。"在《北部海南岛作战陆海军中央协定》中进一步指出：时间预定为2月上旬；作战兵力陆军以饭田支队为基干部队，海军以第五舰队为基干部队；指挥关系为陆海军协同作战；运输、护卫及登陆，由第二十一军司令官与第五舰队司令官直接商定计划；登陆战斗中的航空作战，主要由海军承担；对占据地区内的陆上警备由陆军负责，海上警备由海军负责，海口机场、码头及港务各机关的管理运用，由陆海军协同办理；本作战的代号，陆军方面简称"登号"作

---

〔1〕田鹏编著：《日本侵占海南各岛之检讨》，航空委员会政治部1940年版，第6页。

战，海军方面简称"Y"作战；实施本作战后，由海军相机占领榆林港附近。[1]
1月31日，饭田支队遵照大陆命改称"台湾混成旅团"，编入第二十一军战斗序列。[2]

攻略海南岛的命令下达后，海军又对攻略计划进行了细化，将"Y"作战分为两部分，协同陆军攻略海口方面的作战称为"甲作战"，海军单独攻略三亚、榆林方面的作战称为"乙作战"。在甲作战中，海军的主要任务是护卫陆军饭田支队（以步兵六个大队为基干，以饭田祥二郎少将为旅团长），以第五舰队及本作战所增强的航空部队、驱逐队等，编成Y护卫舰队，下辖主队（旗舰"妙高"号重巡洋舰）、护卫队（以第五水雷战队司令官河濑四郎少将任司令官，下辖由轻巡洋舰"长良""名取"及第二十三驱逐队组成的直接护卫队和由第二十八驱逐队、第十二扫海队组成的先遣部队）、基地部队（以第四基地队司令官太田太治少将任司令官，下辖由护航舰"鹭"、扫雷舰"扫7"及"万光丸"组成的主队和由"五防"、"神风丸"、炮艇队组成的水路开启队）、第一航空部队（司令官山县正乡少将，下辖由第十四、第十六航空队组成的第三联合航空队）、第二航空部队（司令官细萱茂子郎少将，下辖第一航空战队）、附属部队（"香久丸""甲谷陀丸"及广东派遣飞行艇队），由第五舰队司令长官近藤信竹中将指挥。乙作战因系海军单独作战，陆战部队由日本内地各镇守府编成的三个特别陆战队和由各舰艇派遣人员编成的舰船联合陆战队构成，三个特别陆战队包括加藤荣吉中佐为司令的横须贺镇守府第四特别陆战队（简称"横四特"）、大田实大佐为司令的吴镇守府第六特别陆战队（简称"吴六特"）和井上左马二大佐为司令的佐世保镇守府第八特别陆战队（简称"佐八特"）。[3]甲作战和乙作战的发动时间，分别定于2月10日和2月15日。

2月3日，日军护卫舰队集结于万山泊地（香港西南约12海里），同日先遣部队进入琼州海峡。7日，饭田支队搭乘的运输船队自虎门泊地向万山泊地移动。

〔1〕日本防卫厅防卫研究所战史室：《日本海军在中国作战》，中华书局1979年版，第314—315页。
〔2〕日本防卫厅防卫研究所战史室：《中国事变陆军作战史》第二卷第二分册，中华书局1979年版，第102页。
〔3〕日本防卫厅防卫研究所战史室：《日本海军在中国作战》，中华书局1979年版，第316页。

8日18时，船团及护卫舰队从万山泊地出击。9日22时，船团和护卫舰队碇泊于澄迈湾。10日凌晨2时30分，陆军部队乘船进发，于3时在海南岛北部登陆。

对于日军侵占海南岛的意图，蒋介石曾有这样的判断："海南岛日军登陆问题，吾人应就远东海洋整个局势上观察，乃可认识其意义与影响之重大：盖海南岛在东亚，为太平洋印度洋间战略上主要之重心。敌军若占领该岛，不仅可完全阻断香港与新加坡间之交通，截断新加坡与澳洲间之联络，而且使菲律宾亦受控制，决不仅直接威胁法属安南，实为完全控制太平洋海权之发轫，该岛若归日军掌握，则日本海军向西可由印度洋以窥地中海，在东面即可以断绝新加坡夏威夷岛珍珠港英美海军根据地之联络。故日军此举，显系对于去年美舰访问新加坡之一种答覆。""今日本又进攻海南岛，如任其占领盘踞，吾料不及八月，其设计中之海空军根据地，即可初步完成，于是太平洋上之形势，必将突然大变。法国纵使欲在安南设置海军根据地，美国纵欲从事关岛之设防，亦将时不及待。故日本之决然南进，并非欲借此以求中日战事之结束，而实证明其不惜最后之冒险，以造成太平洋战局之开始也。"[1]尽管如此，蒋介石仍然没有对海南岛进行重点防御部署。驻守海南岛的中国军队原为第四路军（总司令余汉谋）所属第六十二军（军长张达）第一五二师（师长陈章），以及其他部队共一个半师正规军的兵力。然而第一五二师在日军进攻广州时，于1938年10月5日奉命乘船渡过琼州海峡，驰援广州，广州失陷后，移驻清远一线守备。[2]日军进攻海南岛时，岛上守军仅剩地方保安部队2个团，即保安第十一团（团长文华胄）和保安第十五团（团长龙驹），共约1600人，由原琼崖红军游击队改编的广东省第十四区人民自卫独立大队（大队长冯白驹）约300人，以及新编守备部队7个营约1750人，统归琼崖守备司令兼第五旅旅长王毅指挥。因此，在日军饭田支队登陆澄迈湾时，没有遇到大规模的抵抗，即于1939年2月10日上午占领了海口。

由于甲作战进展顺利，近藤信竹决定将乙作战提前两天实施，遂下达了2月12日发动乙作战，14日在三亚海岸登陆的命令。13日12时，乙作战部队从

---

〔1〕田鹏编著：《日本侵占海南各岛之检讨》，航空委员会政治部1940年版，第8、43页。
〔2〕苏华：《第一五二师驰援广州概况》，全国政协文史和学习委员会编：《闽浙赣抗战：原国民党将领抗日战争亲历记》，中国文史出版社1995年版，第66—67页。

深尾出发，14日凌晨到达三亚海面，5时开始登陆，没有遇到抵抗便于同日占领了三亚、榆林、崖县，海南岛战役遂告结束。

日军发动海南岛战役意在切断中国沿海主要的补给干线。然而此后，中国仍然通过香港、九龙、澳门、汕头等口岸以及越南等地，继续进行物资补给。日本大本营遂决定继续按照原来的封锁计划，对上述港口进行封闭作战，下一个目标则是广东第二大商港汕头。

日军占领广州后，汕头成为对外联络的重要地点，有大量的外国船舶出入，从这里上岸经潮韶公路进入内地的军用物资不在少数。另外，汕头地区还是东南亚华侨的主要出生地，这里的侨汇款额很大，被日军称为"滋润中国抗战力量的源泉"。因此，日军把夺占的矛头指向了这里。

占领海南岛三个月后，日军开始大肆轰炸汕头、潮安、揭阳、潮阳等地，"尤以汕头轰炸最烈，市区、码头、海面船只均遭轰炸，伤三四百人；潮汕铁路虽屡炸屡修，始终未中断行车，但所有车厢已悉遭轰毁"。[1] 1939年6月6日，日本大本营又向第二十一军和第五舰队下达了攻取汕头的命令，提出："攻占汕头一带的目的，是为了加强对华南沿岸的封锁，并使该地成为谋略上，尤其是对华侨进行工作的一个据点。"规定攻占汕头作战的代号，陆军为"华号"作战，海军为"J"作战，时间定在6月下旬。6月9日，日陆海军签订了作战协定，商定了作战计划。陆军作战兵力是第二十一军司令官安藤利吉中将指挥下的后藤支队（支队长为第一三二旅团旅团长后藤十郎少将），辖第一〇四师团的步兵第一三二旅团（步一三七为基干）、独立步兵第七十六大队、山炮2个大队、工兵2个中队、轻装甲车1个小队、渡河材料1个中队及其他；海军作战兵力是第五舰队司令长官近藤信竹海军中将指挥的第九战队、第五水雷战队、第十二扫海队、第二十一扫海队、第四十五驱逐队、第三联合航空队（陆攻飞机24架，水侦飞机9架）、"千代田"舰（水侦飞机9架）、广州飞机队（飞艇1架，水侦飞机1架）、佐世保第九特别陆战队及其他特设舰。[2]

---

〔1〕《中共闽西南特委给南方局的报告》，《广东革命历史文件汇集》甲第43册，第235—236页。

〔2〕日本防卫厅防卫研究所战史室：《中国事变陆军作战史》第二卷第二分册，中华书局1979年版，第107—108页。

6月18日，后藤支队从广州黄埔登船向澎湖马公集结，20日在海军护卫下从马公出发，于21日凌晨1时到达汕头海面，4时开始登陆。潮汕地区的中国守军情况，据日军战前侦察发现，独立第九旅主力在潮州，一部分在汕头；在汕头和潮州周围各驻有保安团一个团；在沿岸的主要村庄有若干自卫团体；遵照余汉谋的命令，驻在翁源以南地区的混成第二〇旅在13、14两日由汽车运送，向汕头方面开始运动。中国守军的实际情况与日军侦查所得相差不多，在潮汕地区的防守力量相当薄弱。海军方面，早在广州陷落以前，广东省江防司令部就派出布雷队赴汕头马屿口布防水雷，然而这些水雷失去陆上的控制与保障后很难发挥作用。日军登陆后，港内的扫雷工作于当日14时完成。15时之前日军即占领了汕头市区。27日，日军又占领了潮安。

日军在海南岛建立航空基地后，对越南河内、缅甸仰光通往中国的陆上运输线展开了航空作战，但效果并不理想，大本营认为，"中国虽已丧失华南沿海主要港口，但仍能自法属安南及缅甸方面获得补给，而广西公路成为中国之主要补给线，其输入量，每月约达4000至6000吨，占输入额百分之三〇"[1]。为此，日本海陆军先后提出进攻广西南宁的设想，意图截断该地区对外贸易通道。海军认为，占领南宁地区后，还可利用南宁的机场攻击中国大后方贵阳等地，及轰炸河内通往昆明的铁路，航程较武汉、广州更近，也就是"直接切断沿南宁至龙州道路的敌补给联络线，并强化切断沿滇越铁路及滇缅公路的敌人补给联络线的海军航空作战"[2]。1939年10月16日，日本大本营向陆海军下达命令，由中国派遣军总司令官协同海军，发起攻略南宁的作战，预定时间在11月中旬。此次作战代号，陆军为"和号"作战，海军为"N"作战。参战兵力，陆军为第二十一军第五师团（师团长今村均中将）的中村支队（中村正雄少将指挥的步兵第二十一旅团）、及川支队（及川原七少将指挥的步兵第九旅团）、台湾混成旅团（即盐田支队，旅团长为盐田定七少将）；海军由第五舰队（11月15日改称第二派遣支舰队）编成N护卫舰队，包括第二航空战队、第十一驱

〔1〕蒋纬国总编著：《国民革命战史第三部：抗日御侮》第七卷，（台湾）黎明文化事业公司1978年版，第9页。

〔2〕日本防卫厅防卫研究所战史室：《日本海军在中国作战》，中华书局1979年版，第317页。

逐队、第三联合航空队及水上飞机母舰"神川丸"号和"千代田"号。

10月27日至11月3日，载运第五师团的运输船陆续从大连、旅顺港起航，前往日本濑户内海，在宇品港装上货物和高射炮后南下，于11月7日前后集结于三亚港。台湾混成旅团于11月4日离开广州，9日在三亚港集结完毕。13日，日军70余艘运输船组成的船团从三亚港启航前往钦州湾。15日上午8时10分，及川支队首先登陆，16日已有两个兵团完成在钦州湾企沙、龙门的登陆行动。24日，日陆军部队在海军飞机的掩护下攻占南宁。12月5日，日军攻略南宁作战结束。

广州失陷，西江受到严重威胁，广西告急。该省苍梧扼广东入广西之总口，不仅是广西的枢纽，也是湘滇黔三省的关键。1939年1月，海军总司令部以日军图谋广西，西江防务紧要，而该江水道未经测量，仓促布雷，颇属不易，遂派水鱼雷营营长邓兆祥等前往桂林行营，协同江防处筹划防务，并将所率员兵，分为布雷、测量两队，担任勘测水道及布放水雷任务，同时由海军制运水雷。17日，邓兆祥一行抵达梧州，视察封川江口一带形势，随即测量港道，配备布雷器材。海军随即调拨一批海丁式、海戊式电气触发水雷和海戊式电气漂流触发水雷。[1]3月27日，邓兆祥抽派布雷队官兵押运水雷驰往肇庆，

于4月26日在羚羊峡下游罗隐涌布放定雷20具，并派水雷队在肇庆常川驻镇，随时工作。此时尚有大量水雷屯贮肇庆。是年6月，海军总司令部将海军监造室改组为海军水雷制造所，特在广西桂林设办事处和无线电台，并颁布了海军布雷总队编制，下设五个布雷分队，邓兆祥率领的布雷队编

水鱼雷营营长邓兆祥

---

〔1〕《海军大事记》（下），殷梦霞、李强选编：《国家图书馆藏民国军事档案初编》第十二册，国家图书馆出版社2009年版，第174页。

为第二分队，以阚辅三少校为分队长。12月6日，布雷队第二分队在永安江面布雷30具，是月，即有日舰两艘，装运军械士兵甚多，航经该处，进入雷区被炸毁，军械全部沉没，日兵生还者不及半数。1940年3月，布雷队第二分队鉴于新会县境内猪头山江面日间常有日舰艇出没，夜间则有日舰艇碇泊对岸，决定在此布雷。27日，第二分队布放漂雷对日舰艇实施攻击，但效果不佳，"敌势仍未即杀"。4月8日，布雷队第二分队在贝水及布沙共布定雷30具，防止日军肆扰。此后，广东海军派在该地的布雷队等，奉令调离西江，担任其他区域工作，西江的防战任务由桂林行营江防司令部接替。[1]

广东内河的布雷封锁始于西江肇庆。广东海军先派出布雷队在肇庆峡内及外口敷设视发水雷，待日军在三水立足已稳，广东海军舰艇损失殆尽，遂决定封锁西江正面肇庆峡至三水一线，以防日舰西进。到1939年夏，已先后完成永安、沙浦、桃溪等雷区封锁线，之后继续增布前线雷区，并随时将各雷区加以调整及补充。1939年夏至1940年秋，海军总司令部也派出布雷人员驻肇庆协助西江布雷工作。西江正面除上述雷区外，另在高要县属之大鼎峡、孔湾、禄步，德庆县属之悦城、九宫、马圩，郁南县属之江口、罗旁，封川县属之蟠龙等各地主要河道，分别测定，预布雷区，于必要时加以封锁。在此后长达五年的时间里，日军虽数次自三水窜扰高要，但始终未敢以舰艇直接进入水雷封锁区域。新昌河为珠江三角洲主要支流，经恩平、开平、台山、新会等县，可通汽船电船，其下游为日军所占据，广东海军布雷队为防日军西犯，曾先后设立七堡、陈冲、石阻、牛湾（均新会属）、单水口（开平属）等雷区，敷布大量水雷。1944年春，日军为夺取物资，向三埠（即台山与开平交界处的新昌、荻海、长沙三市之总称，为战时粤中区商业枢纽）发起进攻。日军自新会沿新开公路西犯，抵达单水口时，试图打通新昌河，以便水运三埠物资。当日军用两天时间完成扫雷工作，进抵三埠时，三埠商民物资已从容疏散，使日军扑了空。日军不得不退回原防区，广东海军布雷队遂抓住时机，重新布雷封锁。同年9月底，日军再犯三埠，陆上攻势兵分两路，北岸沿新开公路攻取单水上，

---

〔1〕《海军年报：中华民国二十八年夏　抗战二周年纪念》（上），殷梦霞、李强选编：《国家图书馆藏民国军事档案初编》第八册，国家图书馆出版社2009年版，第253页；海军总司令部编：《海军战史》，1941年版，第65—66页。

南面自广海（台山属）潜行登陆，突击台山城，夹攻三埠；正面取水道西进，舰艇被监护雷区的布雷队在马山（陈冲雷区附近据点）截击，无法突破。直至三埠陷落，日军自后方包围，广东海军布雷队始放弃据点，突围而出。

北江流经曲江、英德、清远、四会、三水等县，沿江据点有英德县属之观音岩、盲仔峡、弹子矶、大庙峡，清远县属之横石、飞来峡、石角，三水县属之黄塘等处。广东海军除先后在接近沦陷区的黄塘、石角及绥江（北江支流）之黄岗、长湾塘（四会属）敷设雷区外，还在石角以上各沿江据点测定、预布雷区，在横口、连江口、黄岗等处派驻雷队，准备工作。上述黄塘、石角雷区所在地区曾经数度沦陷，各雷区也数次被清扫，广东海军布雷队多次重新敷布。1940年9月，广州日军北犯清远、英德，自三水花县两面进抵清远县城后，即扫除石角雷区，利用水道运输。28日，一艘汽艇载日兵北上，触雷沉没，炸死日兵三四十名，其后续之船不敢再进。

东江下游的惠阳、博罗、东莞等县接近前线日军，广东海军漂雷队常驻该地区工作，先后构设了大田坝、龙河（惠阳属）、企石、铁岗（东莞属）等雷区，敷布水雷。1941年12月，日军进犯惠阳时，舰船驶进大田坝雷区，当时即有装甲电船一艘触雷炸毁。粤东方面，除抗战初期曾在汕头马屿口布放视发水雷，并于1939年6月在揭阳县属之钱江口敷设触发水雷外，广东海军曾于1940年秋派水雷队至韩、鲇两江担任封锁工作，勘定布雷地点，俟机敷布，以防汕头日军自两江河道深入内地。后实施布雷的有鲇江下游石井、青任间各封锁线，并曾于1942年10月在鲇江下游中田洋河面施放机械式漂碰水雷，当时即有汕头河面日警备艇数艘被炸沉。至1944年秋，日军大举进犯揭阳，碍于水雷封锁不能沿江进攻，乃向陆地迂回，攻陷揭阳。

在广东内河的布雷封锁中，还取得了如下战果：1941年3月17日，日舰一艘在新昌河陈冲雷区触雷沉没；同年9月28日，日汽船一艘在北江石角雷区触雷沉没；同年12月1日，日军电船在东江大田坝雷区触雷沉没。

港湾布雷封锁与内河相比，受制于各种条件，未能取得理想效果。1939年至1944年间，除已经沦陷的地区及其附近港湾外，日军在广东省可能登陆的港湾及地段，计有龙门港、大观港、北海、安铺、梅菉、水东、电白、阳江及台山的广海、斗山等处，广东海军对这些港湾及地段先后派员勘测，但限于财力及物质，未能一一予以封锁，仅在阳江之北津港、台山之广海烽火角及斗山等处敷设水雷。

在建立固定雷区敷布定雷的同时，广东海军的游击布雷也在积极展开。海军当局认为，封锁布雷属于防御性作战，而游击布雷则属于进攻性作战，其主要目的在于损耗日军的兵力和物资，并威胁及破坏其水上交通线，从而削弱日军作战实力，打击其战斗精神。

广东海军的游击布雷主要集中于珠江三角洲地带。自1939年起，日军在该地区各重要市镇及据点分驻部队，贮存军品物资，因为这里河道纵横，其军队调动和物资运输多依赖水上交通，为广东海军实施布雷游击战提供了绝好战场。广东海军的布雷游击战始于1939年秋，由于当时海军尚未专门拨付经费，广东海军仅能选派一个水雷分队试行布雷游击，于当年冬天派出工作。至1940年2月，桂林行营江防处奉军事委员会电饬，拟订实施布雷游击战计划，此后这项工作更加积极地开展起来，经常有三个布雷分队派出游击布雷。每次游击布雷工作后均绘具图表，将工作情形按级呈转最高军事当局核备，与封锁布雷的工作手续相同。

布雷队此时所用水雷分触发水雷和视发水雷两种，触发水雷敷布后，布雷人员即行离开布雷地点；视发水雷敷布后，布雷人员仍须留下一部分看守，伺机击发。由于布雷队的自卫能力较弱，留守击发的人员容易遭到日军围击，不到万不得已，布雷队一般不采用视发方式。1943年1月，布雷队第八分队分队长戴伟率队深入中山县横河布雷，敷布的即为视发水雷，他与部分队员留守击发。14日，有日军乘"荣安丸"号轮船航经该处，戴伟等人激发水雷，但水雷爆炸后并未击中"荣安丸"要害，"荣安丸"受伤后逼驶岸边，日军登陆向布雷队人员潜伏处搜索进击，戴伟率员兵奋勇迎击，因众寡悬殊，至弹尽与日军展开肉搏，最后全部壮烈牺牲。

自1939年冬至1944年夏，广东海军在珠江三角洲沦陷区展开布雷游击战的地点包括新会县属之周群、横江、三娘庙、天河、汾水江，顺德县属之东马宁、西马宁、莺哥咀、客奇、李家沙、板尾沙，中山县属之横河，南海县属之九江附近，番禺县属之莲花山，三水县属之西南，以及东莞县属之狮子洋东岸等处河面，其中多经数次布袭，尤以天河及西马宁布袭次数最多。海军布雷队根据地主要设于新（会）鹤（山），除狮子洋东岸外，其他布雷任务均由驻根据地的布雷队执行；狮子洋东岸的布雷任务，由东江惠阳的布雷队执行。

游击布雷行动的战果是丰硕的，炸毁日伪军舰船、炸毙日伪军人员事件时常发生，只是不能每次布雷都派人员等待战果，事后调查又不详细，所以没有准确全面的统计。根据中方史料记载，较为显著的布袭战果有以下数次：

1939年12月24日，在新会县属周群河面炸沉日运输军械的千吨运输船"若恭丸"号1艘；1940年3月22日，在新会县属天河河面炸沉日运输汽轮2艘；1941年4月5日，在新会县属三娘庙河面炸伤日运输船"海刚丸"号1艘；1942年1月11日，在顺德县属马宁河面炸伤日运输船"海运"号1艘；1942年11月20日，在新会县属天河河面炸伤日运输船"南海丸"号1艘；1943年1月24日，在顺德县属马宁河面炸毁日炮舰"六〇九"号1艘；1943年3月17日，在顺德县属马宁河面炸毁伪舰"协力"号1艘，并俘获伪广州要港部中将司令萨福畴及其重要成员7人，解军事委员会惩办；1943年3月19日，在顺德县属马宁河面炸毁伪舰"江权"号1艘；1944年3月19日，在顺德县属李家沙河面炸毁日运输船"南海丸"号1艘；1944年4月18日，在中山县属横河河面炸毁日大型汽艇1艘。

在上述战果中，最值得一提的是俘获伪广州要港部中将司令萨福畴及其重要成员的那次战斗，曾任广东省江防司令部参谋的胡应球回忆说：

　　某日，据潜入广州的情报员来向李北洲报讯，珠江三角洲的河道长期被游击队阻截运输，以致广州一隅，供应缺乏。日军命令汪伪政权的广州要港司令部派舰巡守河道。李北洲分队长闻报立即计划在东马宁、西马宁一带河面布下水雷，并约同附近的游击队在沿岸埋伏，伺机出动。过了几天，闻报是敌伪广州要港司令萨福畴亲自出巡，座驾"协力"舰出发。"协力"舰是汪伪政权海军中最大的一艘，由日敌配备较强的炮火。李队长加强防备，约同附近民团和游击队日夜关防。那天中午"协力"舰航到东、西马宁时，果然触雷爆发，舰底穿破入水，岸上守卫人员集中向该舰攻击，该舰狼狈不堪，无暇还击，旋即沉没，员兵纷纷凫水逃亡，当场在舰内被炸死和落水后被枪击死者不计其数，生俘中将要港司令萨福畴，随员中校参谋沈文涛，中校"协力"舰长何瑞，广州基地司令陈浩上校被乱枪身亡。此次战役在"协力"舰搜获炮械不少，同时附近一带乡民欢欣鼓舞。被俘要员三人被立即押解赴北江绥靖公署军事法庭审判，后就地正法。

日敌惊闻东、西马宁等处被袭，蒙受巨大损失，旋派日敌炮舰前赴该河面执行"扫雷"工作，将其余留下的水雷炸毁，然后恢复交通。李北洲分队长又得到广州密探员来报，说敌伪不日派舰前来打捞"协力"舰。李队长于是星夜再布下水雷，岸上照常戒备。第二天敌要港司令部派"江乾"舰连同打捞艇来打捞"协力"舰，未到沉舰地点，"江乾"舰已触雷爆炸沉没，打捞艇仓促他去，当场在舰内丧命者有"江乾"舰长和奉派监工者上校参谋处长陈祖达，及其他人员士兵未详其数。此役上级对有功人员优厚嘉奖和记功。日军派大批兵力向水雷队驻地进攻，水雷队乃他迁。[1]

布雷游击队除在河面布雷袭击日舰船外，还曾数次以地雷或小型水雷改装的地雷在陆上袭击日军。1943年7月25日，布雷游击队在江佛公路龙江至龙山路段炸毁日军车一辆；又于1943年底，将日军在江佛公路沙滘站所建新兵房一座炸毁。

在历次游击布雷中，以水雷分队长李北洲、胡廷济，水雷员李祺佳等建功最多，均获得上级嘉奖。[2]

广西内河的布雷作战始于日军攻占南宁之后。

1939年11月15日，日军以第五师团与台湾旅团，在海空军的配合下，由钦州湾之龙门港登陆。中国守军为新编第十九师，在竭力抵抗之后退守板城、上思，日军占领钦县。日军第五师团取道邕钦公路，台湾旅团取道小董、百济向北推进，进迫邕江南岸。中国守军第十六集团军一部与日军隔江对峙，第一三五师、第一七〇师、第二〇〇师先后赶至南宁附近之老渡口与四塘附近增

---

〔1〕胡应球：《抗战时期的粤桂海军》，全国政协文史委员会编：《文史资料存稿选编·军事机构》（上），中国文史出版社2005年版，第341—342页。

〔2〕《粤桂区海军抗战纪实（1946年）》，中国第二历史档案馆编：《抗日战争正面战场》（下），凤凰出版社2005年版，第1825页。

援。日军强渡邕江，攻占四塘。24日，日军占领南宁。中国守军主力沿邕宾路向八塘、昆仑关撤退，一部沿邕武路退守高峰隘，与日军继续战斗。至12月1日，高峰隘失陷，4日昆仑关失守，日军改取守势。[1]

南宁陷落，桂林行营江防处奉令派出水雷队驰赴邕江，对该江上下游予以封锁，阻止日军向纵深发展，在下游之千里沙、横州石、米步、燕子沙、石州、陆屋等据点布设雷区，并以防材阻塞横县的伏波滩，另在右江之龙床、陆安及郁江之樟木塘、石门、桂平等处布设水雷，勘定预备雷区。1940年8月，桂林行营江防处迁至广西梧州，奉令改编为粤桂江防司令部，隶属军事委员会，仍以徐祖善为司令。司令部设于梧州，所属单位除保持原有组织外，增设掩护总队（驻梧州，1942年迁肇庆，后改称大队）及通信队（驻梧州），掩护总队下辖机关枪队三中队，步兵队两中队。1940年10月30日，由桂林行营指挥与发动的桂南会战收复了南宁。日军撤出南宁后，水雷队奉命限期扫雷开航，恢复邕江交通，至11月中旬，邕江完全通航，桂林各水雷队奉令调赴广东各江加强工作。1941年，粤桂江防司令部将西江第一、二守备总队改编为水雷总队（驻肇庆，后改称大队），下辖6个水雷中队，18个水雷分队。同年5月，粤桂江防司令部司令改由黄文田担任。至1943年又增设水雷输送队。[2]1944年4月，为便于指挥在广东的作战部队，粤桂江防司令部移驻肇庆。

1940年8月，国民政府最高统帅部新设第七战区，辖广东和江西一部，司令长官为余汉谋，广西仍属张发奎任司令长官的第四战区管辖。1944年8月，日军发动长（沙）衡（阳）会战，先后攻占了长沙和衡阳，随后又发动了桂（林）柳（州）作战。9月，日军为策应湘桂战事，先后结集兵力万余人于三水沿线，并有舰艇数十艘驶抵三水河口，准备西犯肇庆，迂回西江上游，攻略桂柳。一路日军沿湘桂铁路攻入广西，与此同时，另一路日军自广东清远经广宁进入广西，突入怀集、信都，向南扑向梧州。此时西江正面的日军也从南岸进抵肇庆，复经罗定进入广西容县，与梧州日军分别自浔江南北两岸会攻平南丹竹的中国空军基地。当西江南岸日军进攻之际，西江正面中国守军以日军有迂

〔1〕白崇禧：《桂南会战》，全国政协文史和学习委员会编：《闽浙赣抗战：原国民党将领抗日战争亲历记》，中国文史出版社1995年版，第185页。

〔2〕李达荣：《抗日时期的广东海军》，《广东文史资料》第七辑，第29页。

回进入广西之意向，肇庆、梧州可能被包围，遂撤离肇庆，自广东南部撤退进入广西。此时，粤桂江防司令部辖下西江之兵力，计有水雷大队部所属4个水雷中队，共辖12个分队（其中两个分队分驻黔江、邕江候命），掩护大队所属步兵2个中队、机枪3个中队、特务队1队、舰艇3艘。中国守军全部撤离后，粤桂江防司令部也从肇庆转移至高要的禄步，继续指挥战斗。水雷队除加强羚羊峡外布雷封锁外，还在无陆军掩护的情况下于西江之孔湾、禄步布雷封锁。掩护大队扼守肇庆峡东西两端南岸据点，掩护水雷队撤退，直至日军自南面攻抵该处，仍坚守原防。特务队则担任后方警戒。"平西""南康""陈特"三艘舰艇担任肇梧间河道梭巡警戒及布雷时之运输协助任务。9月12日晚，日军在羚羊峡外雷区前之横石、欠水等处登陆，水雷队当即施放漂雷，阻敌前进。驻峡外的掩护大队与日军接战，固守阵地，相持三天，互有伤亡。驻峡内的掩护大队于14日晨与攻至沙头、金渡一带的日军接战，日军便衣队从中响应，战事惨烈，掩护大队伤亡惨重。步兵第一中队长叶碧机、第二中队长刘人凤、分队长陈朝海均阵亡，另有官兵30余人英勇牺牲。因战况剧变，粤桂江防司令部奉令沿江西移，即将孔湾以西至封川各勘定雷区节节封锁。21日，梧州为日军迂回攻陷，水雷大队率8个水雷分队、2个机枪中队，先后绕道突围至桂平，遏止日军自梧州继续沿江西犯，又先后将梧州至桂平间河道节节布雷封锁。10月11日，日军攻陷桂平，粤桂江防司令部继续沿邕江西移，将在广西的水雷队分为两部分，一部执行柳江布雷封锁任务，一部执行邕江布雷封锁任务。邕江水雷队遂在桂平、贵县间敷布下湾、东津、萝葡湾等雷区。邕宁陷落后，水雷队又完成了邕宁、隆安间的水道封锁。

在一系列布雷作战中，江防各部队阵亡军官4人、士兵30人；负伤军官1人、士兵4人；失踪军官佐6人、士兵84人。掩护大队在高要、羚羊峡一带掩护雷区，与日军作战，毙伤日军约60人，并击沉、击伤日军雷船各1艘、武装木船2艘。其在沙头、金渡一带作战，日军伤亡亦众。

早在1940年1月，快艇大队撤销，撤往肇庆的九艘鱼雷艇被重新命名为"成功""天祥""壮缪""武穆""继光""廷弼""可法""世昌""杲卿"，编为两个分队，直属桂林行营江防处，第一分队驻梧州，第二分队驻肇庆。由于江中作战主要是对付溯江的日军舰艇和飞机，鱼雷难以发挥作用，故各艇奉命卸

粤桂江防布雷总队水雷第二大队官佐合影

下鱼雷，加装18挺机枪，改做巡防艇使用。1944年12月，快艇第一分队及"天祥"等五艘快艇转移至桂平，后到石龙，各艇油料将尽，配件缺乏，只得奉令在石龙自沉。第二分队四艘快艇当时已经转移至柳州，日军大兵压境，柳州以上各河段水浅，快艇难以上行，加上各艇均有破损，只得自沉于柳州。至此，原电雷学校快艇大队南下的十艘鱼雷快艇全部损失殆尽。此后，战时警戒桂平河面的"平西"舰在驶入官江附近执行任务时，于夜间与桂平南岸日军发生战斗，被击伤触礁倾覆，舰长黄涝芬率官兵携部分武器登岸，两名士兵失踪。[1]

　　湘桂会战后，粤桂江防司令部舰艇损失殆尽，仅布雷作战仍具实力，故于1945年6月底奉令改编为粤桂江防布雷总队，下设2个水雷大队（大队长分别为李兆洲和胡廷济），4个中队，12个分队，以及特务队、通讯队、输送队。

――――――――

　　〔1〕《军事委员会代电军政部告知粤桂江防司令部"平西"军舰驻守桂平与敌接触舰体触礁沉没》，柳永琦：《海军抗日战史》下册，台湾"海军总司令部"1994年版，第386―387页。

另将掩护大队驻桂部分拨归陆军第六十四军，驻粤部分拨归陆军第一五八师，其余官佐分别送训或退役遣散。1945年7月1日，粤桂江防布雷总队于南宁成立，隶属军政部，仍由原江防司令黄文田暂行负责队务。

1945年8月20日，粤桂江防布雷总队奉令移驻广西贵县。9月1日，原粤桂江防司令部代将参谋长陈锡乾奉军政部之令出任总队长，随即率部东移，于23日抵达广州。随后，陈锡乾兼任水道交通警备指挥官，所辖水雷队全部集中于珠江三角洲河道加紧扫雷，开通航道，并接收汪伪海军广州要港司令部的六艘炮艇，梭巡河道。

扫除水雷是抗战胜利后恢复水上交通的急切工作，除了中国海军所布水雷，还要扫除日军撤退时可能布下的水雷，所以需对沦陷区内所有航道加以扫清。在广西有邕江贵县至桂平段，及其支流左江龙津至南宁段；柳江武宣至桂平段；浔江桂平至梧州全段。在广东有西江封川至三水段；珠江三角洲各主要支流；北江英德至三水段，及其支流绥江四会至三水段；东江河源至番禺段；韩江揭阳至汕头段；韩江潮安至澄海段。以上各水道共计长达1700余公里。1946年2月底，扫雷任务完成，粤桂江防布雷总队奉令裁撤，所属官兵除拨归粤越区海军专员办公处服务及送青岛中央海军训练团受训外，其余分别办理退役或遣散。

纵观抗日战争中的粤桂海军，虽然因力量所限没有成为华南抗战的主角，但始终活跃在抗战前线，给予陆军重要的配合。他们以低劣的装备，与优势日军展开舰艇对抗战和布雷游击战，付出了很大牺牲，也取得了不俗的战果。抗战胜利后不久，部分海军官兵云集广州，倡议为牺牲的海军烈士立碑，公推已退役的原广东省江防司令黄文田为代表向政府请求，获得批准后在黄花岗附近竖立了纪念碑。

香港突围

抗日战争后期，日军更加重视对华南沿海的封锁，大本营认为，从中国沿海进入内地的物资依然没有断绝，必须进行一系列封锁作战。此时的香港在英方控制下，由于尚未发动太平洋战争，日军不能直接占领香港，但对香港周围沿海目标实施封锁作战，却能大大遏制战略物资从香港的进出。为此，日军对香港周围的华南沿海目标进行了一系列封锁作战。1941年1月，日本大本营制定了《对华长期作战指导计划》，按照这个计划，日陆海军达成了《陆海军中央关于对华沿海封锁作战的协定》，规定陆军的任务是"协同海军，以奇袭方式登陆并占领输入抗战物资及输出内地物资的沿海各港口，没收或销毁其抗战物资，以至破坏其设施，在敌人聚集之前即行撤出。要反复地对沿海各处进行此种作战"。海军的任务是"以必要的兵力掩护陆军，协同陆军，奇袭占领输入抗战物资及输出内地物资的沿海各港口，并在陆军撤退时进行掩护"。协定达成后不久，日军便发动了"香韶公路切断作战""雷州方面切断作战""汕尾方面切断作战""甲子一带切断作战""东江作战——东作战"等一系列封锁作战。在"东江作战——东作战"中，日军使用了1940年8月"调来准备攻占香港尔后长期待命的重炮部队（北岛支队）"，这说明早在发动太平洋战争一年多以前，日军就有了占领香港的意图。1941年9月，中国派遣军第二十三军突然奉命为"攻占香港作战"进行准备，该军司令官遂令第三十八师团在仙人岭（广州西南约20公里的佛山东北侧）为攻占香港要塞进行特别训练。11月6日，大本营陆军部下达了《进攻香港作战要领》，该要领以"击溃敌人，攻占香港"为作战目的，以"第二十三军以其一部作为主力协同海军，主要从陆上正面迅速攻占九龙半岛及香港岛"为作战方针。12月1日，大本营政府联席会议决定"对美英荷开战"。同一天，陆军部下达了大陆命第572号，命令中国派遣军总司令官以第二十三军司令官指挥之第三十八师团为基干部队，与海军协同，攻占香港。并指示，在确认南方军对马来发动登陆作战或空袭后，立即开始作战。[1] 香港本无中国海军抗战力量，然而，一位中国海军军官在香港的抗敌行动，使笔者不能不将其纳入沿海抗战的一部分加以叙述，这位海军军官就是陈策。

陈策其人

陈策，字筹硕，广东省文昌县（今属海南省）人，1893年出生于一个华侨家庭，小时候跟随父亲陈晓山侨居新加坡，几年后又被送回家乡，入琼山县县立肇新小学读书，接受中国传统的文化教育。此时正值辛亥革命前夜，广东一带革命党人活动频繁，陈策受到很大影响。

1909年，陈策报考广东黄埔水师工业学堂，在校期间加入了同盟会，积极投身辛亥革命，被孙中山收为义子。1912年，中华民国临时政府成立，广东黄埔水师工业学堂改为广东海军学校，陈策由一名学习造船工业的学生，转为正式的海军军人，后加入孙中山在同盟会基础上成立的中华革命党。1915年秋，陈策从学校毕业，正式赴广东海军任职。

从军之初，陈策即积极参与了两次护法战争。1923年2月，孙中山由上海回到广州，成立了陆海军大元帅府，第三次在广州建立革命政权，陈策被任命为广东海防司令。从这时起，广东海军在陈策的领导下出现了统一的局面，形成了一个新的海军派系——"粤系"，陈策成为"粤系"海军的主要首领人物。此后，他率领海军舰队讨伐沈鸿英，平定商团叛乱，出生入死，屡建战功。特别是在讨伐沈鸿英的过程中，左脚中弹负伤，留下残疾，为以后失去左足埋下隐患。

1927年以后，陈策先后出任广东清党委员会委员、中国国民党中央执行委

---

〔1〕日本防卫厅防卫研究所战史室：《中国事变陆军作战史》第三卷第二分册，中华书局1979年版，第115、165、200、206、212页。

员、中国国民党广州特别市党部委员等职。在1929年1月的全国编遣会议上，广东海军被编为第四舰队，陈策出任舰队司令。后因与陈济棠矛盾激化，出走欧美，考察海军。1933年回国，被蒋介石任命为国民政府军事委员会军令处处长。1935年，为了加强沿海的防御力量，国民政府对海军人员进行了调整，陈策赴广东担任虎门要塞司令。

1938年春，陈策左脚伤势恶化，遂辞去虎门要塞司令之职，前往香港入法国医院接受医治。入院后医生发现，由于伤势拖延过长，无法完全治愈，并有可能危及其他部位，决定将其左脚截去。手术非常顺利，陈策很快痊愈，并安装了假肢。出院后，他出任国民政府驻港特派军事代表，兼国民党驻港澳总支部主任委员，港英各界称他为"独脚将军"。徐亨回忆说："陈策将军担任两项职务，分别代表国民党和国民政府，与香港军政当局秘密联系，办公厅就设在亚细亚行二楼的华记行。"[1]

香港抗战与突围

1941年12月1日，香港当局发布紧急疏散令。此时，英国在香港的陆上防御力量主要有9英寸炮8门、6英寸炮14门、4.7英寸炮2门、4英寸炮4门；陆军部队有5个步兵营、1个机械炮营；空军力量有2架"海象"水陆两用飞机、4架"羚羊"水陆两用飞机；海军力量有1艘"色雷斯人"号驱逐舰、8艘鱼雷快艇、几艘炮艇、几艘辅助巡逻艇。全部战斗人员包括英国、加拿大、印度等国的部队在内共15000人。

1941年12月7日，日本偷袭珍珠港，拉开了太平洋战争的序幕。香港战事于8日凌晨4时打响。此时，陈策在九龙寓所，接到参谋蔡重江转来的英军军部的电话，说日军已在马来亚北暹罗湾之南登陆，珍珠港、马尼拉等地已遭到日军的空袭。陈策立即通知国民党留港人员注意，并于7时渡海过港。沿途上空日机20余架飞过，分批轰炸九龙启德机场和深水埗兵营等地。抵港后，陈策拜会英陆军司令，商量军事合作及作战计划。当日夜，日军开始发动对九龙英军防线的进攻。

〔1〕《徐亨先生访谈录》，台湾"国史馆"1999年版，第15页。

10日晨，陈策召集国民党驻港各机关代表，齐集总支部开会，决议成立"中国各机关驻港临时联合办事处"，大家推举陈策为主任委员。办事处分设秘书、军警、外交、情报、宣传、财务、交通、粮食、总务等九个组[1]，设于总支部所在的亚细亚行。当日午后，英军退守大浦、元朗防线，继而又退守沙田、荃湾防线。陈策用"忠义慈善会"的名义组织了2000余人参与作战。

12日晨，陈策召集各代表开会，决定在"中国各机关驻港临时联合办事处"之下，成立"香港中国抗战协助团"，陈策任团长，各帮会领袖为骨干，设指挥部于跑马地，并将香港繁荣地域划为三个区，各派代表前往，负责协助维持秩序。当日，九龙失陷，英军全部退至香港岛。

18日夜，日军在香港岛北角潜渡登陆；19日，又在北角太古船坞登陆，形势危急。陈策决定组织人员直接参加防御作战。他挑选了枪法娴熟、曾上过战场的精壮人员1000多人，向英军总部提出，让这些人员参加英军前线作战，请求发给枪弹。但英方表示，深信香港尚能固守，待中国援军赶到，即可解围。

日本海陆军指挥官从太古船坞登上香港岛

---

〔1〕《徐亨先生访谈录》，台湾"国史馆"1999年版，第15页。

早在珍珠港事件之前，国民政府就提出了帮助英军防守香港的建议，但遭到英方的拒绝。守港战斗打响后，英方才急忙派代表赶往重庆，向国民政府求援，但仍然拒绝为中国军队的调动提供海空支援，因为此时英方仍然相信他们可以坚守六个月。

21日晨，日军千余人分由鲤鱼门、筲箕湾两线渡海，铜锣湾大坑及附近高冈阵地被攻陷。24日，英军已疲惫不支。当夜，英军总部才将手榴弹20箱、左轮枪75支送到陈策手中。正当陈策准备利用这些武器投入战斗时，英军忽又来告，"改期缓动"。而此时，跑马地传来的日军炮声连续不断，陈策意识到日军已在全力夺取香港市区，战局已危如累卵。

就在香港局势极为危机的时刻，英国首相丘吉尔密令香港总督杨慕琦，宁可向日军投降，不可使香港落入中国人之手。原因是，降与日本，将来尚可收回，交与中国，定无收回日期，这也是港英当局拒绝给援港中国军队提供海空支援的根本原因。于是，杨慕琦决定在12月25日放下武器，向日军投降。

陈策提前获悉杨慕琦将在12月25日下午6时宣布停战投降的消息后，立即召集中国各机构代表开会，研究对策。会上，陈策坚定地表示："如我国援军不能赶到，香港一旦失陷，决冒险突围，宁死不愿做俘虏。"为表示突围的决心，他在护照上写下"不成功则成仁"，又分别给父母和妻子写了遗书，吩咐弟弟陈籍带回家乡。"籍茫然不知将何为，又不敢问，提书含泪俯首缓步以去。"后来陈策描述当时的心情说："此时中情虽苦，然以临大节而不可夺，意既坚决，觉心境宁静，态度更为从容。"[1] 随后，陈策将突围决定通过电话通知杨慕琦。他说："本人决计突围，贵方如果有人愿意相从，请立刻到亚细亚行来。"[2] 尽管此时杨慕琦已经接到英国政府投降的命令，但他十分赞同陈策的主张，主动提出将剩余的五艘鱼雷艇交给陈策，用于突围。

杨慕琦提供的五艘鱼雷艇隶属英国海军中国派遣舰队第二鱼雷艇中队。12月25日15时，英军远东情报局局长麦克道格尔（MacDougal）、助理罗斯（Ross），空军少校参谋沃克斯福德（Oxford），海军中校蒙塔古（Montague），

---

[1]《徐亨先生访谈录》，台湾"国史馆"1999年版，第176页。
[2]同上，第21页。

英国驻香港第二鱼雷艇中队的"9"号艇参加了陈策的突围行动

陆军少校作战科长高灵（Goring）、上尉麦克美廉（Mcmillon），警察督察长鲁滨逊（Robinson）等10多名军官相继赶来，向陈策报到，愿意跟随陈策突围。另外，还有来自英陆、海、空三军的50余名官兵也响应突围。陈策派人先赶到香港仔海军码头，与五艘鱼雷艇会合，与各艇长商量，让他们先载50余名英军官兵，直驶鸭脷洲盟山背停泊，等待陈策的到来。一小时后，陈策获悉杨慕琦已驰往九龙向日军投降，立即下达了突围命令。

　　1941年12月25日16时30分，陈策率领随从人员徐亨、杨全、余兆骐以及英军军官十余人，驱车赶往香港仔海军码头。本来他们想登上"C410"号拖船出航，可由于人员太多，拖船装载不下，不能一起出航。这时，陈策发现附近有一艘旧汽艇，便派人四处寻找油料和电池，将汽艇发动起来。陈策率领十余人登上汽艇，另外五六人则坐上了拖船，趁夜色出发。可是，刚出发后不久，两艘船就失去了联系。陈策率领的汽艇朝东行驶，刚刚驶出不到半里，即被驻扎在浅水湾西角的日军发现，他们用机枪猛烈扫射，之后又用小炮轰击。在猛烈的炮火中，多名人员负伤，倒卧舱中，舵手阵亡。麦克道格尔也背部中弹，陈策左手腕被打中，血流如注。更糟糕的是，汽艇主机被击坏，艇身在水面上打转，无法前行。在这危急时刻，陈策毅然下令弃船。弃船后，十几个人在水中被枪弹驱散开了。徐亨扶着陈策，罗斯保护着麦克道格尔，杨全紧随其后，五人形成一组，其他人则消失在他们的视线以外。

陈策等人经过两个半小时的奋力拼搏，终于登上鸭脷洲，与先前到达的五艘鱼雷艇以及50余名英军官兵会合了。陈策立即命令徐亨四处寻找其他人，随后又陆续有英国军官前来会合。陈策清点了一下人数，共有中英官兵67名。

登上鸭脷洲并不意味着突围的成功，这个小岛依然在日军的射程内，他们必须离开这里，进入广东省地界。陈策将67名官兵组成突围分队，亲自拟定航线，把登陆地点选在大鹏湾的平洲。21时30分，陈策被抬上鱼雷艇，他命令五艇同时起碇，向目的地疾驶。途中，突遇一艘日军驱逐舰，陈策沉着冷静，命令五艇一字排开，径直冲向敌舰，以迷惑敌人。日舰果然误认为是盟军舰队发动攻击的前锋，不敢交战，仓皇逃避。午夜，五艘鱼雷艇抵达平洲，突围成功。此时"C410"号拖船也驶至附近，两股突围人员会合后，陈策命令再次启航前往南澳，与当地的游击队会合。到达南澳时，已是26日凌晨3点多，陈策派徐亨与当地游击队取得了联系，游击队负责人梁永元曾在陈策手下担任过海军陆战队的排长。为不使鱼雷艇落入日军之手，也为避免留下痕迹，陈策下令将五艘鱼雷艇全部凿沉。随后，他们在游击队的护送下，开始了陆上的行程。众人克服重重困难，终于在12月29日到达广东惠州。

突围的英军官兵回到英国后，"独脚将军"率英军突围的事迹很快在欧洲传开，各大媒体争相报道，一时间，陈策成了"世界英雄"。1942年2月，伤愈的陈策飞抵重庆，受到各界的欢迎。国民政府授予他干城甲种二等勋章，行政院授予他海军中将军衔。英国大使馆代表英皇乔治六世，授予他大英帝国爵士（Knight of the British Empire）称号，并派飞机将他接到印度，专门制作了假

1941年12月29日，突围分队在陈策率领下抵达惠州

陈策与一起自香港突围的英国空军上尉沃克斯福德（左）、副官徐亨（右）于1944年合影

肢。陈策将从他左腕中取出的那颗子弹镶嵌在一条金链上，佩戴在胸前，作为他从香港突围的永久纪念。

1945年春，陈策从重庆返回广东，出任盟军联络专员、广州军事特派员、广州特别市市长等职，设办事处于兴宁，负责军事策反工作，协助盟军反攻广州。抗日战争胜利后，陈策首先进入广州，成为广州市第一任市长。次年，他的胃溃疡病发作，遂辞去广州市市长职务，赴南京休养，担任国民政府顾问。1948年，他再度回到广州，担任广州绥靖公署副主任。

1949年8月30日，陈策胃溃疡病复发，医治无效，卒于广州大德路海军联谊社寓所，享年55岁。当时为其送葬的中外人士多达数万人。香港总督葛量洪爵士电请英国驻粤领事代表赴吊；代总统李宗仁赠"英风宛在"挽词；国民党元老于右任赠"义气盟军重，忠诚国父知"挽联，以示敬仰。

南海诸岛的沦陷与收复

中国的南海诸岛是指东沙群岛（又称东沙岛、大东沙）、西沙群岛（又称西沙岛）、中沙群岛（1947年以前称南沙群岛）和南沙群岛（1947年以前称团沙群岛）四个群岛。这些岛屿自古以来就是中国的领土，华夏先民首先发现这些岛屿，并在岛上及其周边海域留下了大量的活动痕迹。然而进入近代，西方列强和南海周边国家趁中国国力衰弱、内部动荡之际，不断对南海诸岛进行骚扰、侵占、掠夺，试图据为己有。中国历届政府始终没有放弃对南海诸岛主权的维护。抗日战争爆发后，日军侵占南海诸岛，直至抗日战争胜利后的1946年，中国政府才派舰队将南海诸岛正式收回。在这一过程中，中国海军始终发挥着主要作用。

东沙群岛的沦陷与收复

　　东沙群岛位于广东省东南，是我国南海诸岛中位置最北的一组岛屿，主要由一个岛、一个环礁和两个暗礁组成，分布于北纬20°33′至21°10′、东经115°54′至116°57′之间海域，其中唯一的岛屿是东沙岛，它北距汕头168海里，西北距香港169海里，西距海口420海里，东南距菲律宾马尼拉430海里，东北距台湾高雄220海里，面积1.8平方公里。东沙群岛最迟自明代开始就由中国政府管辖。清代《广东通志》："长沙海、石塘海，俱在城东海外洋。古志云：万州有千里长沙、万里石塘。"[1]这里的"古志"至少是指明代地方志，"千里长沙"指的是南沙群岛，"万里石塘"指的是东沙群岛。这说明，在明代，东沙群岛属万州管辖。清代后期，东沙群岛属广东省惠州管辖。渔商梁应元曾向清政府禀称，"东沙"为"惠州属岛"[2]，在版图上有"南澳气""气""沙头"等称谓，《在广东省水道图》中，东沙岛被称为"拨达司岛"，东沙礁被称为"石塘礁"。1866年，曾有叫蒲拉他士的英国人避风于东沙岛，此后西方人将东沙岛标于地图时，称之为蒲拉他士岛，并标明为中国广东省属地。在英国出版的书籍中也记载，中国人在该岛捕鱼"已不知若干年"。1910年，中国的《地学杂志》在实地调查的基础上，这样描述东沙群岛的地形地势："大东沙即中国旧名千里石塘者，西名译音或曰蒲拉他士，或曰朴勒特司，或曰不腊达斯。孤悬海外，岛型如马蹄铁，东北西北两端凸出东成凹状。岛之中央似湖非湖，似

---

　　〔1〕（清）金光祖：《广东省志》卷十三。
　　〔2〕郑资约编著：《南海诸岛地理志略》，商务印书馆1947年版，第72页。

海军海岸巡防处所管东沙观象台

澳非澳，水深五拓至六拓（中国二丈余至五丈余），地质全为积沙所成。据日人所称，幅员可二里许，而积不过百三十町。英文书所记载云，东西长约一迈当有半，南北距约半迈当（与日人所称均同）。岛之高度，潮落时望岛对顶上约四十尺，潮涨时则仅见三十四五尺。环岛周围皆有沙滩，轮舶大者不能近岸。隔十余里之远，奇岩林立，见者为之寒心，故别名之曰险岛。中国旧时航海家亦指千里石塘为险地也。"[1]

　　抗日战争爆发后，东沙群岛的战略地位迅速凸显出来。它位于香港至台湾和香港至菲律宾两条航线的关键位置，对航线影响巨大，同时扼守着台湾海峡南口和巴士海峡西口。日军于1937年8月24日决定对华南沿海进行"遮断"，夺取包括东沙岛在内的重要战略目标。当时，东沙岛上的中国海军守备官兵只有37人，由海岸巡防处江宝容中校指挥，防御力量极其微弱。9月3日，日本大本营以大海指32号令，命令第二舰队执行东南沿海的夺岛行动。当日凌晨，日本舰队二等巡洋舰"夕张"号及二等驱逐舰"朝颜"号驶近东沙岛，开炮向岛上轰击，掩护3艘登陆艇上的60余名海军陆战队员登陆。中国海军守备部队寡不敌众，遭日军俘虏。被俘官兵被押上"朝颜"舰转送高雄港，遣至花莲港。另有东沙管理处平民十余人被遣送至澳门，不知所终。被俘海军官兵后又被转押到广

---

　　[1]《大东沙岛》，《地学杂志》1910年第1卷第3期，第7—8页。

东，途中多人受到酷刑折磨而身亡。[1]

日军占领东沙岛，"无非想截断欧美与中国南方的水上商业交通，广九路与粤汉路、越腾路与云南的联络，而断绝各国的对华接济"[2]。东沙岛沦陷后，气象报告随即中断，南海上来往的各国船只，除了气象信息缺乏，还受到日军的武力威胁，因为此后不久日舰便开始在粤港海面截查英国商轮[3]。

太平洋战争中，日美双方在南海诸岛海域展开了激烈的海空战，美军在东沙岛实施了两栖登陆作战。1945年5月29日，美军潜艇"蓝鳃"号潜航于东沙环礁外，发现岛上有日军活动，遂浮起逼近东沙岛，先以艇上的3英寸炮及2挺机枪对岸轰击和扫射，随后艇长巴尔中校派遣一个12人小组，由2名澳大利亚皇家特勤队军官率领，在东沙岛涉水登岸。美军登陆后与驻守日军发生激战，最终将日军全部消灭，占领东沙岛。除捣毁气象观测站，烧毁储油槽外，美军还在东沙岛上升旗立碑，然后离去。事后，巴尔中校致电美军太平洋潜艇司令部，正式要求将东沙岛更名为"蓝鳃礁"，以纪念美军收复东沙岛。当然，这项建议在战争结束后遭到中国政府的严词拒绝，没有得逞。

抗战胜利后，中国海军在收复西沙群岛和南沙群岛后，于1947年3月派遣"太平"号军舰收复了东沙群岛，在东沙岛上竖立了"东沙阵亡官兵纪念碑"，任命周凯荣为东沙群岛管理处主任。

〔1〕钟坚著：《台湾航空决战》，台湾麦田出版股份有限公司1996年版，第295—296页。
〔2〕蔗园：《南海中的东沙群岛》，《战地通信》1937年第1期，第6页。
〔3〕《国闻周报》1937年第14卷第36—38期，第16页。

西沙群岛的沦陷与收复

　　西沙群岛位于北纬15°46′至17°08′、东经111°11′至112°54′之间海域，由宣德和永乐两个群岛组成，包括41个岛、沙洲、暗礁和暗滩，其中岛屿包括甘泉岛、珊瑚岛、金银岛、琛航岛、广金岛、晋卿岛、赵述岛、北岛、中岛、南岛、永兴岛、石岛、中建岛、和五岛等。[1]它北距海口240海里，东北距香港390海里，西北距榆林150海里。中国人民早在西汉时期即已发现西沙群岛，古时称"长沙""九乳螺洲"等，清代地方志称"千里石塘"，《海国图志》称"万里石塘"，《海国闻见录》称"七洋洲"。19世纪以后，西方列强加紧了对西沙群岛的侵犯，英国最为积极，先后于1800年、1808年、1815年、1817年、1840年、1844年、1860年、1862年、1865年、1867年、1880年、1881年十余次到西沙群岛进行非法勘测。[2]德国也不示弱，分别于1881年、1882年、1883年、1884年、1895年到西沙群岛非法勘测。[3]法国和日本更是迫不及待，对西沙群岛垂涎三尺，长期图谋侵占。

　　在发动全面侵华战争之前，日本就已清楚地看到，西沙群岛在新加坡—香港海空航线之西，西贡—海防—香港海运线之东，战略地位非常重要。当时，中国媒体有精辟的分析："西沙群岛是我国南海上的一簇岛屿，握着欧亚出入口道——香港、安南、南洋群岛的冲途。各岛环湾深入，可泊巨舰，据

---

　　〔1〕1909年，广东水师提督李准勘探西沙群岛时，将查明的15座岛屿进行了命名。1935年和1947年，国民政府又两次对西沙群岛各岛名称进行了审定。此处为1947年审定后的名称。见刘南威著《中国南海诸岛地名论稿》，科学出版社1996年版，第80—86页。
　　〔2〕韩振华主编：《我国南海诸岛史料汇编》，东方出版社1988年版，第692—693页。
　　〔3〕同上，第694页。

军事家的观察，能泊航空母舰及战斗舰二三十艘；沿岸周围的浅海，更是潜水艇寄碇最优良的场所；环内水面广阔，可容水上航空机百架升降，且各岛均位于英美法诸国属地的中点，距离海南岛更不过二百三十三公里，军需的供给至为便利，足以控制各方，确是我国南海上一个重要的军事支撑点。因此，敌人无日不想占据此地，扩展南海封锁线，断绝海外我军需的接济。"[1] 自1935年起，日本海军经常派军舰前往西沙群岛驻泊，并以火炮驱逐中国渔船，甚至在西沙群岛的东岛立碑，刻有"昭和十一年大日本海军停息"字样。然而意想不到的是，1938年7月3日，法国派出二三十名武装的安南警察登陆西沙群岛，试图趁战乱据为己有。中国政府以备忘录的形式，向法方重申中国对西沙群岛主权，并称保留一切权利。对于法国的野心，日本不能容忍。就在法国派安南警察登陆西沙群岛的次日，日本外务省发言人就明确表示，"我们正关注形势的发展"，一些日本公民是住在"我们承认是属于中国领土的西沙"[2]。然而日本国内却是另一种声音。据东京7月8日路透电：《日日新闻报》称，"西沙群岛应为日本领土，今为法国所占，法国援助中国而牺牲对日友谊，不啻使法属安南陷于危境"。又《报知新闻》称，"法占领西沙群岛，使日本反法情绪高涨，在此种情势下，无人敢担保法日间不致发生冲突。法国此种占领系海盗行为，其背后或有英人为之支持。日本政府必须采取坚强政策以应付此种非法行动"。[3] 随后，法日双方在军事上展开对峙。7月14日，法国军舰30艘，在1艘航空母舰和数艘潜艇的配合下，在广州湾至西沙群岛之间布成阵势；与此同时，日本军舰25艘、渔船30余艘，也在海南岛与西沙群岛之间拉开架势，但始终未敢在西沙群岛登陆。[4]

1939年3月2日，日军占领西沙群岛的九个岛礁，将法军全部驱逐出岛，其意图，在同年4月25日出版的《东亚情报》第236号上表明得十分清楚："尤其我国海军当局，对已在西贡、广州湾保有舰队根据地的法国，若再领有此飞行根据地及潜艇寄泊所，其结果将使南中国海上列强的海军势力，展开新形

---

〔1〕《新战线周刊》1938年第11期，第20页。
〔2〕韩振华主编：《我国南海诸岛史料汇编》，东方出版社1988年版，第546页。
〔3〕《日本舆论界对西沙群岛事件的狂言》，《新政周刊》1938年第1卷第28期，第15页。
〔4〕《西沙形势益严重》，《边事研究》1938年第7卷第6期，第38页。

势，由于国防上的见地，自然十分重视这一件事。"[1]紧接着，马公要港部派出陆战队、气象情报队以及通信派遣队进驻西沙的林岛，修建军事设施，并竖立石碑，详刻侵犯西沙经过。日军还将西沙群岛改名为"平田群岛"[2]，在珊瑚岛上修建了五座碉堡，南北各一座，东北角两座，东南角一座。战争期间，特别是太平洋战争爆发以后，日军一面保护"开洋磷矿公司"等掠夺西沙群岛的鸟粪等资源，一面利用西沙群岛实施远程水侦飞机的转场，秘密潜入菲律宾群岛、中南半岛及荷属印尼空域，执行侦照任务。1944年，日军在西沙群岛建立了规模很大的气象观测所。

1943年12月，中、美、英三国联合发表了著名的《开罗宣言》，指出："剥夺日本自一九一四年第一次世界大战开始后，在太平洋上所夺得或占领之一切岛屿，其他日本以武力或贪欲所攫取之土地，亦务将日本驱逐出境。"1945年7月，中、美、英、苏四国又发表了《波茨坦公告》，强调"《开罗宣言》之条件必将实施"。

日本投降后，中国政府开始收回曾被日军占领的南海诸岛。1945年12月8日，台湾气象局派员乘机帆船"成田"号前往西沙群岛调查。他们从高雄出发，于11日到达林康岛，停船修理机器；12日下午到达林岛登陆，竖立国旗；13日调查岛上情形，拍摄照片，在测候所风力塔南5米处竖立木牌，正面写"台湾省行政长官公署气象局接收完了"，背面写"民国三十四年十二月十二日"；嗣后又到其他岛屿调查。1946年1月3日再登林岛，20日返抵高雄，发表了巡视报告。[3]国民政府行政院根据台湾省政府主席陈仪的报告，于1946年7月将东沙群岛、西沙群岛、南沙群岛、团沙群岛等南海诸岛划归广东省管辖，并令海军总司令部协助广东省政府接收，同时派兵驻守。8月1日，行政院发出节京陆字第7391号训令，着广东省政府"遵办具报"。8月31日，行政院再次下达电令称：据报，菲律宾外长声称拟将新南群岛（团沙群岛）合并于菲国范围以内，饬外交部会商内政部、国防部妥为应付，并协助粤省进行接收。9月2日，行政院发出节京陆字第10858号训令，着内政部、外交部、国防部会

---

〔1〕郭寿生：《我国南海前哨中的西沙群岛》，《中国海军》1947年创刊号，第16页。
〔2〕（越）阮雅等著：《黄沙和长沙特考》，商务印书馆1978年版，第190页。
〔3〕郭寿生：《我国南海前哨中的西沙群岛》，《中国海军》1947年创刊号，第15—16页。

商，妥为应付，并协助广东省政府接收团沙群岛。根据这一训令，内政部代表傅角今，外交部代表程希孟、陈世材、王恩曾、沈默、凌乃锐、张廷铮、李文显，国防部代表马定波，并有海军总司令部代表姚汝钰参加，由外交部顾问程希孟主持，于9月13日在外交部召开会议，就接收西沙群岛和团沙群岛方案进行详细研究。[1]会议决定按照行政院的命令，由海军总司令部协助广东省政府接收西沙群岛和团沙群岛，并由海军派兵进驻各岛。会议还根据各群岛的地理位置，重新确定了各群岛名称，将南沙群岛改名为中沙群岛，将团沙群岛改名为南沙群岛。

1946年11月初，广东省政府指派委员萧次尹为接收西沙群岛专员、顾问麦蕴瑜为接收南沙群岛专员，海军总司令部则指派第二署海事处承办，由科长海军上校姚汝钰主持，海事处参谋程达龙、李秉成、张君然具体负责。其他部门也派出了相关人员以及熟悉南海诸岛情况的人员参与其中。恰在此时，中国方面在西沙群岛海域发现了法国军舰，说明法国有抢占西沙群岛的意图，这一情况坚定了海军收复西沙群岛、南沙群岛的决心，加速了收复进程。据时任海军总司令部办公厅副主任的徐时辅回忆：

> 1946年11月，我作为海军总司令部办公厅机要科长，随海军代总司令桂永清去粤琼台澎视察，乘"峨嵋"号军舰由上海抵广州。时广东人士谈到想搞一个海运公司，把西沙、南沙群岛的鸟粪运到广州出售。恰在此时，海军总司令部参谋长周宪章从南京给桂永清发电报，说西沙群岛海域发现一艘法国巡洋舰。桂永清有意将此情报透露给美国驻中国海军顾问团团长莫雷海军少将。莫一笑置之，态度轻蔑，并未说话。桂永清乃根据行政院的决策、广东省的要求等情况，进一步坚定了派舰从速接收西沙、南沙群岛的决心。[2]

---

〔1〕《抗战胜利后中国海军奉命收复南沙群岛实录：几位历史见证人的回顾》，《军事历史》1989年第2期，第54页。

〔2〕同上。

海军的工作开展得非常困难，由于西沙群岛、南沙群岛沦陷多年，岛上的实际情况并不清楚，历史资料又大都在广东省，参加收复的人员只能根据有关航海图志制定进驻方案。法国舰艇的出现更是给筹备工作带来了紧迫感，既须周密计划，又要行动迅速。几经研讨，海军做出如下决定：

第一，为了执行进驻任务，调护航驱逐舰"太平"号、驱潜舰"永兴"号、坦克登陆舰"中建"号和"中业"号等四艘军舰，组成海军进驻西沙群岛、南沙群岛舰队。派海军上校林遵为指挥官，姚汝钰为副指挥官，海军上尉林焕章、张君然为舰队参谋。为了争取时间，决定由林遵偕林焕章率"太平"舰、"中业"舰进驻南沙群岛，张君然随姚汝钰率"永兴"舰、"中建"舰进驻西沙群岛。

第二，进驻目标和人员装备。南沙群岛主岛为长岛，西沙群岛主岛为林岛，进驻后每岛设置海军电台一座，驻守海军陆战队一个独立排。每岛在编人员59名，直属海军总司令部指挥，并派电信上尉李必珍为海军西沙群岛电台台长，电信上尉邓清海为海军南沙群岛电台台长。岛上的装备，电台配250瓦功率的发报机组及相应的设备；武器配25毫米机关炮9门，机枪4挺，其他长短枪22支。

第三，物资供应。考虑到南海诸岛远离大陆，补给不便，生活上会有各种困难，所以生活用品从鱼钩、渔网、针线、猎刀、火种，到主副食品、种子、禽畜、营房器材、发电机组、机械、材料、配件、工具等，一应俱全，无不妥为准备。还规定每半年补充供给品一次。为了稳定军心，规定驻岛人员每年轮换一次，驻岛期间支领三倍薪金，以示优待。[1]

海军进驻西沙群岛、南沙群岛舰队指挥人员于1946年10月25日到达上海，随同工作的还有国民政府各部会代表及内政部方域司科长郑资约等13人。10月29日晚，各舰分别出港，22点在长江口编队南下，航线经台湾外海并绕过香港，于11月1日晚抵外伶仃，连夜进入珠江口。午夜，舰队在虎门炮台抛锚，海军广州炮艇队派艇迎接。舰队指挥官林遵、姚汝钰，参谋林焕章、张君

---

〔1〕张君然：《抗战胜利后我国海军进驻南海诸岛纪实》，《纵横》1997年第10期，第33—34页。

然，以及"太平"舰舰长麦士尧、"永兴"舰舰长刘宜敏、"中建"舰舰长张连瑞、"中业"舰舰长李敦谦等一行8人去往广州。11月2日8时，舰队人员先到广东省政府拜会省主席罗卓英，并会见广东省接收各岛的负责人，交换了工作情况。10时，又拜会了军事委员会广州行营主任张发奎，向他报告了舰队情况和工作计划。

接收西沙群岛、南沙群岛人员分成两个接收工作组，每个组都有广东省各机关代表，还有民政厅、实业厅、中山大学等单位的专业考察人员、测量人员及各行技工。在广州期间，准备工作还在继续进行，舰队参谋人员会同广东省接收专员，对各群岛的历史情况和自然条件做了一些研究，补充修正了行动方案，还预制了收复各岛的标志和纪念碑。参与接收的广东省人员和物资分别登上"中建"舰和"中业"舰。

接下来接收西沙群岛的情况，张君然留有详细记述：

> 准备工作完成后，舰队于11月6日晨（一说11月5日晚10时）从虎门起航，8日下午到达榆林港，在此补充了一部分物资，添置了一批适航珊瑚礁区的渔业木船，又雇用约40名熟悉各岛情况的渔民，作为礁环区运输物资的民工，等待天气条件适当，分别开往各岛。
>
> 11月份，正是南中国海域东北季候风强劲的时期，海上风力通常都在8级左右，11月12日和18日，"太平""中业"两舰两次出航，都受天气影响中途折返。11月23日，我随姚汝钰率"永兴""中建"两舰，抢在风浪稍减的间隙先行出航。11月24日凌晨，到达西沙永兴岛（按：当时称林岛），在礁环外一海里处抛锚。我先率战斗小组乘艇登陆搜索，岛上未见有人，但原有建筑都已破坏殆尽。随即按原定部署组织人员登陆，抢运物资，各行技工首先搭建活动营房，抢修炮位。这时，海上仍有7级大风，各项工作及物资运输都遇到很大困难，经过五昼夜苦斗，进驻工作大体完成，官兵生活设施安排就绪，电台已经架通，各行专业考察工作次第完成。29日上午，舰队派出仪仗队，会同广东省政府接收专员和驻岛人员，为收复西沙群岛竖立纪念碑揭幕，并鸣炮升旗。纪念碑系水泥制作，正面刻"卫我海疆"，背面刻"海军收复西沙群岛纪念碑，中华民国三十五年

十一月二十四日立"。至此，海军进驻西沙群岛的任务初步告成。广东省还留下一名省政府官员驻岛作为行政负责人。29日中午，舰队告别了永兴岛，按计划驶往永乐群岛考察。下午"永兴"舰越过琛航岛和广金岛，察看了珊瑚岛，见岛上仍有法国和日本侵占时期残留的房屋，随即将此情况电告海军总司令部，舰队于11月30日下午返抵榆林港。[1]

达成任务后，"所有经过情形及开发意见，业经呈报中央，并蒙传令嘉奖"[2]。在这次接收任务中，海军"永兴""中建"两舰功不可没，在1947年国民政府内政部公布的南海诸岛名称中，正式将西沙群岛的主岛林岛命名为"永兴岛"，中途崎岛命名为"中建岛"，以示纪念。

1947年1月8日，国民政府外交部发言人就中国收复西沙群岛回答了记者的提问，明确指出："中国政府已由日本占领中收回西沙群岛，该群岛主权本属中国，故无须经过向任何方面请求收回之手续。"9日，法国外交部发言人声明，"法国一向认为该列岛屿系属于越南者"。13日，法国大使馆正式以节略形式致国民政府外交部，对中国占领西沙群岛之后果，声明保留。过了几天，一艘法国军舰，事前毫无通知，竟至武德岛威胁武装登陆，经中国政府严正抗议，法舰随即离去。18日上午，法国军舰"东京人"号驶抵永兴岛，派官兵登陆，要求中国驻守人员撤退，被李必珍严词拒绝，并令法军立即退走，全岛遂进入紧急备战状态。法军离岛后，其军舰仍停留永兴岛海面，24小时后才撤离。当日，中国驻法大使馆重申中国对西沙群岛的主权，海军总司令部也发出指示，坚守国土，妥为应付，不首先开火。外交部长王世杰于19日16时约见法国驻华大使梅理蔼，郑重表示西沙群岛主权属于中国。21日，国防部长白崇禧发表公开谈话，强调："西沙群岛主权属于我国，不仅历史地理上有所根据，且教科书上亦早载明。去年敌人投降，退出该群岛后我政府即派兵收复。本月十六日有法国侦察机一架飞至该岛侦察，十八日法海军复有军舰一艘行至该群

〔1〕张君然：《抗战胜利后我国海军进驻南海诸岛纪实》，《纵横》1997年第10期，第34—35页。
〔2〕《广东省政府罗主席对省参议会第一届第二次大会施政总报告》，《广东省政府施政总报告》（1946年10月至1947年4月），第11—12页。

日军占领西沙群岛期间在永兴岛上兴建的
军事设施

永兴岛上日建军事设施的内部情景

1946年11月停泊于海南岛榆林港的
"永兴"舰，当时该舰正准备收复西沙群岛

参加收复西沙群岛的"中建"舰

岛中之最主要一岛。我守军当即表示守土有责，不许登陆，并令其撤走。至巴黎电传法海军已在群岛中之拔陶儿岛（按：珊瑚岛）登陆，据余之记忆，此岛距国军主要驻防之岛约为五十海里。"[1] 法军在该岛留驻20人，国民政府外交部于25日提出抗议，要求法方立即撤走该岛法军。[2]

为应对法国对西沙群岛的野心，中国政府加快了对西沙群岛考察和经营的步伐。1947年4月，按照海军总司令部的命令，海军驻广州西沙群岛、南沙群岛前进指挥部指挥官姚汝钰再次率"永兴""中基"两舰组成的编队，于14日从广州出发前往榆林港，经过几天准备之后，于21日下午出发往永兴岛，次日上午11时抵达。此行的任务，一是为永兴岛官兵补给半年的供应品；二是根据国际气象组织的建议，在岛上开展气象观测工作，派一个气象组驻岛，并在石岛建立一个航标灯桩；三是派官兵和电台进驻珊瑚岛；四是组织各专业单位对西沙群岛自然条件及资源进行调查。此行随舰工作人员有中央研究院植物研究所、地磁研究所，青岛海洋研究所，经济部地质调查所，资源委员会矿测处等单位的专家，以及中山大学地理系和生物系的师生。另外，海军总司令部还派电工处处长曹仲渊陪同印尼归侨周苗福，和由广州行营介绍的卸任湖南省主席胡奇伟等一行，随舰考察，考虑开发和建设西沙群岛。舰队指挥部还邀请铁道部琼崖铁路工程处处长吴廷玮派土建工程人员去永兴岛，帮助规划修建码头和栈桥工程。此行任务繁多，但因准备充分，组织得当，顺利完成了任务。

4月24日，舰队在完成了永兴岛上的任务后，直航珊瑚岛，在岛前海域停泊观察，看到岛上悬挂一面法国国旗，岛上人员正在紧张运动，立即向海军总司令部请示，回电指示，暂停进驻。舰队随即启碇返航，于4月底回到广州，此行广东省派驻西沙群岛的行政官员也随舰调回广州。

5月16日，海军总司令部又一次给舰队指挥部下达命令：行政院据广东省政府意见，命令海军暂行代管各群岛的行政工作，并相应设置海军各群岛管理处；在广州设置海军黄埔巡防处，派姚汝钰担任处长。因此，进驻西沙群岛、南沙群岛的舰队于6月初回到广州后，任务即行结束，前后共计八个月。"永

〔1〕郭寿生：《我国南海前哨中的西沙群岛》，《中国海军》1947年创刊号，第11页。
〔2〕《关于西沙群岛之争》，《外交部周报》1947年第12期。

兴"舰奉命在广州驻防，配合巡防处和西沙群岛、南沙群岛的工作。

1948年3月，海军总司令部特派法制委员潘子腾上校等前往西沙群岛、南沙群岛实地考察和换防。此次换防，原任西沙群岛管理处主任李必珍及南沙群岛管理处主任邓清海，调回海军总部工作，另派张君然少校接任西沙群岛管理处主任，彭运生少校接任南沙群岛管理处主任。24日，上述人员连同100余名士兵，乘坐"中海"号登陆舰，从上海出发，经左营港驶往南海。[1]

此后的工作，张君然留有详细记述：

> 我被任命为第一任西沙群岛管理处主任之后，暂留广州，会同广东省有关人员，对南海诸岛资料做一些比较深入的研究。广东省政府于6月11日至15日，在广州文庙开了一次西、南沙群岛物产展览会，将各群岛的物产实物标本、照片图表以及地理历史文物资料的情况，公开展览，先后有30万人次参观，使广东人民对南海诸岛的重要性有了比较深刻的印象。在这期间，我根据收集和调查的资料，结合各岛现实情况，拟了一个海军管理和开发西沙群岛的意见书，其主要内容是：修建各岛的港湾码头，发展各岛海上交通，开发磷矿和水产资源，加强气象和航标工作等等。这一意见上报之后，未被采纳，连华侨投资开发的计划也未得到支持。
>
> 当时海军总司令部西沙群岛管理处核定编制为：主任一名（海军中校级），办事机构设办公室、气象组、电信组，各类专业技术军官佐和士兵等共128名。我在建设西沙的设想不能实现的情况下，只能按照编制组织人员准备去永兴岛接防，同时推荐海总训练处参谋彭运生担任南沙群岛管理处主任。1948年3月，我和彭运生率两岛全部换防人员，乘"中海"舰从上海出发，经高雄、广州、榆林港，先送彭运生到太平岛接任，再回永兴岛换防。从此，海军管理西沙和南沙群岛的工作进入了一个新阶段。
>
> 在气象人员设备充实之后，气象工作就成为各岛的中心工作。永兴岛气象台每两小时做地面观测记录定时播报，并上报南京海军总部，又定时抄收东京、上海、香港等气象台汇总观测资料，每天绘制〇二〇〇和

---

[1]《中海舰载海军官兵，驶东沙等群岛换防》，《全民日报》1948年3月27日。

一四〇〇时的天气图。试做天气预报之后，又公开广播，在国际航线气象方面起了一定作用。

我在驻岛期间，为了纪念1946年以来海军收复和经营西沙群岛的工作，曾建造了一座"海军收复西沙群岛记事碑"，记叙收复和经营的经过，并附有关人员的题名录。全碑用铝合金铸成，镶在水泥座上，总约千余字，由电信员汪润生书写，电机军士长司克森凿刻，字体隽秀，布局美观。又重建了"海军收复西沙群岛纪念碑"，正面碑文为"南海屏藩"，由我署名。

1949年6月，我和彭运生换防离岛，回到广州。当时接任西沙管理处主任的是原"中训"舰长海军中校梁剑光。1950年5月，中国人民解放军解放海南岛之后，原驻西沙、南沙群岛的海军官兵都撤往台湾。[1]

关于永兴岛上的战备情况，通过后来张君然对一次经历的讲述，可知一二：

我们驻防在永兴岛，装备了九门25毫米的机关炮，环岛布置了十几处炮位掩体，射面可以控制全岛，但重点放在西南方，因为这里是登岛通道，所以安置了昼夜的瞭望岗哨。同时，实施环岛巡逻。在岛的西南方沙堤的后面是营房区。操场水泥地坪上高竖着一根长16米的旗杆，高悬国旗。旗杆设置横桁，穿附着可以拉四挂信号旗的旗绳；旗杆上还装着无线电天线，通向报房。这些都是仿照军舰主桅装配的。1948年8月间一天，哨兵报告说，有一艘船，是法国军舰，向永兴岛驶来。我随即命令备战。立刻，军号吹响，士兵们站上炮位，正面的四门炮卸下了炮衣，炮管高扬。参谋和信号军士到岗，电台开机叫通南京和广州电台守候。这时，来船在礁盘外抛锚，是一艘约600吨左右的炮舰，舰尾挂着法国旗。我叫信号兵悬旗询问是什么船？有什么事？稍停，只见来船拉起一串旗，但未到

〔1〕张君然：《抗战胜利后我国海军进驻南海诸岛纪实》，《纵横》1997年第10期，第35—36页。

顶又放下了。估计它是显示舰船代号，但又觉得不合适，便又放下了，半晌没下文。我又叫信号兵用旗呼叫它，如得到答应，就用旗语告诉他们："这是中国领土，如果没事，就请离开。"半晌，仍不见动静，我们就拉旗叫该舰"立即离开"！同时，各炮位将炮口指向该舰，校正了距离。过了一会，见该舰起锚驶向西方，我们就解除了战备，并将情况向南京海军总司令部报告。对于这次法国人的侦察窥视，展现在他们面前的是军容整肃、攻防有备的中国守军。[1]

对于具有历史意义的"海军收复西沙群岛记事碑"和"海军收复西沙群岛纪念碑"这两座碑，张君然后来也做了进一步说明。他说，前者是用飞机残骸外壳铝材浇铸而成，后来下落不明；后者之所以用"张君然"的落款，是"因为我从1946年9月起参加筹划收复、进驻西、南沙群岛，11月24日我首先率兵在永兴岛登陆，到1947年5月又奉命担任西沙群岛管理处主任，现在又驻守岛上，是海军中唯一参加收复南海诸岛全过程的人，立碑留念，以与神圣领土共存共荣"。这块石碑"劫后幸存，迄今兀然耸立，成为我国主权碑的唯一证物"。[2]

1948年3月，驻西沙群岛海军机关换防，在永兴岛上又重建了海军收复西沙群岛纪念碑

〔1〕张君然：《戍边南疆》（上），《椰城》2007年第8期。
〔2〕同上。

南沙群岛的沦陷与收复

南沙群岛包括230多个岛屿、沙洲以及礁、滩，是我国南海诸岛中岛礁最多、散布范围最广的珊瑚礁群。目前，已定名的有189座（根据中国地名委员会1983年1月公布），其中岛屿14个、沙洲6个、暗礁113个、暗沙35个、暗滩21个。早在汉代，中国人民就在南海航行中发现了这些岛屿，留下了若干记载。宋代以后开始命名，把南海诸岛称为石塘和长沙等，以后发展到用长沙或千里长沙专指南沙群岛。明朝又称南沙群岛为万里长沙。清代中叶以后，有的著述沿用了这些名称，也有的著述将南沙群岛称为千里石塘，又称北海。

1939年3月30日，日军侵占南沙群岛。4月9日，将多年来盘踞在部分岛屿上的法国殖民军及安南渔民悉数驱离。4月28日，台湾总督府将南沙群岛更名为新南群岛，归高雄州高雄市管理，并入日本版图。1940年，日军在长岛整建军港，在岛南兴筑突堤620米，以开辟1300平方米的港池，水深达2米，内有码头175米，可停泊50吨级渔船90艘。港池外锚地可容纳千吨级军舰和潜艇碇泊。除兴建军事设施，日军还大肆掠夺南沙群岛资源。1940年11月18日，日商成立了"新南群岛电灯事业株式会社"，在南海诸岛遍设柴油发电机组，以供应军民使用，加速掠夺海洋资源并强化备战。

太平洋战争爆发后，日军与美军在南海展开海空作战，南沙群岛成为日军重要的支撑点。1944年初，日军派出驻防东港的吕宋海峡反潜部队，执行南海海上护航及海空联合反潜作战任务。该部队下辖第901航空队（驻东港）和第936航空队（驻新加坡）共有飞机190架，其作战范围以南沙群岛的长岛为界，涵盖整个南海海域。各航空队均以东沙、西沙及南沙为转场基地，进行加油挂弹整备。在空中侦巡过程中，一旦发现海面游弋的盟军潜艇，立即以深水炸弹实施攻击，同时持续尾随监控，通知在航反潜舰艇猎杀。在侦巡过程中，日军的反潜部队多次与盟军潜艇交战，但战果不明显，击沉美潜艇的记录也只有两次。第一次是1944年10月24日，在东沙岛以东100海里处，击沉了美国潜艇"鲨鱼"号；第二次是在同一天，在南沙群岛的半月暗沙外，将美军潜艇"海鲫"号逼至触礁搁浅弃艇。然而，随着美军潜艇越来越多，这点战果微不足道。相反，美军击沉的日军舰船数量惊人，截至1945年5月，日军在南海损失的海军作战舰艇多达100余艘，38.8万吨。1945年6月，美军攻克冲绳，战火进一步逼近日本本土，此时南海海域已经没有日本舰船的踪影。南海诸岛上的残余日军及台湾民工，由于海上运补已遭美军完全切断，在缺乏医药、粮水等补给的情况下，大多饿毙或病殁。这表明，日军在南海诸岛已彻底败亡。

1946年9月13日，由内政部、外交部、国防部代表参加的收复西沙群岛、南沙群岛的专门会议决定：第一，由国防部协助广东省政府从速接收团沙群岛，至接收之地理范围由内政部拟定；第二，关于该群岛之地理位置及所属各岛之名称，由内政部绘制详图重行拟订，呈院核定；第三，目前不必向外国提出该群岛之主权问题，惟为应付将来可能发生争执起见，应由内政、国防两部

收复南沙群岛的"太平"舰

1946年11月停泊于海南岛榆林港的"中业"舰，准备前往南沙群岛

收复南沙群岛人员在"太平"舰上合影。前排中为指挥官林遵，后排右一为"太平"舰舰长麦士尧，后排右二为内政部方域司科长郑资约

暨海军总司令部,将有关资料即送外交部,以备交涉之用。会后,由内政部长张厉生、外交部长王世杰、国防部长白崇禧向行政院呈报会议记录。[1]

1946年10月下旬,海军在上海成立了执行收复西沙群岛、南沙群岛任务的舰队,在出发之前,就收复南沙群岛做了充分准备。对当时的工作,赴南沙群岛编队领航员何炳材记忆犹新。他回忆说:

> 当时我是"太平"舰的少校副舰长,从1936年积累了一些航海经验,西沙群岛的航海资料和航法可在航路指南查到。但南沙群岛的航海资料和航法,不论中外航路指南均无阐述,只说这是"危险地带"。接到这领航重任,心中无数。因为既没有去过南沙群岛一带,又缺乏参考资料,指挥官林遵,舰长麦士尧和其他官兵的航海经验都很少,这任务的成败,完全寄托在我身上。于是四出搜罗资料。后来从上海海关海务处找到一张1910年的法国出版的南沙群岛旧海图,但比例尺很小,水深点很疏,不适合航海之用。从这海图中,得知南沙群岛的岛礁和暗沙,大部分是由珊瑚构成,并多为水面下的环抱着礁湖的环礁。全区没有灯塔或任何航标。东部有沉船数艘。太平岛算是最大的岛,面积也不过0.43平方公里,高度只有约3米,在良好能见度下,也只可在靠近8海里内,才能看到。在天水相连的辽阔南海中找它,正好比在"海里寻针"。太平岛四周被珊瑚所环绕,要登上该岛,必须经过珊瑚面航行,摸索深水航道前进。能否找到这条航道,也是一个未知数。但当时我有一个坚强信念:"法国人、日本人能登上太平岛,我们中国人也一定能登上。我要克服一切困难,不避艰苦,完成这收复祖国领土的光荣任务。"
>
> 我经常以"人定胜天"的格言来鞭策自己。认真细心研究南沙群岛的形势和周围水深,以及南海的气候、风向、海流、海浪等,分析过去沉船多在南沙群岛东部的原因。又根据当时东北风季,南海的海流是以西南流为主这一要点,认定由西向东驶进太平岛,大致逆流航行,对控制航速以搜索太平岛和找珊瑚礁间的航道是有利的。于是决定由榆林港开出后,先

---

[1] 韩振华主编:《我国南海诸岛史料汇编》,东方出版社1988年版,第265页。

向南行驶，然后向东驶向太平岛。虽然这样会多航行些里程，但既有把握找到该岛而又安全。

另一方面，由上海至榆林港所经各海区的气象、潮流、海流、航标和雷区等，也要深入研究。因为当时在第二次世界大战结束不久，我国沿海的灯塔、浮标等大部分未恢复，有些雷区尚未经过彻底扫测，海上常有漂雷出现。海上治安也较乱，华南海区海盗猖獗，对航船安全威胁很大。以上种种因素，都要在设计航线时考虑进去。经过短短一个月研究、设计和准备，制订好全部航行计划、途中舰队联系及指挥信号，并经上级批准按照执行。[1]

舰队到达榆林港后，获悉日军在占领三亚和榆林期间，均设有海岸电台，在三亚港还设立了机场、潜艇基地和一个极大型的远程无线电台，以指挥日本在南中国海和南太平洋的海军和空军。但在日本投降后，国民党的接收大员不仅没有很好利用或妥善保管这些战利品，反而将绝大部分设备、机械、仪器等拆散，盗卖零件，以饱私囊。何炳材见到许多大型无线电真空管摆在三亚市场当作金鱼缸出卖。接收下来的大量贵重军用设施、通信设备、交通工具等，除了少数留给"大官"们自用之外，全部变成了废品。在榆林港只有一个功率较小的海军电台可勉强与舰队联系。

在榆林港期间，我们还向当地渔民了解南沙和西沙群岛的情况。得知该两群岛的渔季系在2—4月。在这春季里，风力一般在4—5级以下。5月以后夏、秋季多台风。冬季多东北强风，风力有时可达7级。西沙群岛的锚地不算很差，但南沙群岛根本没有避风锚地，底质不是碎石就是珊瑚，容易走锚。实际上，选在11—12月份去接收南沙群岛是不适宜的。何况当时在战争时期受到破坏的南海气象站尚未恢复，气象预报不准确，海上的天气难以掌握，中途又无避风锚地，但是，国民党政府的决定和命令不能改变，而且接收南沙群岛是关系到国家的信誉问题，唯有自己尽量克服困

---

[1] 何炳材：《抗战胜利后接收南沙群岛的回顾》，《航海》1988年第2期，第26—28页。

难，争取在限期内完成任务。[1]

11月12日和18日，"太平""中业"两舰两次出航，都受天气影响中途折返，林遵下令在榆林港待晴。

12月9日，天气晴朗，东北风三级。早上6时，林遵下令启航，第三次驶向南海。据何炳材回忆：

> 经过几天的航行，12日10时左右正前方地平线上，出现一条短黑线，以后逐渐见到岸形。雷达荧光屏上显示出一个小岛形的光点回波。与天文观测的经纬度、水深和海图上标绘的形象校对，证实这是太平岛无疑。又过半小时，航经一块深约40米的珊瑚平台，海水呈浅绿色。再将船速减至极慢，改以该岛岸线的方位测船位，并用雷达测得距离600米，水深测得30米，立即倒车。11时在太平岛的西南岸外下锚。这锚地是碎石底，海水十分清冽，海底的游鱼历历可见，锚和锚链下后也可看清楚。锚抛好后，拉汽笛长声，以引起岛上人们注意。然后放下汽艇和救生艇准备登陆。

> 我先带领水手和海军陆战队各一班乘坐汽艇和救生艇登陆。在向太平岛接近至100米左右时，向空中开机关枪数十发以试探岛上的实力，但未见任何反应。再前进至距岸约50米处，水太浅，我们离艇涉水登陆。先入两座混凝土房子搜索，只见日本留下一些钢盔和破烂军服、皮鞋等。再搜索全岛，未有发现任何人员。于是沿西、南岸边勘察，发现在南岸有一个小码头，和轻便铁路。这铁路是日本鸟粪公司用以掠夺鸟粪的。码头南方的浅滩中有一条人工开辟的小航道，长约300米，宽约5米，深3—5米。为了方便以后人员登陆，即在码头上挂一面黑方格的号旗，并在航道外端抛下一个浮筒作为标志。[2]

在踏勘全岛情形之后，林遵、麦士尧和何炳材率领官兵重立石碑。岛的西

---

〔1〕何炳材：《抗战胜利后接收南沙群岛的回顾》，《航海》1988年第2期，第26—28页。
〔2〕同上。

收复南沙群岛人员在太平岛测量地形

收复南沙群岛人员在太平岛举行升旗典礼后合影

在南沙岛屿上为"太平"舰立碑

在南沙岛屿上为"中业"舰立碑,石碑右侧为郑资约

南方,在防浪堤的末端,即通入电台大路的旁边,日人建有纪念碑一座,上绘日本国徽,其下方书有"大日本帝国"五个字。登岛人员将日本帝国主义侵略遗迹全部毁灭,在原址上用钢筋水泥重建中国主权碑,碑高约1米,正面刻有"太平岛"三个大字,背面刻有"中华民国三十五年十二月十二日立"。主权碑竖立完成后,麦蕴瑜在碑旁主持举行了接收和升旗典礼,并集中接收人员及进驻海军官兵数十人拍照。[1]

12月15日,两舰告别太平岛,沿途巡视了南沙群岛北半部分的其他岛礁,在西月岛、南威岛、帝都岛等岛屿上树立了主权碑。12月20日,两舰返回榆林港,26日,驶入广州白鹅潭,完成了具有历史意义的接收南沙群岛任务。在1947年国民政府内政部公布的南海诸岛名称中,正式将南沙群岛的主岛长岛(俗称黄山马)命名为"太平岛",帝都岛命名为"中业岛",以示纪念。

南沙群岛收复后,中国海军官兵在太平岛上进行了艰难的坚守。1947年3

---

〔1〕韩振华主编:《我国南海诸岛史料汇编》,东方出版社1988年7月版,第267页。

月底，"中业"舰奉命开往太平岛补给，随舰记者看到了岛上的情景，在报道中写道："我们登岛（时），（太平）岛上守军及工作人员，早已在海边列队欢迎了，他们是去年十二月接收时就到了岛上的。半年来孤悬海外，生活枯寂，感情上对于祖国及乡情都怀着深沉的系念，于是他们彼此相见的时候，他们竟兴奋得堕下泪来。谈及岛上半年来的生活情形，他们说还算安静，不过困在这小岛上，半年不见船来，总感觉得这个世界太狭小了，生活也单调得很。又说：'如果你们再迟五天才到，我们便要绝粮了，已经二个月不知油味了。'到他们的仓库里一看，确只剩下一包大米了。"太平岛上"没有居民，也没有毒蛇猛兽，但蚁鼠却很多，随处可见。据驻军说，他们的米粮是与鼠蚁平均分食的，丛莽中有野狗一头、野猫数只，都是日本人遗留下的。月前驻军已把野狗捉获，经过一番豢养，现在又驯如家犬了。由我军带到岛上的动物，计有小黄牛一头，小猪十余只，鸡、鸭、猫共十余只，母狗一只。""岛上没有黏土，全是灰白色的珊瑚礁经风化后变成的细沙，不适宜于种植稻粟和蔬菜之类的作物，日本人曾运了一些泥土到岛上，于岛上的中部辟一二亩地方，试种各种作物，曾经试种甘蔗成功了。现在我守军兄弟们又利用这块园地试种蔬菜和瓜豆类，最初播种下去，皆为鼠蚁食了。就是瓜菜长成了幼苗，也还要受鼠蚁之害的。"[1]可见岛上生活的艰苦。海军官兵为维护国家主权和海洋权益所做出的贡献，不可磨灭。

---

[1]韩振华主编：《我国南海诸岛史料汇编》，东方出版社1988年7月版，第267—268页。

参考文献

史 料

[1] 万州志:道光朝.

[2] 金光祖.广东省志.

[3] 陈天锡.西沙岛东沙岛成案汇编.广东省实业厅,1928.

[4] 海军总司令部.海军战史.1941.

[5] 郑资约.南海诸岛地理志略.北京:商务印书馆,1947.

[6] 吴玉章.吴玉章回忆录.北京:中国青年出版社,1978.

[7] 沈云龙.中国全面抗战大事记.台湾:文海出版社,1981.

[8] 张侠等.清末海军史料.北京:海洋出版社,1982.

[9] 国民党政府海军抗战纪事.民国档案,1986(1).

[10] 杨志本.中华民国海军史料.北京:海洋出版社,1987.

[11] 南京国民政府大本营关于全面抗战作战指导方案等训令四件.民国档案,
1987(1).

[12] 国民党政府1937年度国防作战计划(甲案).民国档案,1987(4).

[13] 国民党政府1937年度国防作战计划(乙案).民国档案,1988(1).

[14] 黎玉玺先生访问记录.台北:"中央研究院"近代史研究所,1991.

[15] 中国人民解放军历史资料丛书编审委员会.八路军:回忆史料(3).北京:
解放军出版社,1991.

[16] 第二历史档案馆.汪伪政府行政院会议录.北京:中国档案出版社,1992.

[17] 高晓星.陈绍宽文集.北京:海潮出版社,1994.

［18］全国政协《闽浙赣抗战》编写组.闽浙赣抗战:原国民党将领抗日战争亲历记.北京:中国文史出版社,1995.

［19］全国政协《粤桂滇黔抗战》编写组.粤桂滇黔抗战:原国民党将领抗日战争亲历记.北京:中国文史出版社,1995.

［20］季啸风,沈友益.中华民国史史料外编(中文部分):第九册,第五十九册,第六十三册,第六十五册.桂林:广西师范大学出版社,1997.

［21］国民政府筹备抗战档案史料一组.民国档案,1997(2).

［22］厦门市档案局,厦门市档案馆.厦门抗日战争档案资料.厦门:厦门大学出版社,1997.

［23］中国第二历史档案馆.中华民国史档案资料汇编:第五辑,第二编,军事.南京:江苏古籍出版社,1998.

［24］海军人物访问记录:第一辑.台北:"中央研究院"近代史研究所,1998.

［25］徐亨先生访谈录.(台湾)"国史馆",1999.

［26］海军人物访问记录:第二辑.台北:"中央研究院"近代史研究所,2002.

［27］汤锐祥.护法运动史料汇编:(一)海军护法篇.广州:花城出版社,2003.

［28］中国第二历史档案馆.抗日战争正面战场:上中下.南京:凤凰出版社,2005.

［29］万建清,孙甫.文史资料存稿选编.北京:中国文史出版社,2005.

［30］黄铮.广西抗日战争史料选编:第一卷至第三卷.桂林:广西人民出版社,2005.

［31］1933年国防作战计划.民国档案,2006(4).

［32］抗战初期粤海军虎门作战史料.民国档案,2007(3).

［33］殷梦霞,李强.国家图书馆藏民国军事档案文献初编:1—12.北京:国家图书馆出版社,2009.

［34］台湾"国防部"海军司令部.纪念抗战胜利70周年:海军抗战期间作战经过汇编.台湾:"国防部"海军司令部,2015.

［35］李向群.见证:1938厦门.厦门:厦门大学出版社,2015.

［36］日本大本营海军报道部.海军战记.1943.

［37］日本防卫厅防卫研究所战史室.中国事变陆军作战史:第一卷至第三卷.北京:中华书局,1979—1983.

专 著

［1］翁仁元.抗战中的海军问题.上海:黎明书局,1938.

［2］田鹏.日本侵占海南各岛之检讨.航空委员会政治部,1940.

［3］抗日战争时期山东军区战史.中国人民解放军济南军区战史编辑室,1963.

［4］包遵彭.中国海军史.台湾:中华丛书编审委员会,1970.

［5］蒋纬国.国民革命战史第三部:抗日御侮,第一卷至第十卷.台湾:黎明文化事业公司,1978.

［6］何应钦.日军侵华八年抗战史.台湾:黎明文化事业股份有限公司,1982.

［7］林萱治.福州马尾港图志.福州:福建省地图出版社,1984.

［8］陈书麟,陈贞寿.中华民国海军通史.北京:海潮出版社,1993.

［9］国史馆现藏民国人物传记史料汇编:第十二辑.台湾"国史馆",1994.

［10］李振.广州抗战纪实.广州:广东人民出版社,1995.

［11］海军司令部《近代中国海军》编辑部.近代中国海军.北京:海潮出版社,1994.

［12］苏小东.中华民国海军史事日志(1912.1—1949.9).北京:九州图书出版社,1999.

［13］左双文.华南抗战史稿.广州:广东高等教育出版社,2004.

［14］韩栽茂.胡里山炮台.北京:中央文献出版社,2007.

［15］刘传标.近代中国海军史大事编年:上中下.福州:海风出版社,2008.

［16］陈悦.清末海军舰船志.济南:山东画报出版社,2012.

［17］陈悦.民国海军舰船志:1912—1937.济南:山东画报出版社,2013.

［18］洪卜仁.厦门抗战岁月.厦门:厦门大学出版社,2015.

［19］苏小东.中国海军抗日战史.北京:人民出版社,2017.

［20］(越)阮雅等.黄沙和长沙特考.北京:商务印书馆,1978.

［21］(日)外山三郎.日本海军史.北京:解放军出版社,1988.

论 文

［1］刘传标.国民党驻闽海军抗战情况探讨.福建党史月刊,1990(12).

［2］史滇生.抗日战争中中国海军的水雷战.南京社会科学,2005(8).

［3］黄山松.抗战期间民国海军的整合.中共浙江省委党校学报,2006(6).

［4］饶品良.广东海军对日作战研究述略.中国石油大学学报:社会科学版, 2008(3).

［5］吴兆宽.论局部抗战期间中国海军的整军备战.军事历史研究,2010(1).

［6］赵书刚.抗战时期陈绍宽的海权理论与实践.郑州大学学报:哲学社会 科学版,2015(4).

［7］徐起.中国海军艰难卓绝抗战回顾与思考.湖北档案,2015(10).

［8］程玉祥.两岸海军抗战史研究的回顾与展望.民国研究,2016(2).

［9］赵书刚,林志军.抗战时期中国的海权意识研究.贵州社会科学,2016(7).

［10］李金明.抗战胜利后中国海军收复西沙、南沙群岛经过与评析.东南 亚研究,2017(3).

［11］赵书刚.论抗战时期中国对国家海权的维护.武汉理工大学学报:社会 科学版,2017(6).

后 记

　　在完成繁重的教学任务之余写成《中国海军沿海抗战纪实》，并非轻松之举，我们付出了无数艰辛与努力。在长达八年的时间里，我们查阅了大量文献史料，考察了数处当年的战场，走访了多位战争亲历者，其中的困难和劳顿可想而知。令人欣慰的是，我们获得了许多过去不曾被人察觉的文字记录和口头叙述，成为本书的重要史料补充。

　　《中国海军沿海抗战纪实》的出版，并非全是我们的功劳，来自各方的支持不可或缺。在此，我们要衷心感谢山东画报出版社的怀志霄主任，感谢海军航空大学岸防兵学院、中国甲午战争博物院的领导、战友和同事，感谢我们的家人；还要感谢长期以来关注和支持我们的广大读者。正是有了这些宝贵的关怀和支持，我们的努力才更有价值。

　　由于我们水平有限，疏漏在所难免，敬请读者朋友批评指正！

谢宇鹏　马骏杰

2023年10月于山东烟台